소중한 마음을 가득 담아서

_____ 님께 드립니다.

문화에 중독되었습니다.

30년 방황 끝에 찾은
미래의 시간

제9요일

저자 이봉호

공연기획, 문학창작, 미술비평, 강의, 음악평론을 하면서 문화중독자의 삶을 실천 중이다. '창조적 삶이란 문화콘텐츠의 선택과 집중으로 완성할 수 있다.'라고 강력히 믿는 환원론적 가치관의 소유자다. "문화콘텐츠는 양념이다."라고 말하는 그는 주위에서 흔히 볼 수 있는 건축, 광고, 공연, 도서, 만화, 뮤지컬, 미술, 사진, 역사, 영화, 음식, 음악(음반), 콘서트 등의 문화콘텐츠는 창조형 인간을 완성하는 조리과정에서 반드시 필요한 양념이라고 이야기한다. 21년 차 직장인인 그는 작가주의에서부터 블록버스터를 오가는 영화광이기도 하며, 록, 재즈, 클래식, 포크음반 수집이 취미인 음악광이다. 초등학교 시절 무명만화가로 활발하게(?) 활동했는데 친구들에게 창작 연재만화를 팔아 짭짤한 수익을 내기도 했다. 중고교 시절 계속해서 미술창작에 열중했으나, 집안 사정으로 결국은 경영학과에 진학한다.

직장생활을 하면서 홍대 문화예술경영대학원 및 영국 노섬브리아 대학원을 졸업했고, 건대 문화콘텐츠 박사과정을 수료했다. 창조도시 홍대를 사랑하는 그는 이곳에서 다양한 문화에너지를 섭취하고 있으며 앞으로도 그러할 것이다. 상상마당 시네마, 예술의 전당, 신주쿠의 중고음반점, 도심의 중고서점, 서울시립미술관에 가면 봉 박사를 만날 수도 있다.

논문 〈20세기 프랑스와 미국 문화지원정책 연구〉, 두 권의 창작물(소설집, 미술비평)을 전자책으로 발행했다. 금융인문화제, 광명시 신인문학상, 계간 만다라 신인문학상을 수상했다. 음악잡지에 '월드뮤직'을 연재했으며, 홍대 대학원에서 특강을 하기도 한다.

블로그 http://blog.naver.com/bobjames

30년 방황 끝에 찾은
미래의 시간

제9요일

이봉호 저

STICK

스틱도서번호 S1

30년 방황 끝에 찾은 미래의 시간

제9요일

초판 1쇄 인쇄 2015년 2월 2일
초판 1쇄 발행 2015년 2월 9일
지은이 이봉호

발행인 임영묵 | **발행처** 스틱(STICKPUB) | **출판등록** 2014년 2월 17일 제2014-000196호
주소 411-863 경기도 고양시 일산서구 일중로 17, 201-3호 (일산동, 포오스프라자)
전화 070-4200-5668 | **팩스** (031) 8038-4587 | **이메일** stickbond@naver.com
ISBN 979-11-952335-0-2   03300

※ 출간 아이디어 또는 집필원고를 보내주시면 정성스럽게 검토 후 연락드리겠습니다. 저자소개, 제목, 출간의도, 개요 및 특징, 목차, 원고샘플(또는 전체원고), 연락처 등을 이메일(stickbond@naver.com)로 보내주세요. 문은 활짝 열려 있습니다. 주저하지 말고 들어오세요. 출간의 길도 열립니다.

● '왕따 스피릿'에 내 마음을 빼앗기다

마늘 치킨이 유난히 맛있던 홍대의 술집에서 나는 형에게 돌발적이고 엽기적인 살리에르라고 놀린 적이 있다. 모차르트를 꿈꾸지는 않지만, 그렇다고 살리에르에 만족하지도 않는 형의 '왕따 스피릿'이 나는 좋다. 그리고 내가 디자인하는 창조인간은 귀여운 반항심을 잃지 않는 거리의 외톨이이자 무법자이다. _컬처 브랜드 사쿤, 디자이너 쿤

● 날마다 문화에 흠뻑 취해 산다

『제9요일』은 세상을 들었다 놓았던 수많은 대중문화 사례를 작가의 빛나는 시선으로 조리하여 섹시하고 멋진 우주를 보여준 책이다.

작가는 늘 문화라는 향정신성 마약 물질에 즐겁게 취해서 살고 있다. 일주일을 9일처럼 사용하는 문화중독자 봉 박사의 고공비행을 기원하면서 나는 오늘도 나만의 창조렌즈에 천 개의 아름다운 세상을 담아낸다. _착한사진연구소, 사진작가 남상욱

● 홍대 무림고수의 장풍 속에 담긴 천 개의 창조에너지

1983년 3월, 우리는 용산구 후암동에 있는 멋진 고등학교에서 처음 만났다. 녀석은 여전히 음악을, 미술을, 철학을, 문학을, 역사를 무지막지하게 사랑하는 홍대의 무림고수이다.

나는 의학적으로 해석할 수 없는 녀석의 장풍이 서울 곳곳에 몰아치기를 기원한다. 다들 조심해야 할 것이다. 녀석의 장풍 속에는 천 개의 창조에너지가 비수처럼 숨어 있으니까! _고려정형외과, 원장 김인섭

● 『제9요일』은 순수함과 삐딱함으로 채워져 있다

그는 문학창작 모임을 할 때나 음악 동호회를 함께 할 때, 항상 자신이 가야 할 과녁을 향해 모든 것을 걸었다. 나는 『제9요일』을 본 순간, 집요함의 정체를 알게 되었다. 이 책은 순수함과 삐딱한 상상력으로 채워져 있다. 인문학에 창조적인 레시피를 얹어 완성한 오묘한 맛을 당신에게도 강력히 권해본다. 정통 스탠다드 재즈가 아닌 포스트 밥 재즈의 자유로운 땅으로 그대를 안내할 것이다. _오디오 칼럼니스트 코난

● '홍대 앞'이라는 용어는 일종의 문화코드이자 창조지구의 상징매체다

저자는 역사적으로 이슈가 되었던 대중문화를 소재로 '창조인간'이라는 또 하나의 상징매체를 만들었다. 『제9요일』은 물질만능주의 시대에 좌절하고 방황하는 이들에게 필요한 창조능력을 찾아주는 나침반 같은 책이라 믿어 의심치 않는다. _홍대 문화예술경영MBA 교수 조명계

독일행 여객선에서 벌어진 사건

창조인간의 스토리텔링

여기는 덴마크의 항구도시이자 수도인 코펜하겐이다. 유럽을 대표하는 복지국가답게 시민들의 표정이 온화해 보인다. 약 50미터 전방에 영화촬영 무대가 시야에 들어온다.

미디어를 통해서 이미 소문을 들은 독자 여러분도 있을 것이다. 이곳에서는 '탈출'을 소재로 한 블록버스터 영화 제작이 한창이다. 이 영화는 덴마크에서 실제 벌어졌던 사건을 소재로 했다. 줄거리를 한번 살펴보자. 영화의 시작 무대는 덴마크의 유클랜드 반도이다. 다음 장면에는 유클랜드 반도에 위치한 우스쯜란드(Oestjyland) 교도소가 등장한다. 턱수염이 수두룩한 수감자가 교도관이랑 이야기를 나누고 있다. 그는 태연스럽게 자신의 외출증을 교도관에게 제시한다. 외출증에는 카를 닐센(Carl Nielsen)이라고 하는 수감자의 이름이 적혀 있다.

주인공을 소개한다. 이름은 카를 닐센, 그는 살인미수로 8년형을 선고받고 복역 중이다. 이미 두 번의 탈옥 경력이 있는 인물이기도 하다. 이만하면 흥미를 끌 만한 인물이 아닌가 싶다. 주인공의 별명은 '화가'였다. 멋진 별명이다.

주인공의 탈출과정은 의외로 간단했다. 카를 닐센은 금요일 오후, 교도소 출입문에서 교도관에게 태연스럽게 주말 외출을 허락받는다. 물론 외출을 확인할 만한 징표도 있었다. 위조 외출증으로 교도관을 속인 주인공은 유유히 택시를 타고 달아난다. 교도관은 20분 후에 정식 주말 외출권을 가진 다른 수감자가 등장하자 자신의 실수를 깨닫는다. 우스쫄란드 교도소에서는 교도관에게 사후 징계조치를 내린다. 사후약방문인 셈이다.

교도소는 주인공의 탈옥 당시 260명의 직원과 228명의 수감자가 있는, 덴마크에서 가장 보안이 철저하고 현대적인 시설을 갖춘 곳이었다. 영화는 탈출 이후, 주인공의 행적에 초점을 맞추고 있다. 덴마크의 코펜하겐으로 이동한 카를 닐센은 무사히 독일행 여객선에 탑승한다.

블록버스터 영화 〈더 십〉

여객선 잠자리에 누운 카를 닐센의 표정은 안도감, 그 자체이다. 독일에서의 새로운 인생을 꿈꾸는 것도 잠시 객실 바깥에서 들리는 비명소리! 영화는 긴장한 표정으로 객실 문을 여는 카를 닐센의 동작을 클로즈업한다. 여객선 복도에는 인간사냥에 열을 올리는 무시무시한 좀비들이 가득하다. 주인공은 살아남은 5명의 인간과 대형 여객선에서 좀비와 사투를 벌인다. 다음 날 아침이 올 무렵, 영화는 좀비들을 물리치고 유일하게 살아남은 주인공의 쓸쓸한 뒷모습을 끝으로 마무리된다.

이 시점에서 영화 〈더 십〉에 대해 의구심이 생겼을지도 모른다. 그렇다. 인터넷 검색창에 영화의 제목을 넣어 보아도 별다른 정보가 나타나지 않는다. 왜냐하면, 이 영화는 내가 만들어낸 상상 속의 영화이기 때문이다.

창조인간*에게도 스토리텔링이 필요하다

영화의 소재에는 픽션(허구)과 논픽션(실재)이 존재한다. 이 영화에 픽션과 논픽션을 조합하는 시도를 해보았다. 영화 초반에 나오는 내용, 즉 덴마크 교도소 탈출사건과 주인공은 실제로 존재한다. 2012년 7월 15일 덴마크에서 벌어진 사건이다. 영화에 등장하는 주인공 카를 닐센은 실존하는 덴마크 폭력조직의 수장이다. 살인교사 혐의로 징역살이하는 부분과 탈출하는 과정 역시 사실이다.

주인공이 독일행 배에 탑승하는 부분부터는 허구적인 요소를 가미해 보았다. 좀비가 등장하는 장면을 읽으면서 영화 〈황혼에서 새벽까지〉를 상상한다면 그대는 영화광일지도 모른다. 이 영화의 감독이 영화 〈킬 빌〉 시리즈로 알려진 쿠엔틴 타란티노임을 기억한다면 그대는 진정한 영화광이다.

『제9요일』을 시작하며

영화에서 줄거리는 생명수와도 같은 역할을 한다. 줄거리 없는 영화도 일부 존재한다. 줄거리보다는 이미지와 영상 위주로 만들어진 영화가 이에 속한다. 이 책에서 다루는 내용은 영화가 아니라 '창조인간'에 관한 이야기이다. 그런데 창조인간에게도 스토리텔링이 중요하다. 사람에게는

창조인간*
자신만의 차별화된 문화를 완성해 현실에 적용 및 실천하는 능력이 두루두루 갖춰진 사람을 창조인간으로 규정했다.

살아온 인생역정이 있다. 어떤 인생을 살았느냐, 어떤 색깔의 삶을 스스로 창조했느냐가 그 사람의 정체성을 말해준다.

이 시점에서 아주 잠깐만이라도 각자 살아온 삶을 정리할 시간을 가져보자. 10초의 시간을 주겠다. 정리되었는가? 그다음에 무엇을 해야 할지는 알고 있으리라 생각한다. 맞다. '어떤 삶을 선택하느냐?'이다. 휴대폰만 집으면 오늘의 사건 사고가 실시간으로 전달되는 세상이다. 세상은 넓어졌지만, 우리가 선택할 수 있는 삶은 좀처럼 개선의 여지가 보이지 않는다.

지금까지의 삶은 잠시 접어두기를 권한다. 내일 아침, 지구가 사라지지 않는다면 우리에게는 일주일이라는 시간이 앞에 놓여 있다. 대통령도, 노숙자도, 만화작가에게도 일주일이라는 시간은 공평하게 주어진다.

이 책은 창조인간 세상으로 가는, 일주일간의 짧은 여행기이다. 비행기 발권 예약도, 여행지도도 필요 없다. 뜨거운 가슴과 열정 하나만 있으면 충분하다. 거창한 수식어구나 담론보다는 '대중문화를 통한 창조인간의 완성과정'을 따라가 보자. 신발 끈을 단단히 묶을 차례이다. 오른발이든 왼발이든 상관없다. 마음이 가는 대로 아무 쪽 발이나 내밀면 어떤가. 그곳이 바로 창조인간의 세상이다. 『제9요일』은 이렇게 시작한다.

책을 집필하는데 물심양면의 지원을 해준 사랑하는 아내와 글 쓰는 동안 수많은 영감을 제공해 준 스펜더 SP 2/2 스피커, 미션 싸이러스 5 앰프, 캠브리지 시디플레이어, 내가 만났던 수많은 창조형 인간들, 수천 장의 클래식/포크/재즈/록 음반들, 화가 마크 로스코, 르네 마그리트, 파울 클레, 윌리엄 터너, 영화감독 켄 로치, 구스 반 산트, 정재은, 임순례, 홍상수, 1969년판 우드스탁 페스티벌, 반다이제 초합금 로봇, 작가 니코스 카잔차키스, 강석경, 최인훈, 윤대녕, 김언수, 천명관, 박민규, 마루야마 겐지, 홍대 카페 코케인, 쏘울 벙커, 보스턴 대학 캠퍼스, 이제는 사라진 광화문의 엘피 음반점들, 맥주 칼스버그, 싸뮤엘 아담스, 상수동 아파트에서 보이는 한강의 불빛, 그리고 창작에 대해서 빛나는 조언을 해준 출판사 대표님께 깊은 감사의 마음을 전한다.

문화중독자 이봉호

문화는 마음에 안정을 주고 영혼을 맑게 해주며, 자신의 세계를 더 넓혀준다.

_사이토 다카시

천 번의 창조를 하면 근심이 사라질까

하루하루가 9회 말 투아웃

우리는 일주일간의 창조여행을 할 것이다. 내게 여행의 기쁨이란? 여행을 하는 시간보다 미지의 세계에 대한 설렘과 상상을 가슴에 앉고 여행을 준비하는 과정 그 자체에 있다. 그러기에 준비 과정이 즐겁고 더 의미가 깊다. 비단 실제로 떠나는 여행뿐 아니라 창조여행 역시 마찬가지다. 여행이 끝나고 나면, 나는 늘 여행 전후의 '나'에 대해 비교해본다. 결국, 달라진 것은 세상이 아니라, '나'란 존재였다. 하지만 변화에 대한 가능성은 늘 나 자신에게 숙제로 남아 있지만 말이다.

무조건 변해야만 버틸 수 있는 세상이기에 사는 게 너무 각박하다는 느낌을 받고는 한다. 하지만 변해야만 세상의 아름다운 모습을 볼 수 있는 천리안이 선물로 주어진다고 나는 말하고 싶다.

영화 〈태풍태양〉에서는 이런 대사가 마지막 부분에 등장한다. "천 번의 사랑을 하면, 천 개의 세상을 알 수 있을까?" 나는 '천 번의 사랑'이라는 공식에 '천 번의 창조'라는 표현을 대입하고 싶다. 창조란 유형 또는 무형의 결과물이 모두 포함된다. 똑같은 영화를 보고, 똑같은 광고를 접하면서도 다양하게 해석할 줄 아는 사람이 있다. 그에게는 창조인간의 눈과 세상이

내재되어 있는 것이다. 반대로 하나의 결과치만을 모범답안인양 당연시하는 사람도 있다.

'사과'에 대한 기호학적인 정의를 해보자. 나는 대학원 미술사 수업시간에 이 질문을 한 교수님께 화가 세잔의 '사과'를 말했다. 물론 일반화된 답변이라고 볼 수 없기에 좋은 반응이 돌아오지는 않았다. 하지만 미술사를 배우기 위한 자리이기에 충분히 일반화된 답변이 될 수 있다고 생각해보았다.

다양한 의견들이 나왔다. 빅 애플이라고 불리는 뉴욕을 말할 수도 있다. 선악과로 불렸던 사과도 있겠다. 백설공주에서 등장하는 사과에는 독이 들어 있었다. 고대 그리스 신화에서 사과는 사랑의 의미로도 쓰였다. 〈윌리엄 텔〉에 등장하는 사과는 과녁으로 등장하기도 한다.

한 가지 질문에 여러 가지 답변을 생각해 낼 수 있는 것. 이것이 진정한 창조인간의 능력이라고 할 수 있지 않을까? 늘 정답만을 강요받고 자랐던 객관식 세대들에게는, 토론식 수업보다는 주입식 교육이 당연하다고 인지했던 세대들에게는 쉽지 않은 과제일 수도 있다.

이 때문에 창조인간의 필요성은 대학교육이 학업의 전부라고 받아들이는 성년들에게 더욱더 중요시되는 분야이다. 자동차를 운행하려면 반드시 주유소를 찾아가야 한다. 사람 역시 체력을 유지하거나 삶을 영위하기 위해서는 자동차에 연료를 채우는 것처럼 우리 몸에 맞는 음식물을 섭취해야만 한다.

하지만 사람은 자동차처럼 평생을 도로 위에서 걷고 달리기만을 반복할 수는 없다. 나이가 들면 들수록 스스로에 맞는 재교육의 기회를 찾아야 한다. 그것이 학교라는 제도권이든, 책이든, 사회에서 새롭게 만날 수 있는 창조인간이든, 문화콘텐츠든 중요한 것은 이를 에너지로 비축하고 활용해야 한다는 것이다. 물론 자신의 의지가 가장 중요하다.

나 또한 30대까지는 창조능력이 빈약한 직장인에 불과했다. 하지만 내게도 기회가 찾아왔다. 늘 윗사람이 지시하는 업무가 내 인생의 전부라고 생각하며 야근을 하고, 회의를 하고, 잘못된 업무에 대해 야단을 맞는 일상을 당연시했던 내게 말이다.

나와 일했던 상사는 인터넷으로 구현할 수 있는 할인시스템을 원했다. 인터넷이 상용화되기 이전의 일이다. 나는 뚜렷한 결과물을 찾지 못하고 매일매일을 스트레스와 자괴감에 빠져 보냈다. 보고서를 완성하면 상사는 '처음부터 다시'라는 지시만을 반복했다. 상사를 대면하는 일조차 괴로웠던 시절이었다. 회사 주변에 아이디어를 구할 만한 사람도, 누군가가 업무를 가르쳐줄 만한 상황 또한 아니었다.

그렇게 6개월을 보냈다. 당시 결과물을 보고해야 하는 매주 월요일이 정말이지 끔찍한 시간이었다. 하지만 상사가 인사이동으로 다른 부서로 떠난 후 알게 된 것이 있다. 무에서 유를 끄집어내야 했던 고민의 시간이 내게는 커다란 재산이 되어 버린 거다. 어쩌면 멀티태스킹과 관련된 업무 스킬도 당시에 습득한 자산이 아닌가 싶다.

회사 일은 늘 어렵고 때론 고통스럽다. 아니, 자신의 말과 행동 이상을 책임져야 하는 성년세대에게는 하루하루가 9회 말 투아웃과도 같다. 하지만 뜻이 있는 곳에는 길이 보이기 마련이다. 늘 같은 자리에 사람들을 세워 놓아도 그들이 보고 느끼는 세상은 천차만별이다. 그들의 변화무쌍한 시각을 자신의 것으로 끌어당기는 힘이 바로 '창조력'이다.

창조인간의 완성은 자격증 시험처럼 독서실에서 문제지를 끌어다 놓고 밤을 지새운다고 결과물이 나오는 것이 아니다. 남들과는 다른 하루하루를 보내는 노력, 미디어의 홍수 속에서도 핵심가치를 끌어내는 예지력, 문화예술의 생활화를 통해 화석처럼 굳어버린 감성을 일깨우려는 노력, 늘 사람이 우선이라는 인문학적 태도 등을 통해 창조인간은 서서히 완성된다.

이제 기차에 타야 할 시간이다. 이 책을 통해서 도서, 영화, 음악, 미술, 광고, 음식, 건축, 역사 등 다양한 문화콘텐츠를 만나게 될 것이다. 하지만, 이것은 단지 창조인간 레시피에 들어가는 조미료에 불과하다. 맛을 내는 방법은 자신의 창조력에 달려 있기 때문이다.

창조인간의 모습은 한 가지로 정의할 수 없다. 개개인 모두가 소중한 삶을 영위하고 있듯 창조인간의 삶 또한 다양한 색깔로 칠해야 한다. 중요한 것은 늘 무엇인가를 간절히 원하는 마음이 내재되어 있어야 한다. 창조적인 사람의 인생이 그렇지 않은 사람보다 항상 행복하리라는 법은 없다. 하지만 창조인간은 늘 새롭고 독창적으로 세상을 살아갈 수 있다. 적어도 지루하고 재미없는 사람이라는 주위의 비난에서는 자유로울 수 있다.

이제 열차는 '사회'라는 종착역을 지나쳐갈 것이다. 세상은 다양한 창조인간들을 원하고 있다. 나를 포함한 독자 여러분 역시 창조인간의 도시에 발걸음을 내딛고 있다. 가벼운 심호흡과 함께 창조에너지로 가득 찬 새로운 세상을 맞이하기를 기원한다. 늘 하나의 현상에서 천 가지의 세상을 바라볼 수 있는 빛나고 아름다운 마음의 눈을 간직하기를 바란다.

月

참고문헌(참고 문화콘텐츠)

제1요일에 만나는 문화콘텐츠

도서 『감동을 만들 수 있습니까』 히사이시 조, 이레, 2008년

도서 『칭찬은 고래도 춤추게 한다』 켄 블랜차드 외, 21세기북스, 2003년

영화 〈레인맨〉 더스틴 호프만, 톰 크루즈 주연, 1989년

영화 〈냉정과 열정 사이〉 타케 노우치 유타카 주연, 2001년

도서 『다독다독』 한기호 저, 북바이북, 2013년

도서 『김제동이 만나러 갑니다』 김제동 저, 위즈덤경향, 2011년

도서 『김성근이다』 김성근 저, 다산라이프, 2011년

음반 〈말러 교향곡 2번〉 정명훈 지휘, 서울시향, 도이치 그래모폰, 2012년

월요일
2% 비워놓고 시작하자

하루 중 틈틈이 평화로운 생각들을 마음속에 그려라. 그림이 마음속을 흐르게 하라. 아름다운 광경의 추억은 당신의 마음에 치료약으로 작용한다. _노만 빈센트 필 (종교인)

영화 〈레인맨〉 이야기

우리가 아는 베토벤은 위대한 작곡가다. 하지만 만약에 그가 지금 살아 있다면 괴짜라고 생각하여 선뜻 친구가 되고 싶지는 않을지도 모른다. 괴테의 편지에는 그의 방문이 매우 귀찮았다고 쓰여 있다. 베토벤의 작품에는 당연히 그의 성격이 나타나 있지만, 그것과 그가 만든 음악과는 차원이 다른 이야기이다. 또한, 우리가 고흐의 그림을 볼 때 고흐의 인격을 보는 것은 아니다. 그가 귀를 잘랐다는 사실은 예술가로서 괴팍스러운 면이 떠올라 관심을 끌게 되는 계기가 되지만, 그의 그림과는 아무 상관이 없다. 작품은 사람을 나타내기도 하지만, 어디까지나 작품으로 판단해야 한다.

여기까지였다.

"당신, 지하철 처음 타는 거야?"

감동이 사라지는 순간이다. 감동은 고사하고 나는 누군가에게 지적질을 당하는 중이다.

"지금 뭐하는 거야, 지하철 전세 냈어!"

승객들의 웅성거림 속에 "아아, 죄송합니다."라고 작은 목소리로 말하며 사라지는 남자가 있다.

저녁 퇴근길 2호선 지하철 전동칸에서 작은 소란이 벌어진다. 정장을 한 40대 남자가 지하철 노약자석에 떡 하니 앉아 있다. 남자는 히사이시

조가 쓴 『감동을 만들 수 있습니까』라는 책을 읽는 중이다. 다음 정차역은 홍대입구역. 새로 탑승한 할아버지 등장. 노약자석을 향하던 할아버지는 뻔뻔스럽게 자리를 차지한 40대 남자를 발견. 주름이 가득한 이마 부위부터 벌게지는 노인.

노인은 40대 남자에게 멀쩡한 사람이 노인석에 앉아 있으면 쓰냐고 원성을 쏟아 낸다. 노인의 입에서 허연 침이 섞여 나온다. 파편 일부가 40대 남자의 안면을 강타한다. 40대 남자는 엉거주춤한 동작으로 책을 집어들고 옆 전동칸으로 도망치듯 사라진다. 그 남자는 다름 아닌 '나'라는 사람이다.

그날 따라 회사 일이 이리저리 꼬였다. 출근하자마자 컴퓨터가 고장 나서 두 시간 넘도록 애를 먹었고, 오후에는 업체 관계자의 항의성 전화에 시달려야 했다. 게다가 전날 대학원 모임에서 마신 술기운이 가시질 않았는지 몸 전체가 물에 젖은 풀빵처럼 축 처진 상태였다. 회사에서 저녁을 먹고 9시가 넘어서야 사무실에서 나올 수 있었다. 운전면허가 없는 내게 지하철을 이용하는 시간은 독서에 집중할 수 있는 금쪽같은 시간이었다. 어차피 두 정거장만 더 가면 하차하기에 별생각 없이 노약자석에 앉아 독서삼매경에 빠진 상황이었다.

할아버지의 꾸중은 당연지사였다. 나를 바라보는 승객들의 눈길이 따갑다. 순간 뇌리에 스친 생각은 '내 나이 마흔 줄이 넘어서도 이처럼 야단을 맞아야 하는가? 도대체 나라는 인간은 언제서야 어른대접을 받을까?'라는 것이었다. 내 생각이 잘못되었다는 것을 깨닫는 데 걸린 시간은 길지 않았다. 나이를 먹는다고 뭇사람들의 비난에서 벗어날 수는 없다. 무의식중에 나보다 나이가 많은 사람만이 내게 지적질을 할 권리가 있다고 착각한 것이다. 비난의 대상은 연령의 고하를 막론하고 존재한다. 완전한 인격체는 존재하지 않는다.

어쨌든 전동칸에서 읽었던 책은 일본의 영화음악가가 쓴 에세이 서적이었다. 당시 내 가방에는 두 권의 책이 있었다. 한 권은 히사이시 조의 책 그리고 또 한 권은 회사동료가 건네준 자기계발 서적. 칭찬을 통한 동기부여를 강조한 책이었다. 이 책은 2002년 10월 출판 당시 『You Excellent! : 칭찬의 힘』이란 제목으로 한국에 소개되었다. 판매량 2만 부 기록. 이후 『칭찬은 고래도 춤추게 한다』라고 제목을 바꾼 개정판이 재출간되면서 제목의 힘으로 밀리언셀러 반열에 당당히 등극했다.

서점에 깔린 자기계발 서적에 대해서 잠깐 살펴보고 넘어가자. 자기계발 서적의 출발점은 늘 '독자 기죽이기'에서부터 시작한다. '당신은 부족한 존재이다. 따라서 이 책을 열심히 읽고 자신의 부족한 점을 깨달아야 한다!'라고 말이다.

틀린 말은 아니다. 하지만 분명히 알아 두어야 할 것은 책을 쓰는 작가조차도 완전과는 거리가 먼 존재다. 그는 아마도 노상방뇨 경험이 한두 번은 있을 것이고, 사소한 일로 애매한 이들에게 화풀이한 전력이 있을 것이고, 이유 없이 특정인을 비방하거나 욕설을 퍼부은 적이 있을 것이다. 사람은 누구나 완벽한 존재가 아니다. 따라서 창조인간행 열차에 탑승하기 이전에 완벽강박증부터 내려놓고 시작하자.

다음은 더스틴 호프만과 톰 크루즈가 열연했던 영화 〈레인맨〉의 줄거리다. 찰리(톰 크루즈)는 자신의 아버지와의 불화로 집을 떠난 지 오래된 자동차 중개상이다. 어느 날, 찰리는 아버지가 많은 유산을 형에게 물려주고 나서 사망했다는 사실을 알게 된다. 부채에 시달리던 찰리는 아버지가 형에게 주었다는 유산을 찾기 위해 어린 시절 자신이 '레인맨'이라 부르던 형 레이먼드(더스틴 호프만)를 수소문한 끝에 해후한다.

▲ 영화 〈레인맨〉

하지만 형 레이먼드는 정신병원에서 자폐증 환자로 지내고 있었다. 찰리는 형의 유산을 얻어내기 위해 그의 보호자를 자청한다. 아버지의 유산에만 관심이 있던 찰리는 형을 현실세계로 데리고 나와 무전여행을 떠난다. 어느 날 찰리는 형이 숫자를 모조리 외우는 비상한 능력이 있음을 발견한다. 찰리는 형의 능력을 이용해 도박장에서 큰돈을 번다. 갈등상황으로 전개되던 찰리와 레이먼드의 관계는 여행과정에서 발생하는 의외의 사건들을 겪으면서 화해의 순간을 맞이한다.

영화 도입부부터 훈남 톰 크루즈의 성적 매력에 여성관객들은 넋을 잃는다. 뭐 당연한 현상이다. 남성의 외모 또한 강력한 무기니까. 게다가 미국산 영화배우라니. 그런데 슬금슬금 고민거리가 생긴다. 주연배우 톰 크루즈의 연기가 갈수록 밉상이다. 미국산 배우답게 그의 머릿속에는 돈, 돈, 돈이 전부이다.

'아무리 속물 티가 팍팍 나는 톰 크루즈일지라도 더스틴 호프만의 친동생이 아닌가. 겉모습이 그럴듯해도 그렇지 이건 좀 아니잖아.' 관객들은 고민에 빠진다. '그래도 꽃미남 톰 크루즈인데, 선글라스를 낀 모습 좀 봐라. 코쟁이 더스틴 호프만이랑 같이 있으니까 정말 비교되네!'라는 상반된 생각이 맴돌기 시작한다.

중반부를 넘어서자 더스틴 호프만의 연기가 조금씩 빛을 발한다. 돈밖에 모르는 톰 크루즈에게 하도 구박을 받아서 그런지 더스틴 호프만에 대한 연민이 조금씩 생긴다. 게다가 더스틴 호프만이 가진 숨겨진 재능이 등장한다. 여기서부터 톰 크루즈가 더스틴 호프만의 캐릭터에 묻히기 시작한다. '구관이 명관'이라고 더스틴 호프만의 연기가 서서히 빛을 발한다. 돈에 환장한 톰 크루즈도 조금씩 형을 향해 마음을 열기 시작한다. 관객들의 호감도가 훈남과 지질남 사이를 정신없이 오가는 사이 영화가 끝난다. 두 형제의 감동적인 해후에도 뭔가 불편하다. 톰 크루즈도, 더스틴 호프만도 결국 단점투성이의 인간이 아닌가? 관객들은 배우에 몰입했던 과정을 벗어나 자기 자신의 내면을 들여다본다.

영화를 포함한 문화콘텐츠*는 관객 또는 청중의 몰입도에 따라 가치가 결정된다. 물론 현대미술이나 아방가르드 예술의 경우, 관객과의 거리 두

문화콘텐츠*

문화콘텐츠의 사전적 의미로는 '문화유산, 생활양식, 창의적 아이디어, 가치관 등 문화적 요소들이 창의력과 상상력을 원천으로 체화되어 경제적 가치를 창출하는 문화상품'을 말한다. 문화를 담고 생산되는 콘텐츠를 총체적으로 가리켜 이르는 말이다. 이 책에서는 건축, 광고, 공연, 도서, 만화, 뮤지컬, 미술, 사진, 역사, 영화, 음식, 음악, 음반, 콘서트 등 흔히 주변에서 보거나 들을 수 있는 콘텐츠를 문화콘텐츠로 규정했다. 창조형 인간을 완성하는 조리과정에서 없어서는 안 될 양념이자 조미료로 사용된다.

기 또는 사고의 전환을 위해서 몰입을 방해하는 작업이 이루어지기도 한다. 하지만 관객과의 소통이 결여된 작품은 시장에서 인정받지 못한다. 영화 〈레인맨〉이 주목을 받았던 이유는 관객들이 두 명의 배우 캐릭터 속에 숨겨진 자신의 자아를 발견하도록 유도하는 데 성공했기 때문이다.

21세기를 살아가는 인간들은 의욕과잉, 경쟁과잉, 물질과잉의 환경에서 살고 있다. 언제 어디서나 잘하라는 말뿐이다. 세상은 살기 힘들고, 살아남기 위해서는 뼈를 깎는 자기반성이 필요하다고 주위 사람들은 말한다. 하지만 인간의 충전기능에도 한계치가 존재한다. 적당한 선을 넘어서면 더는 채울 만한 여분이 사라진다. 다음부터는 반발과 부정의 심리가 발동한다. 반발과 부정은 스트레스를 촉발하고 결국 스트레스 방어물질인 코티솔이 등장한다. 치료제에는 늘 부작용이 있는 법. 코티솔 과다는 피부노화와 혈관축소, 고혈압, 탈모 등의 부작용을 양산한다.

어떻게 할 것인가? 하늘에 닿기 위해서 쌓아도 쌓아도 끝이 보이지 않는 생의 바벨탑을 만들 것인가? 아니면 유턴 지역에서 과감하게 차를 돌릴 것인가? 돌릴 것이면 확실하게 돌려 보자. 이미 끝이 보이지 않는 싸움이다.

'창조인간 레시피'는 국내 최고 또는 학급에서의 우등생을 만들기 위한 스파르타식 교육방식과는 거리가 멀다. 우리는 싸움판에서 살아남기 위하여 '창조인간 레시피'를 준비하는 것이 아니기 때문이다. 시작하기 전에 어깨에 잔뜩 심어놓은 힘부터 빼야 한다. 힘 빼고 시작하자. 2%의 힘이 빠지는 순간, 유체이탈의 황홀한 느낌이 몰려 올 것이다.

왕따로 살아 보자

2004년부터 3년 가까이 문학창작 모임을 했다. 일명 신촌문학회. 지하철 신촌역 근방의 소설창작 교실에 참여했던 이들이 모임의 주축이었다. 박성원 교수님 그리고 최인석 작가님. 두 분의 배려심 깊은 은사를 만난 덕분에 직장인이자 소설가라는 두 가지의 삶을 살 수 있었다.

평일은 회사일 때문에 글 쓸 엄두를 내지 못했다. 정답은 주말. 새벽 4시부터 점심시간까지 화장실 출입을 제외하고는 책상에서 떠나지 않았다. 이렇게 3년 동안 15편가량의 중단편소설을 완성했다. 전업작가 분량의 소설을 창작하던 시절이었다.

신촌문학회. 다양한 문학적 재능을 가진 친구들을 만날 수 있었다는 게 나로서는 즐거운 일이었다. 비록 작은 타이틀이지만 네 개의 문학상을 수상했다. 지금이라도 장편소설에 도전하고 싶은 마음 또한 간절하다.

문학모임 지인 중에서 기억에 남는 친구가 있다. 그는 내게 대학교에서 밥도 혼자 먹고 친구들과 연락도 자주 하지 않는 것을 자랑삼아 이야기하곤 했다. 어쩔 수 없이 녀석의 별명은 모태 왕따였다.

어느 날 문학모임을 마치고 뒤풀이로 간 술자리에서 녀석에게 왕따로 사는 생활이 어떤지를 물어보았다. 녀석의 답변은 단순명쾌했다. 자신이 스스로 왕따의 삶을 사는 것은 사실이지만, 늘 세상을 왕따시키는 마음으로 산다는 것이었다. 눈치 보기가 기본이자 법도인 직장생활에 함몰된 내게 그의 당당한 태도는 신선한 충격이었다. 텔레토비(녀석의 별명이다.)는 결국 광주일보 신춘문예를 통해서 문단에 등단한다.

나는 3년 후 문학모임을 그만둔다. 회사일 때문에 소설에 집중할 수가 없다는 이유는 모임 친구들을 설득하기 위한 핑계였다. 이런저런 문학상은 받았지만 더는 좋은 소설을 쓸 자신이 없다는 것이 결정적인 이유였다.

'제4요일 목요일(나의 문화예술 표류기)' 편에서 자세히 소개하겠지만, 나는 회사 사내보와 음악잡지에 수년간 음반(CD 또는 LP)에 대해 기고했던 경력이 있다. 이후 문화예술경영대학원 진학 및 문화콘텐츠 박사과정 또한 내게 중요한 삶의 터닝 포인트였다.

지금도 내게 장편소설 창작에 대한 유혹은 여전하다. 하지만 회사일 그리고 글쓰기와 독서, 블로그 관리, 운동, 문화생활, 수업청강을 해야 하는 일정만으로도 일주일이 빠듯한 상황이다. 언젠가는 장편소설에 도전할 계획이다. 하여튼 바쁜 일정을 소화하기 위해서는 용기가 필요하다. 지인들과 즐기는 골프도 접은 지 10년이 훌쩍 넘었다. 주말 시간을 통째로 들어내야 하고 평일에도 꾸준히 연습하지 않으면 늘지 않는 것이 골프이다. 경제적 부담 또한 만만치 않다. 평소 쓰지 않는 근육을 사용해야 하기에 몇 개월만 골프채를 놓아도 감각을 잃기 마련이다. 무엇보다 선민의식을 자극하는 골프라는 운동 자체가 밉상이다.

귀족 스포츠인 골프 대신 체력보완을 위해 조깅을 선택했다. 조깅은 골프를 그만두면서 시작한 운동이다. 나처럼 평일 주말 할 것 없이 시간에 쫓기는 이에게 조깅의 효과는 만점이었다. 14일간 활동하는 데 필요한 운동량은 한 시간 정도의 조깅이면 충분하다. 조깅도, 글쓰기도, 박사과정도, 음악감상도, 독서도 혼자 해낼 수 있는 것들이다.

이는 왕따의 삶을 살아야 한다는 의미와도 상통한다. 그대, 왕따가 두려운가? 물론 두려울 것이다. 우리는 모두 사회적 인간이니까. 어느 정도 인정도 받고 싶고 최소한의 자존심도 지키면서 무시당하지 않고 살고 싶을 것이다. 24시간이라는 시간은 누구에게나 공평하게 주어진다. 나는 내가 원하는 왕따의 삶을 선택했다.

글을 써야 하는 시간이 오면 새벽잠을 설치며 기상을 재촉해야 했고, 잠을 줄여야만 했다. 술이 더 고파도 밤 10시가 넘으면 과감하게 다음 날을 위해서 귀가를 서둘렀다. 수많은 모임도 최소화해야 했다. 친구들을 만나는 횟수도 아쉽지만 일 년에 한두 번으로 줄였다. 지인들과 어울리는 시간은 65세 이후로 미루기로 했다.

왕따로 보내는 시간은 강철 같은 의지가 수반되어야 한다. 외로움에 시달리는 순간도 감수해야 한다. 늘 새로운 일에 도전하는 나를 신기해하는 지인들의 시선이 부담스러운 적이 없지 않았다. 창조인간이란 왕따의 염색체를 내장한 존재이다. 다음은 김제동의 저서 『김제동이 만나러 갑니다』에서 인터뷰 진행자인 김제동이 배우 고현정에게 한 질문이다.

"사실 나는 그게 아닌데 사람들이 나를 다른 시각으로 보는 것 말예요. 그게 나를 옥죌 때가 있어요. 정말 싫어요."

이에 고현정은 다음과 같이 응답한다. 남들이 자신을 보는 것은 다 자신이 한 일이고, 자신의 행동에서 나온 것이기 때문에 그렇게 판단하는 건 그들의 자유이며, 남들의 생각마저 자신의 의도대로 맞추겠다고 하는 것은 또 다른 권력욕이라고. 그녀의 다음 발언은 다시 읽어 보아도 공감 백배이다.

"자신이 주장한 건 핑크였는데 사람들이 받아들이는 것은 검정이 될 때가 있지. 그 간극을 줄이겠다고 나서는 것은 잔류형 인간이야."

왕따에도 계급이 존재한다. 내가 평민계급의 왕따에 속한다면 배우 고현정은 여왕급 왕따에 속한다. 창조인간의 최대의 적은 바로 잔류형 인간이다. 비바 고현정! 부디 멋진 개성을 가진 배우로 오래도록 남아 있기를 기원한다.

냉정과 열정 사이

영화 〈냉정과 열정 사이〉는 미술을 소재로 이탈리아 피렌체를 가장 아름답게 표현한 영화이다. 이 영화는 주인공 준세이와 아오이의 이루어질 수 없는 사랑을 주제로 한 원작소설의 히트와 함께 배경음악으로 등장하는 클래식 뮤직 OST까지 성공하는, 일석 삼조의 효과를 얻는 데 성공한다.

멜로영화의 스토리텔링은 크게 세 가지로 분류된다. 이루어진 사랑, 이루어지지 않는 사랑, 결과를 알 수 없는 사랑. 관객은 이 세 가지 요소 중에서 이루어지지 않는 사랑을 주제로 한 영화에 가장 커다란 여운을 느낀다.

　다음으로는 결과를 알 수 없는 사랑영화이다. 상상의 여지를 남겨 놓는 영화란 대부분 결론 예측이 쉽지 않은 경향이 있다. 할리우드 블록버스터 영화에 익숙한 관객들은 결과가 모호한 스토리를 가진 영화를 부담스러워 하기 마련이다. 정해진 줄거리를 따라서 결과까지 친절하게 안내해주는 영화에 익숙한 관객들이 스스로 결론을 유추해내야 하는 일이란 무척이나 번거로운 과정이기 때문이다.

　일반적으로 블록버스터 영화는 창조인간에게 영향을 줄 수 있는 문화

콘텐츠에 해당하지 않는다. 블록버스터
영화는 관객들이 수동적으로 스토리라인
과 화면에 집중하도록 유혹한다. 관객은
영화의 결과를 이미 인지한 상태에서 스
파이더맨이랑 슈퍼맨이 건물 사이를 날
아다니는 이미지에 열광할 뿐이다.

▲ 영화 〈냉정과 열정 사이〉

점을 일차원으로 구분하면, 선은 이차
원, 면은 삼차원, 마지막으로 공간은 사차
원의 세계를 의미한다. 점이 모여서 선이
되고, 다시 선이 모여서 면이 이루어지는 과정에서 영화나 회화는 3차원
적 문화콘텐츠로 분류할 수 있다.

그렇다면 음악은? 일단 형체가 없다. 면을 통해서도 해석할 수 없는 존
재가 음악이다. 음악의 선율은 사차원의 세계에서 존재한다. 공기와 같이
일회성으로 들렀다 사라질 뿐이다. 따라서 인간의 상상력을 자극하는 최
고의 장르는 바로 음악이다. 창조인간에게 가장 커다란 영향을 미치는 문
화콘텐츠는 바로 음악이다.

다음으로 시각으로 접할 수 있는 텍스트이다. 예를 들자면 문학, 역사,
철학 관련 도서들이 이에 해당한다. 청각을 통해 접근이 가능한 음악과
달리 책은 시각을 통해 자극을 전달하고, 문자라는 형체를 통해 인간의
뇌에 접근한다. 문자는 다시 뇌를 통해 재정리 과정을 거친다. 그러면서
독자의 가치관과 인생관에 단계적으로 자극을 선사한다.

어떤 책을 선택하느냐에 따라 창조인간의 완성도는 달라진다. 물론 편식은 금물이다. 음악 또한 마찬가지이다. 이왕이면 다홍치마라고, 자신의 취향이 완성되기 이전까지 다양한 장르의 책과 음악을 접하는 것이 중요하다.

콘텐츠로 분류해보자면 앞에서 열거한 책, 음악, 미술, 영화는 냉정에 속한다. 느끼고 사고하느냐, 사고하고 느끼느냐는 콘텐츠의 성격에 따라서 차이가 있다. 열정의 발산은 창조인간의 후반부에 속한다. 열정의 기반이 되는 각종 콘텐츠의 축적이 우선이기 때문이다. 그렇다면 다양한 콘텐츠로 무장한 창조인간이 되기 위해서 어떤 준비가 필요할까? 무엇보다 새로운 콘텐츠를 받아들일 만한 환경조성이 필요하다. 즉 자신이 가지고 있는 콘텐츠 중 일부는 과감히 포기해야 한다.

다음은 유형별로 구분한 창조인간 지수이다. 첫 번째는 일 중독자형 인간이다. 일 중독의 부작용은 일을 주도하는 것이 아닌, 일에 끌려다니는 일상을 반복한다는 것이다. 체력은 바닥이 나고, 눈에는 다크써클이, 목소리에는 짜증이 가득하다. 불면증에 소화불량, 줄담배에 변비까지 덤으로 달고 다닌다. 이들은 불행히도 이미 창조인간의 여력이 없는, 말기적 상황에 접어들었다. 때를 기다리는 방법이 전부이다. 현재로서는 역부족임을 인정하자.

다음으로 자신의 일상을 어느 정도 비울 공간이 있는 부류이다. 이들은 다행히도 창조인간이 될 가능성이 높은 군이다. 자투리 시간이라도 좋다. 일단은 자신의 일상을 지배하는 시간을 재배치하자.

예를 들면, 드라마 시청 또는 스포츠 중계 관람 등이 해당한다. 자신은 하늘이 세 쪽이 나도 좋아하는 텔레비전 드라마와 응원하는 프로야구팀의 전 경기를 시청해야 한다면 어쩔 수 없다. 나머지 시간 중에서 투자할 공간이 있는지 살펴보자. 공간이 보이는가? 있다면 과감하게 창조인간의 완성을 위한 시간으로 비워 놓자. 시간이 생명이다. 30분 정도 수면시간을 줄이는 방법도 가능하다. 단, 적당한 운동을 통해 체력을 비축해야 한다.

마지막으로 많은 시간을 허송세월하는 사람들이다. 이들은 바쁜 일상을 보내는 부류라기보다 창조인간으로 변신하기가 어려운 부류이다. 안타깝지만 이들은 여유시간이 존재한다 해도 변화를 기대하기 어렵다. 하지만 시간만큼은 가장 많이 소유한 이들이니까 낙심하지는 말자.

투자할 수 있는 시간이 모였는가? 그렇다면 그 시간을 반복적으로 활용할 수 있는지 재확인하자. 충분치 않다면 조금 더 고민해볼 일이다. 당장은 아쉽지만, 일상에서 반드시 하지 않아도 될 요소들이 등장할 것이다. 과감하게 버리자. 아무리 노력해도 여분의 시간이 만들어지지 않는다면 습관을 바꾸도록 하자. 첫째도 시간, 둘째도 시간, 그다음은 습관 바꾸기이다.

흡연습관

건강에도 안 좋을뿐더러 멍하니 담배를 피우면서 5분의 시간을 흘려보낸다. 연속해서 흡연을 즐기는 골초들도 있다. 도저히 끊을 자신이 없다면 차라리 빨리 피우는 습관이라도 지녀 보자. 최선이 아니라면 차선이라도 좋다.

전화통화

연애 중인 사람들에게 통화는 필수요소이다. 하지만 데드라인을 정해놓자. 하루에 길어도 30분 이내. 장시간의 통화는 휴대폰 전파로 인해 건강을 해칠 뿐 아니라 매월 청구되는 엄청난 통화요금의 고통까지 감당해야 한다. 통화는 간단히, 생각은 길게 하자.

스마트폰

공공의 적이다. 습관적인 문자질은 자제하도록 하자. 그 시간에 해야할 일들이 많다. 주말에는 스마트폰을 꺼놓는 용기도 필요하다. 스마트폰, 휴대폰이 없던 시절에도 사람들은 행복하게 잘 살았다.

텔레비전 시청

당신은 무엇을 보고 있는가? 교육방송이나 영화, 다큐멘터리 정도라면 창조인간에게 도움이 되는 콘텐츠이다. 미드 시청에 빠져 있는지, 아니면 드라마란 드라마는 빠지지 않고 보는 드라마홀릭이 아닌지, 생각해보자. 집에 오면 습관적으로 텔레비전을 틀고, 정신없이 채널을 돌리고 있는 멍청해져 있는 자신의 모습을 상상해 보라. 도대체 하루에 몇 시간을 텔레비전 앞에서 사투를 벌이는지 꼼꼼히 확인해보자. 자신이 없다면 거실을 점령한 텔레비전을 작은 방으로 전출 보내자. 무엇보다 실천이 중요하다.

인터넷 서핑

지식에도 급이 있다. 연예계 비화니 오늘의 사건·사고는 인스턴트 식품에 비견할 만한 쓰레기급 정보다. 알아봐야 가십거리에 지나지 않는 기사검색에 열정을 바치지 말자. 한기호는 저서 『다독다독』에서 정보화시대의 인간은 컴퓨터를 이기는 능력이 필요하다고 말한다. 그리고 인간은 기억력, 정보력, 정리력 등에서 컴퓨터를 이겨낼 수 없지만 창의력만큼은 컴퓨터를 이길 수 있다고 강조한다. 이러한 창조능력은 독서를 통해서 배양할 수 있다고 그는 설명하고 있다.

쇼핑시간

'돈을 벌었으니 적당히 쓸 줄도 알아야 한다.'라는 이론에 찬성하는가. 어차피 나이가 들수록 지출은 커지기 마련이다. 과연 그런가? 그대가 깨닫지 못하는, 습관성 지출이 많다는 사실을 알아야 한다. 주말마다 쇼핑몰에서 시간을 상납하기에는 시간이 아깝지 않은가? 주말에 볼 만한 공연이나 미술전시를 검색해보자. 쇼핑에도 다양한 방법이 있다. 이왕이면 문화예술콘텐츠 쇼핑에 눈독을 들여 보자.

운전시간

운전시간 동안 창조인간의 워밍업을 위해서 반드시 음악을 틀어 놓자. 자신이 좋아하는 음악을 반복재생하는 것도 좋다. 가능하면 들어보지 않는 음악 장르에 도전해 보는 것이 필요하다. FM에서는 24시간 클래식, 국악, 가곡을 방송하기도 한다. 정서함양에 클래식 음악이 도움된다는 사실은 이미 과학적으로 증명된 사실이다.

화장실

변비환자인가? 환영한다. 화장실에는 항상 읽을 만한 에세이집이나 시집 등 가볍게 진도를 나갈 수 있는 책을 올려놓자. 경험해본 사람들은 알겠지만, 화장실만큼 집중도가 높은 독서공간도 없다. 그렇다고 너무 오래 앉아 있지는 말자. 잘못하면 항문이 찢어지는 고통을 감수해야 할 수도 있다.

대중교통 이용시간

나는 출퇴근 시 가능하면 버스를 이용하지 않는다. 도착시각이 유동적이라는 면도 있지만 일단 책을 읽는 데 문제가 따른다. 버스의 진동은 그렇다고 치더라도 서 있는 상황에서 독서를 하기가 여간 어려운 일이 아니기 때문이다. 정답은 지하철이다. 겨울에는 훈훈한 난방에, 여름에는 시원한 찬바람이 쏟아지는 특혜까지 주어진다. 단, 지하철에서도 스마트폰을 꺼내는 습관은 내다 버리자. 스마트폰으로 전자책을 읽는 이들은 예외로 한다.

식습관

당신의 위는 얼마나 늘어나 있는가? 한 공기의 밥으로 허전함이 느껴진다면 당신은 늘어난 위장의 소유자다. 위 절제수술이라는 극단의 처방을 원하지 않는다면 지금부터라도 폭식하는 습관과 이별하자. 신입사원 시절, 먹는 것으로 스트레스를 해소한 적이 있었다. 남은 것은 소화불량과 복부비만밖에 없었다. 적게 먹자. 특히 저녁에 이루어지는 폭식은 건강의 적신호이다. 위운동을 해야 하는 시간 동안 당신의 창조적 뇌는 활동을 중지한다.

음주습관

당신은 애주가인가? 술을 밥보다 사랑한다면 이를 끊을 수는 없다. 우선 적당히 마시는 습관을 들여 보자. 인사불성이 되는 순간까지 장렬히 마셔야 직성이 풀린다면 당신은 알코올홀릭. 다음날까지 취기에 지배당한 당신의 두뇌는 창조인간이 아닌 음주인간의 세포들이 득세한다. 음주는 가능한 한두 시간 이내로, 주종은 가급적 도수가 낮은 술로, 마셔야 할 주량은 미리 정해놓고 마시는 절도 있는 습관이 필요하다. 주량을 과시하는 사람치고 상상력이 뛰어난 사람은 흔치 않다.

친구

인생을 통틀어 진정한 삶의 동반자는 몇 명일까? 친구는 많을수록 좋다지만 냉정히 생각해보자. 자신이 정말이지 힘든 상황이 되었을 때 도와줄 친구가 과연 몇이나 존재하는지. 아무리 많다고 해도 열 명 이내일 확률이 높다. 나이가 들수록 친구들과 빈번하게 만날 기회는 줄어든다. 그렇다면 친구들과 만남의 횟수에 대해서 고민해야 한다. 운용의 묘가 필요하다. 친구들이 너무 많아서 여기저기 불려다니기 바쁜 이들은 창조인간의 가능성을 스스로 놓치고 있는 셈이다. 물론 창조인간과의 만남이라면 예외이다.

가족

영화배우 겸 감독인 기타노 다케시는 '가족이란, 관계만 아니라면 접고 싶은 존재'라는 폭탄발언을 한 바 있다. 자신의 운신 폭을 든든히 지켜주는 동시에 이를 방해하는 존재가 바로 가족이다. 가족과도 협상과 타개의 묘가 필요하다. 이왕이면 확실하게 자신의 의지를 표출해라. 친구처럼 금세 사라지지 않는 존재가 가족이다. 때가 되면 이해할 것이다. 이해해주지 않는다면 자기 자신부터 이해시켜라. 언젠가는 가족의 관심의 손길이 돌아올 것이다.

섹스에 투자하는 시간

시각본능에 민감한 남자들에게 해당한다. 제때 성욕을 발산하지 못하면 이상행동을 표출하는 게 남자라는 동물이다. 그렇다고 섹스에만 몰두하기에는 남은 인생이 길지 않다. 세상에는 섹스 말고도 가치 있는 일들이 무수하게 많다. 여기에서 말하는 섹스는 섹스행위를 포함한 음란물 시청, 유흥업소 등이 포괄적으로 해당한다.

운동

30세 중반부터 마라톤을 시작했다. 재수 시절 알고 지내던 친구랑 운동목표를 정했다. 목표는 마라톤 출전. 그것도 하프 마라톤으로! 일주일에 세 번 또는 네 번 운동연습을 했다. 정말이지 달리는 시간 외에는 다른 시간을 내기가 쉽지 않았다. 드디어 잠실운동장에서 열리는 마라톤대회에 출전했다. 둘 다 사이좋게 상위 20% 이내의 기록으로 완주했다. 내 기록은 1시간 56분.

하지만 완주 후에 불청객이 방문했다. 무릎과 발목에 이어지는 극심한 통증이 찾아온 것이다. 대회 이후 10킬로미터 단축 마라톤을 즐긴다. 어떤 운동이든 지나치면 독으로 변신한다. 만일 운동에만 꼬박 일주일을 쏟아붓고 있다면, 당신은 창조인간이 아니다. 단지 운동에 중독된 사람일 뿐이다.

취미생활

취미에도 다양한 종류가 있다. 인생을 살면서 한두 가지의 취미마저 없는 이들의 말년은 스스로 지은 감옥으로 들어가는 꼴이다. 나이가 들어서도 유지할 수 있는 취미를 가졌는지가 중요하다. 젊어서 골프를 즐기는 이들은 노년기에 경제적인 여유가 주어지지 않을 경우, 이를 생활스포츠로 유지하기는 불가능하다. 바다낚시를 즐기는 당신은 주말이나 국경일, 휴가 이외에 시간을 내기가 쉽지 않다. 더군다나 이동시간이 만만치 않다. 가급적이면 문화예술과 연관된 취미를 권한다. 창조인간의 원천은 문화예술과 밀접한 관련이 있다.

점심시간

학생이나 직장인에게 해당하는 부분이다. 점심시간 이후에 시간이 남는다면 당신은 무엇을 하는가? 카페에서 노닥거리는 일은 이제 그만하자. 이는 식사 도중 나누는 대화 정도로도 충분하다. 자투리 시간을 이용하여 부족한 잠을 청하거나 평소 읽고 싶었던 책을 읽어 보자.

그것도 아니라면 회사 근처의 서점이나 박물관에 가보자. 산책도 나쁘지 않다. 식사 후에 지인들과 커피점에 가지 않는다고 해서 인간관계가 끊어지지는 않는다. 앞에서 설명했듯이 창조인간은 왕따의 위험을 무릅쓰고 살아야 하는 운명을 가진 존재이다.

김성근 감독과 동안거

프로야구 구단 SK 와이번즈가 강팀이었던 이면에는 김성근 감독이라는 절정의 승부사가 존재했다. 단체경기인 야구에서 감독 한 명이 승부에 차지하는 비율은 높지 않을 수도 있다. 하지만 팀플레이가 승패를 좌지우지하는 야구경기에서 일 년간 팀을 이끌어갈 카리스마를 가진 리더가 있어야 함은 당연지사이다. 김성근 감독은 창조인간의 전형이다.

김성근 감독은 혼의 야구, 즉 '선수들의 정신력'을 첫째로 여긴다. 그는 훈련에 불성실한 선수에게는 가차 없이 묵직한 철퇴를 날린다. 야구선수에게 겨울은 정규 프로야구 시즌을 위한 체력비축과 실력향상이라는 두 마리 토끼를 잡아야 하는 기간이다. 창조인간은 일주일 주기로 자신을 관리한다. 반면 프로야구 선수들에게는 야구시즌을 위해 동계훈련 기간이 주어진다. 따라서 창조인간의 월요일은 동계훈련기간과 동일한 의미로 통한다.

두 번째로 김성근 감독은 결단을 중요시한다. "결단은 버리는 것이다. 버림으로써 지키는 것이다. 그래서 용기가 필요하다."라고 자신의 저서 『김성근이다』에서 결단에 대해서 말하고 있다.

김성근 감독은 원칙주의자인가? 그렇지 않다. 한국시리즈 우승을 경험한 승부사로서의 이미지가 김성근 감독을 원칙주의자라는 인물로 알려지게 했을 뿐이다. 김성근 감독이 일 년간 무려 백 회가 넘는 야구시합을 반복해야 하는 지난한 승부의 과정에서 원칙 하나만으로 가시적인 결과를 내기는 불가능하다.

그는 LG 트윈스 감독 시절, 선수단에게 정신력 강화 차원에서 짧은 머리를 강조했다. 하지만 선수 중에서는 두발의 자유를 원했던 투수가 있었다. 야생마 이상훈 선수이다. 김성근 감독은 이상훈 선수와 면담 끝에 자신의 주장을 철회한다. 두발의 자유를 원하는 선수 한 명을 위해서 선수단 전체에 자신의 원칙을 백지화시킨 사례이다.

원칙주의자들에게는 '디테일의 부재'라는 위험요소가 존재한다. 정보화시대의 첨병인 미디어매체가 주도하는 21세기는 원칙을 앞세운 강함보다는 유연함이 우선이다. 즉, 하드 파워보다는 소프트 파워가 대세이다. 길이 막혔을 때 돌아갈 수 있는 지혜는 강한 의지력만으로 해결할 수 없다.

마지막으로 김성근 감독은 선수들에 대한 애정과 관심이라는, 휴머니즘에 기초한 소통을 지향한다. 감독은 희비가 엇갈리는 승부처에서 매 순간 선수들의 컨디션과 장단점을 파악해야 하며, 상대 선수단의 전력에도 집중해야 한다. 당연히 자신의 선수들에 대한 깊은 애정과 관심 없이 팀워크라는 과제는 사상누각일 뿐이다. 사람은 상대방의 눈빛을 보면서 본능적으로 관계의 정도를 가늠한다. 김성근 감독의 신화는 인간에 대한 존중과 버릴 줄 아는 결단이 융합된 결과물이다.

한국불교에서는 음력 10월 보름부터 정월 보름까지를 동안거(冬安居)라고 해서 산문 출입을 자제하고 수행에 정진하는 기간으로 삼고 있다. 이를 안거제도라 한다. 이는 석가가 활동했던 시대에서부터 이어져 오는 수행과 정이다. 출가한 수행자들은 한 장소에 머무르지 않고 이동하면서 생활하는 것이 원칙이었다.

그러나 인도에서는 여름이 지나고 우기가 되면 땅속에서 작은 벌레들이 기어나오기 때문에 길을 걸어 다니다 보면 벌레들을 밟아 죽일 염려가 있다. 또한, 교통이 불편한데다가 각종 질병이 나도는 경우가 빈번했다. 따라서 석가는 제자들의 제안을 받아들여 우기가 도래하면 3개월 동안 돌아다니는 것을 금지하도록 했다. 여기에서 안거가 유래한다. 이 기간에 수행자들은 일정한 장소에 모여서 공부와 수행에만 전념했고, 마지막 날에는 자자(自恣)라는 독특한 참회의식을 치르는 것이 승가의 전통이 되어 버렸다. 이러한 안거 풍습은 부유한 신자나 왕족들이 기부한 건물이나 토지에 승려들이 사원을 짓고 정착해서 사는 계기로 작용한다.

버릴 줄 아는 용기는 곧 새로운 것을 받아들이겠다는 의지와 통한다. 창조인간으로 변신하는 과정에는 자신을 둘러싸고 있는 여러 가지 불필요한 요소들을 제거하는 통과의례가 필요하다. 습관적인 술자리와 숙취현상, 미디어에 중독된 현대인, 독서행위를 마치 면벽 수행과정처럼 부담스러워 하는 태도, 스마트폰의 노예로 사는 일상, 변화라면 무조건 두려워하는 성향 등은 창조인간으로 가는 길을 가로막는 장애물이다.

동안거의 중요성은 불가의 수행자들에게만 해당하는 사항이 아니다. 일주일이라는 시간을 확대해서 일 년 열두 달로 변형할 경우, 겨울에 해당하는 월요일은 안거의 시간이다. 안거의 시간이 부담스러운 이들에게는 명상의 시간을 추천한다. 취침 전 반드시 5분 정도 명상의 시간을 가져 보자. 요가 자세를 완성하기 위한 노력까지도 필요 없다. 세상에서 가장 편안한 자세로 눈을 감는다. 그렇다고 숙면에 들라는 의미는 아니다. 들숨과 날숨을 천천히 반복하면서 하루의 혼란과 피로를 최대한 내려놓는다. 호흡이 안정되기 시작하면 머릿속에 들어 있는 잡념의 찌꺼기들을 하나, 둘씩 지워 나간다.

제거의 과정에서 새로운 상념이 떠오를 것이다. 이것 또한 지워야 한다. 지우고 또 지우는 과정을 거치다 보면 마지막 5분에 다다를 무렵, 그대의 무의식 속에서 맴도는 무엇이 있을 것이다. 그것이 바로 '창조인간 레시피를 구성하는 조미료'이다.

창조인간에게 안거의 시기는 월요일에 해당한다. 치열한 월요일을 보낸 자만이 남은 나머지 요일들을 창조적으로 보낼 수 있다. 인간의 뇌라는 조직은 습관과 행동을 통제하는 기능을 수행한다. 현대의 뇌과학이 비록 완성의 단계에는 도달하지 못했지만 인간의 마음이라는 모호한 영역의 역할 규명을 수행하고 있다.

뇌에서 특정 인간의 행동이나 역할을 자연스럽게 수용하기 위해서는 적어도 15회 이상의 반복적 행위가 이루어져야 한다. 따라서 매주 1회, 4개월간 생활방식의 변화과정을 통한다면 창조인간은 완성될 수 있다.

시작이 반이다. 아니, 시작이 전부이다. 월요일의 변화가 전제되지 않은 창조인간의 일주일은 공수표에 불과하다. 변화란 늘 스트레스를 동반하는 감기와 같은 존재이다. 변화를 두려워하지 말자.

정명훈과 서울시립교향악단

7세 때 서울시립교향악단과 협연. 1968년 미국으로 건너가 뉴욕 맨스 음악학교에서 피아노와 지휘법 수학. 1973년 뮌헨 국제 콩쿠르에서 2등 입상. 같은 해 안드레 프레빈이 지휘한 런던 교향악단과 협연하며 런던에서 데뷔. 1974년 차이콥스키 국제 콩쿠르에서 2등 수상. 1975년 리즈 국제 피아노 콩쿠르에서 4등 입상. 1975년부터 1978년까지 줄리아드 음악원에서 지휘법 수학. 1976년부터 1977년에 뉴욕주 유스 오케스트라의 수석 지휘자로 발탁. 1980년부터 이듬해에 걸쳐 로스앤젤레스 필하모니의 부지휘자로 승격. 서독 자르브뤼켄 교향악단의 상임 지휘자로 선정. 1989년 이탈리아 피렌체 오페라극장의 객원 수석 지휘자 겸임. 1990년 프랑스 파리 바스티유 오페라극장의 음악감독 겸 지휘자로 취임. 현 서울시립교향악단 지휘자.

한국을 대표하는 지휘자 정명훈의 빛나는 약력이다. 정명훈의 경우, 외국에서의 지명도는 한국에서의 그것을 능가한다. 그는 인터뷰에서 '낭만주의 작곡가인 말러를 지휘하기 위해 음악생활을 시작했다.'라고 말할 정도로 말러의 작품에 많은 애정을 쏟고 있다. '마에스트로 정'하면 떠오르는 음악에는 서정성이 부각되는 드보르자크의 교향곡을 비롯한 말러의 곡과 드라마틱한 전개가 돋보이는 오페라곡이 떠오른다. 여기에는 해석이라든가 표현이 역동적이라는 점이 공통으로 작용한다. 정명훈의 지휘스타일과 작곡가들의 취향이 비슷한 점에서도 그 이유를 찾을 수 있다.

　이런 성향으로 볼 때, 정명훈의 독창적인 표현과 해석은 다른 세계적인 지휘자들에게서는 의외로 찾기가 쉽지 않다. 그가 한국 출신의 지휘자라는 선입견을 차지하더라도 그가 아니면 가지기 힘든 낭만성이 매력으로 작용하는 게 사실이다. 창조인간 정명훈의 능력은 서술한 대로 피아니스트로 시작한 음악활동에서 지휘자로 대성한 부분까지를 언급해야 한다. 과거 정 트리오(정명훈, 정경화, 정명화)의 조합과 연주활동 역시 뛰어났으나 그의 진가는 미국에 이어 유럽에서 활동하던 시기를 통해서 나타난다.

정명훈은 서울시향을 이끌고 2010년 5월 29일부터 6월 11일까지 이탈리아, 독일, 체코, 러시아 4개국 9개 도시에서 펼쳐지는 유럽 투어에 참여했다. 이는 해외 유수의 음악제에서 공식 초청을 받아 떠나는 행사로서 한국 교향악단의 역사에서 처음 있는 일이었다.

▲ 정명훈 지휘, 서울시향,
말러 교향곡 2번

그는 자신이 약속한 대로 서울시향이 공식 출범한 지 5년째를 맞는 날에 의미 있는 성과를 거둔 셈이다. 이미 서울시향은 아시아 정상급의 반열에 올라 있으며 그가 지휘하는 서울시향의 티켓은 매진 사례를 이어가고 있다.

"서울시향의 단원들은 매년 조금씩 교체되면서 오늘까지 왔습니다. 서로 얼마나 힘들었겠어요? 하지만 얼마 전부터 교체가 많이 줄었어요. 아마 2년 후에는 안정될 것이라고 생각해요. 그때부터는 단원 교체에 대한 걱정 없이 한 가족으로 움직일 것입니다. 예술가에게 평생 보장은 있을 수 없죠. 음악가들에게는 매일의 연주가 오디션입니다. 그것을 이겨내지 못하면 초대받지 못하는 연주자가 됩니다." 그가 2010년 5월 19일 자 경향신문 인터뷰에서 한 말이다.

오케스트라의 아름다운 연주는 '개구리 손'이라고 놀림을 받을 만큼 보기 싫게 변형된 첼리스트의 손가락과 굳은살이 흉하게 박힌 바이올리니스트의 어깨와 부르트고 갈라진 관악기 주자의 입술이 있었기에 가능했다고 보도매체에서는 말한다. 사실 지휘자도 무대에서 격렬한 몸놀림과 함께 연주에 열중하고 나면 2~3킬로그램이 줄어드는 건 예사이다. 그만큼 지휘자 정명훈을 포함한 단원 한 사람 한 사람의 피땀과 서울시 측의 전폭적인 지원이 모여 오늘의 서울시향을 완성한 것이다.

여기에서 창조인간 정명훈의 화려함 뒤에 숨어 있는 음악가로서의 현실을 확인할 수 있다. 우리는 창조인간의 성공신화라는 결과물에만 집중하는 오류를 범하고는 한다. 하지만 창조인간의 성공에는 그 뒤에 숨어 있는 수많은 좌절과 시행착오 그리고 현실적인 어려움에 대한 극복과 초월이 있었다는 사실을 잊지 말자.

창조인간의 성공신화는 각종 미디어매체의 영웅만들기식 편집과정도 커다란 몫을 하는 것이 사실이다. 결과만을 중시하는 사회는 인간에 대한 관용과 기회상실이라는 반대급부를 시한폭탄처럼 내장하고 있다.

한국을 대표하는 수많은 창조인간은 우리와 동떨어진 세계에서 사는 이들이 아니다. 그들은 우리와 똑같은 공기를 마시며, 우리와 똑같은 한식을 좋아하며, 결정적으로 우리와 똑같은 24시간이라는 시간 속에서 살아왔다. 창조인간이라는 형상 속에 숨어 있는 본질을 발견하는 과정. 이것이 창조인간 레시피의 비결이다. 허상이 아닌 실체에 접근하기 위해서 우리는 창조인간의 겉모습이 아닌, 그들이 거쳐 온 크고 작은 흔적들을 발견하기 위해서 노력해야 한다.

창조인간은 결과형 인간이 아닌 과정형 인간이다. 산업사회에서 요구하는 결과물 따위에 연연하는 부속품으로서의 인간이 아닌, 과정의 가치를 즐기면서 떳떳하게 결과를 받아들일 줄 아는 자세가 창조인간 레시피의 필수요소이다. 정명훈의 인터뷰에서 언급했듯이, 창조인간 역시 연주자와 다름없이 하루하루가 오디션이자 극복해야 하는 과정의 연속이라는 점을 통해서 우리는 창조인간 레시피의 속성을 인지할 수 있다.

2% 비워놓고 시작하자

도시인의 하루는 정신없이 흘러간다. 도시의 직업인들에게 여유란 존재하지 않는다. 아니, 여유 자체가 불가능한 구조에서 살고 있다. 톱니바퀴의 부품처럼 짜여진 대로 우리 자신의 삶을 이대로 방치할 것인가? 창조인간에게 있어 기회란 주도적인 삶을 만들어 가기 위한 일종의 지표이다.

창조인간은 사회가 주도하는 개체적 삶에 자신을 내맡기지 않는다. 주체로서의 삶이 아닌, 개체로서의 삶은 유효기간이 분명하다. 개체로서의 삶은 사회라는 테두리 속에 속해 있을 때에는 정체를 드러내지 않는다.

문제는 유효기간을 마칠 때 발생한다. 개체적 삶은 자신의 주도적 판단보다 사회에서 그어놓은 판단 기준에 복종하는 특징을 가진다. 따라서 사회에서 그들에게 원하는 에너지를 뽑아낼 수 있는 시한, 즉 퇴직이라든가 연령제한에 도달했을 때 개체적 삶을 살았던 이들은 정신적 죽음을 맞이한다. 인간의 육체적 죽음보다 받아들이기 어려운 화두가 정신적 죽음이다.

일할 수 있는 능력이 충분히 남아 있음에도 개체적 삶에 충실했던 이들은 그 무엇도 쉽사리 시도하지 못한다. 자신이 진정으로 원하는 새로운 일이 무엇인가에 대한 대책이나 준비가 전무하기 때문이다.

다시 정리해보자. 나이를 먹는다고 해서 주체적인 삶을 산다고 착각하고 있지는 않은가? 남들과 다를 바 없는 하루를 보내기 위해서 자신의 모든 에너지를 사회가 완성해 놓은 용광로 속에 쏟아내고 있지는 않은가? 자신의 순수한 열정이 방전상태에 다다르는 불쾌한 경험을 한 적이 있지는 않은가? 그럼에도 사회가 원하는 대로 배터리만 넣어주면 움직이는 장난감 자동차처럼 살고 있지는 않은가? 진지하게 생각해볼 만한 중요한 문제이다.

사회라는 틀은 우리가 생각하는 것보다 훨씬 더 견고하고 복잡한 구조로 되어 있다. 창조인간의 삶을 살아간다는 것은 사회의 틀 속에서 유령처럼 살아가는 이들과는 전혀 다른 삶을 시도한다는 의미이다. 우리가 모르는 사이, 의식이 희미해지고, 꿈이 사라지고, 의지가 박약해져 버린 존재가 되어 있지는 않은지 재점검이 필요하다.

도시인의 삶은 하루하루가 바쁘고 힘든 일상이라는 것 정도는 누구나 인지하고 있다. 그렇다고 창조인간의 삶을 포기할 것인가? 방법은 있다. 아니, 방법은 늘 그대 주변에서 맴돌고 있다.

하루의 에너지를 100이라 가정한다면 초반부터 거대한 변화를 시도하는 것은 위험하다. 인간의 인식구조는 익숙한 것에 반응하기 나름이다. 습관의 변화, 사고의 변화, 태도의 변화를 하도록 2% 정도의 노력을 기울여보자. 그대의 머리끝에서 발끝까지 철저하게 지배하는 사회적 타성이 보이는가. 이제 변화를 시도할 순간이 왔다. 시작은 비록 2%이지만 결과는 창조인간의 완성에 있다.

이제부터 비워놓는 작업이 필요하다. 자신의 방 중에서 현관 근처에 속한 작은 방 하나를 깨끗이 비워놓자. 그곳에 창조인간의 완성에 필요한 부속품들을 하나, 둘씩 저장하는 과정이 다음 장부터 펼쳐질 것이다. 책을 읽는 것, 새로운 세계를 수용하는 것, 경험하지 못했던 삶을 시도하는 것, 대중문화 콘텐츠와의 만남을 시도하는 것은 '비워놓기'라는 준비운동이 없이는 사상누각에 불과하다. 창조인간의 월요일은 비우는 작업을 생활화하는 날이다.

이제 2% 비워놓을 준비가 되었는가?

火

참고문헌(참고 문화콘텐츠)

제2요일에 만나는 문화콘텐츠

도서 『생활의 참견』 김양수 저, 태일소담, 2009년

만화 『식객』 허영만 저, 김영사, 2003년

영화 〈졸업〉 마이크 니콜스 감독, 더스틴 호프만 주연, 1967년

도서 『왜 예술가는 가난해야 할까』 한스 애빙 저, 21세기북스, 2009년

도서 『파블로 피카소』 인고 빌터 저, 마로니에북스, 2005년

도서 『통섭』 에드워드 윌슨 저, 사이언스북스, 2005년

도서 『기술복제시대의 예술작품』 발터 벤야민 저, 길, 2007년

도서 『올드보이 한대수』 한대수 저, 생각의 나무, 2005년

만화 『심야식당』 아베 야로 저, 미우, 2008년

영화 〈굿 윌 헌팅〉 구스 반 산트 감독, 맷 데이먼 주연, 1997년

제2요일

화요일

창조인간의 기초지능

좋은 책 한 권을 꾸준히 읽는 데서 우리는 행복의 샘을 발견할 수 있다. 몇 페이지 훑어보고 내 던진다면 독서의 행복을 맛보지 못한다. 이것은 단지 독서에 한한 일이 아니고 매사가 다 그렇다. 자기 자신 속에 행복의 샘을 파는 일은 어느 정도의 참을성과 끈기가 필요하다. 이 같은 노력은 자신의 마음을 아름답게 할 뿐 아니라 얼굴도 아름답게 한다. 이것이 곧 자신의 내부에 행복한 씨앗이 자랄 터전을 마련하는 것이다. 불평불만과 비관 등 감정의 산물을 버리면, 의지의 산물인 행복은 자신의 손에 달려 있다. _알랭 (철학자)

만화 『생활의 참견』 이야기

"비가 오면 학교에 가지 않았다. 나는 그런 놈이었다. (중략) 나란 사람은, 게으르다기보다는 학교 자체를 싫어하는 사람 쪽이라고 말하는 게 옳을지도 모르겠다." 이 이야기는 나의 이야기가 아니다. 만화 『생활의 참견』 1권 13페이지에 등장하는, 작가 김양수가 한 말이다. 김양수 작가의 그림은 둥글둥글하다. 그는 가능하면 직선을 배제하고 등장인물을 원형적으로 묘사한다.

독자들은 김양수표 만화를 읽으면서 심리적 안정을 얻는다. 안정이란 타자 또는 매체에 대한 불편함에서 자유로워진다는 의미이기도 하다. 우리는 만화를 포함한 문화콘텐츠를 감상하면서 창작자와 보이지 않는 대화를 주고받는다.

김양수의 만화를 보면 나는 행복해진다. 그의 만화처럼 재미있는 사건·사고들이 내 일상에서 하루도 빠짐없이 벌어졌으면, 하는 생각도 든다. 하지만 아쉽게도 일상은 재미있고 웃기는 사건만 파노라마처럼 등장하지는 않는다.

직장을 예로 들어 보자. 출근하자마자 시작하는 회의에, 쏟아지는 일거리에, 동료들과의 크고 작은 신경전에, 그야말로 마음 편한 날이 손을 꼽을 정도다.

그래서 우리는 늘 생활의 변화를 갈망한다. 삐걱거리는 복사기처럼 비슷한 일상이 반복되는 상황은 무료함을 가장한 심적 통증을 동반한다. 두통이 찾아오면 진통제를 찾듯이, 우리는 변화를 그리워한다. 하지만 자발적 의지가 배제된 변화란 사상누각일 뿐이다.

작가 김양수는 월간지 회사에 기자로 입사 후, 칼럼니스트와 만화가라는 직업을 동시에 담당했다. 그는 글쓰기와 만화 그리기 그리고 늘 소재거리를 찾아야 하는 기자의 눈을 가진 창조인간이다. 창과 방패를 가지고 전투에 나가는 용사와 창만 달

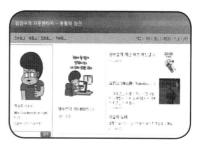

▲ '김양수의 카툰판타지 – 생활의 참견'
블로그 (blog.naver.com/muplie)

랑 잡은 채로 전투에 임하는 전사끼리는 싸움이 성립하지 않는다. 만화가로서 장수하는 법은 무엇일까? 아마도 스토리텔링 능력과 개성 있는 필체, 그리고 멋진 드로잉 능력이 아닌가 싶다.

지금은 대부분 사라진, 동네 골목에 있는 만홧가게에 들르면 시리즈로 발행하는 만화작품이 빼곡히 자리 잡고 있었다. 당시는 유명 만화작가 이름을 빌려서 글 따로, 그림 따로(그림도 무명작가들이 분담해서 그리곤 했다.) 작업해서 완성된 작품을 출간하는 경우가 많았다.

1980년대 말까지 성행했던 만홧가게는 1990년대에 들어 도서대여점으로 변신한다. 2000년대에는 웹툰의 시대가 열린다. 독자들이 인터넷에

서 만화를 즐길 수 있는 시대가 도래한 것이다. 주황색 봉지의 삼양라면 냄새가 진동하는, 나무 여닫이문 속에 도둑고양이처럼 숨어 있던 만화책들이 인터넷 공간으로 위치이동을 한 것이다.

만화애호가들에게 너무나 잘 알려진 『식객』 시리즈의 작가 허영만도 초기에는 공장식 만화시스템에 대해서 갈등했다. 역시 돈이 문제였다. 1980년대만 해도 공장식 만화시리즈에 동참하면 대기업 사원 부럽지 않은 높은 수입이 보장되는 시대였다. '돈이냐, 작품성이냐?' 이는 창작자에게 늘 족쇄처럼 따라다니는 화두이다. 이 질문에 대한 답변은 다음 편을 읽고 나서 하도록 한다.

영화 〈졸업〉 다르게 보기

영화 〈졸업〉을 기억하는가? 영화로는 두 가지 〈졸업〉 버전이 있다. 나는 연기파 배우 더스틴 호프만이 등장했던 영화 〈졸업〉을 좋아한다. 중학생 시절, 나는 AFKN이라는 미국 텔레비전 방송을 즐겨 보았다. 이유는? 영어를 배우기 위해서도, 즐겨보는 방송이 있어서도 아니었다.

지금 생각해보니, 이유는 사춘기 소년의 섹스에 대한 호기심이 아니었나 싶다. 당시 한국방송에서 늘씬한 여배우들의 노출연기를 구경할 수 있는 기회가 전무했다. 그렇다고 지금처럼 인터넷이 깔린 시절도 아니었다. 남성호르몬이 넘치는 까까머리 중학생에게 AFKN 방송은 그야말로 섹스의 오아시스나 다름없던 시절이었다.

나는 주말이 되면 23평 아파트 골방에 자리 잡은 작은 텔레비전 전원 스위치를 식구들이 없을 때마다 수도 없이 틀었다 *끄기*를 반복했다. 이유는 잘 알 거라 믿고 생략한다. 어쨌든, 중학생의 눈높이로 보았던 영화 〈졸업〉에 대한 첫 느낌은 볼만한 섹스영화라는 것이었다.

시간이 흘러 대학 시절에 영화 〈졸업〉을 비디오테이프로 다시 볼 기회가 있었다. 영화의 느낌은 확연히 달랐다. 호기심 가득했던 중학생 시절과 달리, 영화 줄거리에도 관심을 둘 수 있을 만한 20대가 되었던 것이다.

더스틴 호프만의 연기와 영화 배경음악으로 등장하는 사이먼과 가펑클의 노래는 환상적이었지만, 영화의 줄거리는 실망스러웠다. 젊고 예쁜 여자들을 놔두고 하필이면 장모뻘 되는 로빈슨 부인에게 더스틴 호프만이 몸을 바쳐야 하는지도, 그를 관망하는 가족들의 무관심도 영 마음에 들지 않았다. 대학 시절, 다시 보았던 영화 〈졸업〉은 섹스영화가 아닌, 1960년대 말 미국 대학생이 겪어야 하는 시대적 고민을 다룬 일종의 성장영화였다.

서른 즈음에, 나는 광화문 지하도에서 영화 〈졸업〉과 세 번째로 조우한다. 지하도 가판대에서 판매하는 영화 〈졸업〉 DVD를 만난 것이다. 구매 동기는 사이먼과 가펑클의 영화음악 때문이었다. 더스틴 호프만이 주연한 영화 〈졸업〉에는 사이먼과 가펑클이 부른 〈스카보로의 추억〉, 〈침묵의 소리〉, 〈미세스 로빈슨〉이 가을 물안개처럼 흘러나온

▲ 영화 〈졸업〉 DVD

다. 이렇게 세 번째로 다시 보았던 영화 〈졸업〉. 이번에는 놀랍게도 음악뿐 아니라 영화의 줄거리까지도 엄청나게 매력적이었다.

영화 〈졸업〉이 미국에서 처음 상영되었던 시대는 1967년이다. 제2차 세계대전의 승전국인 미국은 6·25 전쟁 덕분에 경제난을 해결했던 일본처럼 엄청난 경제적 급부를 누린다. 전쟁의 상흔에서 벗어나지 못하던 유

럽과 달리 미국은 후기 자본주의를 대표하는 국가로 급성장한다.

그런데 라이벌이 불쑥 등장한다. 냉전시대의 주인공이자 미국이랑 자웅을 겨룰 만한 국가인 소련이었다. 공산주의라는 시장경제 논리로 무장한 미국과는 정반대의 이데올로기를 주창하는 국가가 소련이었다. 소련은 세계 최강을 꿈꾸던 미국에게는 눈엣가시 같은 존재였다.

미국이라는 덩치 커다란 학생이 학급에서 짱이 되었는데 옆 반에 싸움실력이 비슷한 전학생이 왔으니 마음이 편할 리가 없었다. 게다가 같은 학급에서 말을 안 듣는 녀석이 또 튀어나온다. 녀석의 이름은 베트남. 녀석은 옆 반에 있는 전학생이랑 친척 간이기도 하다. 어쩔 수 없이 짱은 만만하게 보이는 녀석에게 선방을 날린다. 그게 바로 베트남전쟁이다. 녀석은 날마다 짱한테 몰매를 맞으면서도 쓰러지지 않고 버틴다. 가끔 짱이 낮잠을 잘 때마다 시비를 걸어 보기도 한다. 여간 신경 쓰이는 일이 아니다. 짱으로 군림했던 시기도 잠시, 미국은 학급 내에서의 체면과 위신마저도 조금씩 떨어진다.

미국에게 1960년대는 그야말로 질풍노도의 시기였다. 마틴 루서 킹이 주도했던 흑인인권운동, 페미니즘, 동성애자를 비롯한 소수문화계급의 사회운동, 히피즘, 베트남전을 포함한 반전운동의 기세가 높았던 시기가 1960년대이다. 당시 미국은 군사력과 경제적 발전만으로 모든 가치를 독점할 수 없다는 문화적 딜레마에 빠져 있었다. 따라서 미국의 젊은이들은 고민과 갈등의 시간을 보내야만 했다. 더군다나 당시 미국의 권력층 자제들은 베트남전에 징집되지 않는 특혜를 누렸다.

영화 〈졸업〉은 명문대학을 졸업한 부유층 자제(더스틴 호프만)를 등장시켜서 정치적으로 불안했던 1960년대 후반의 미국 백인사회를 파헤치고 있다. 따라서 중학생 시절, 1960년대 미국의 역사와 정치적 상황에 대한 정확한 인식 없이 보았던 영화 〈졸업〉은 그저 그런 섹스 영화에 불과했던 것이다.

영화의 마지막 장면은 다시 보아도 인상적이다. 결혼식장을 뛰쳐나오는 남녀의 모습을 통해 영화는 관객에게 일탈의 즐거움을 선사한다. 영화는 거기서 끝이 아니다. 이들은 즉흥적으로 시외버스에 올라탄다. 신기하게도 그들 주위에 앉은 사람들은 하나같이 노인들뿐이다.

▲ 영화 〈졸업〉의 마지막 장면

주인공 더스틴 호프만과 캐서린 로스의 미래가 상상하는 것만큼 장밋빛으로 점철되지는 않을 것이라는 차가운 복선이 깔린 장면이다.

이제 중간 정리를 할 시간이다. 영화 〈졸업〉을 보면서 로빈슨 부인과 남자 주인공의 섹스 장면에만 몰두했던 나의 중학교 시절과 단순히 영화 줄거리만을 보려고 했던 대학 시절 그리고 미국의 시대적 상황에 대한 지식을 추가한 30대에 다시 보았던 영화 〈졸업〉은 전혀 다른 영화였다.

단순한 눈요깃감으로 점철된 배트맨류의 블록버스터 영화와는 다른 관점에서 영화 〈졸업〉은 고전의 반열에 오른다. 영화 〈졸업〉은 이후 기네스 펠트로가 등장하는 리메이크 영화가 등장하고, 뮤지컬로도 상연한다.

영화 〈졸업〉에서 보았듯이, 우리는 다양한 문화콘텐츠를 통해서 다르게 보기를 시도할 수 있다. 창조인간의 동력은 '다르게 보기'에서부터 시작한다. 버스 안에서의 마지막 영화장면은 다양한 메타포를 보여준다. 이는 마이클 니콜스 감독의 영민함을 확인할 수 있는 대목이기도 하다. 창조인간의 화요일은 '다르게 보기'를 문화콘텐츠를 통해서 경험하는 날이다.

융합적 사고 만들기

한스 애빙은 네덜란드 출신의 화가이자 경제학자, 문화체육관광부 직원, 예술사회학과 명예교수라는 다양한 직업의 소유자이다. 그는 저서 『왜 예술가는 가난해야 할까』를 통해 직업과 꿈(보상과 동기)에 대한 관계를 말했다. '예술가에게 있어 외적인 보상은 단지 목적이라기보다는 작품활동을 하면서 나오는 일종의 부산물이기 때문에 그리 중요하지 않다.'라고 그는 말한다. 또한 '그렇기 때문에 상업 예술가란 내적 동기를 무시하는 예술가라기보다는 외적 보상을 더 많이 추구하는 예술가'라고 이야기한다.

21세기는 본격적으로 직업의 변화가 도래하는 시대이다. 한국에서 직업의 종류는 몇 가지가 있을까? 놀라지 마라. 한국에는 무려 일만 가지가 넘는 직업이 존재한다. 문제는 직업의 다양성이 아니다. 요점은 수많은 직업 중에서 '한국의 부모님이 자식에게 독려하는 직업은 몇 개인가?'이다. 아쉽게도 기껏해야 '사'자 돌림으로 시작하는 20여 가지 직업이 전부이다.

안타까운 일이다. 5천만 민족이 옹기종기 모여 있는 대한민국이라는 나라에서 학생들이 똑같은 직업을 상상하며 독서실에서 밤을 지새운다는 사실에 대해서 말이다. 직업은 꿈이 아니다. 직업은 일을 하기 위한 수단일 뿐이다. 다시 말하면 직업이란 꿈을 이루는 부분집합 중 하나에 불과한 존재이다.

2013년 여름이었다. 나는 안암동에 있는 K 대학에서 자원봉사 활동을 했다. 행사는 경제적으로 어려움을 겪는 초등학생들을 위해 대학교정을 구경시켜주고, 함께 사진촬영을 하고, 퀴즈게임을 보여주는 순서로 진행되었다. 나는 쉬는 시간에 초등학생들에게 꿈에 대해서 물어보았다. 아쉽게도 대부분 직업을 언급했다. 직업을 얻는 것이 꿈이라면, 원하는 직업을 얻고 나서는 꿈이 사라지는 존재가 된다는 말이기도 하다. 물론 직업을 통해서 자신의 꿈을 스펙트럼처럼 키워나가는 사람이 존재하기도 한다. 하지만 직업이 꿈이라고 말하는 세상은 어른들이 만들어낸 위선일 뿐이다. 직업을 통해서 돈을 벌고 나면 꿈이 사라져야만 하는 세상은 수많은 시한부 인생들을 양산한다. 진정한 꿈은 자신이 원하는 모습의 인성과 가치관을 통해서 이루어진다.

돈이냐 작품성이냐? 한스 애빙의 저서에 따르면 예술가는 금전적인 보상을 무한추구하는 존재가 아니라고 정의하고 있다. 이 부분이 기업가치와 예술가의 가치관이 대립하는 순간이다. 기업가치의 첫 번째 항목은 무한수익의 창출이다. 그런데 기업의 문제점은 수익의 창출이 아니라, 수익창출의 끝이 보이지 않는다는 사실이다. 1억을 벌면 다시 10억을 벌고, 10억이 모이면 다시 100억을 향해 정조준해야 하는 것이 경영학에서 말하는 기업가치 이론이다. 물론 기업의 사회공헌 개념으로 문화예술 후원이나 자선활동 등을 포함하기도 한다. 하지만 이것은 단지 기업의 이미지나 가치를 올리기 위한 형식적 수단에 불과하다.

다시 만화가이자 창조인간인 허영만 화백을 이야기할 순서이다. 허영만

화백이 신인작가로 활동하던 시대는 1980년대이다. 당시 만화가로 돈을 벌 수 있는 가장 편리한 방법은 공장식 시스템의 도입이었다. 작가는 일정 스토리라인을 지시하고, 고용된 습작생들이 만화가의 필체를 따라서 작품을 완성하는 방식이 공장식 시스템이다. 따라서 한 달이면 수십 권에 달하는 연재만화가 동네 만화방에 속속들이 등장했다. 한때 허영만 화백도 공장식 만화시스템을 시도한 적이 있었다.

여기에서 예술가와 기업가의 갈림길이 등장한다. 허영만 화백은 돈에 대한 유혹을 과감히 떨치고 공장식 만화시스템과 결별한다. 이유는 자신이 원하는 작품을 창조하기 위해서였다. 꿈을 위해서 돈을 포기한 셈이었다. 이후 나온 작품들이 『미스터 큐 : 광고』, 『아스팔트 위의 사나이들 : 자동차』 그리고 『벽 : 기업』, 『오 한강 : 정치사』 등의 장르만화이다. 당시 허영만 화백과 함께 활동했던 스토리작가 김세영은 한 가지 장르에 천착하지 않는 창조능력을 보여준다.

허영만 작가라고 돈에 대한 욕심이 없지는 않았을 것이다. 하지만 만화가에게 있어서 창작능력은 생명과도 같다. 파블로 피카소는 예술가의 삶에 대해서 다음과 같이 말하고 있다.

"예술가에게 끝이란 없다. 예술가치고, 이번엔 작품이 멋지게 됐으니, 내일은 좀 쉬어야겠다고 생각하는 사람은 아무도 없다. 예술가가 작업을 마쳤다는 것은 다만 이제 또다시 시작해야 한다는 것을 의미할 따름이다. 예술가에게 '끝'이란 말은 결코 있을 수 없다."

예술가와 일반인의 경계는 무엇일까? 단지 직업의 차이만을 의미하는 것일까? 창조에 대한 화두를 놓지 않기 위해 예술가는 일반인에 비해 엄청난 노력을 해야 한다고 믿는 사람들이 많다. 하지만 이것은 예술가만의 몫이 아니다. 시청자는 결말이 뻔히 보이는 텔레비전 드라마나 영화를 원하지 않는다. 사람의 인생 또한 마찬가지가 아닐까?

한 시간만 대화해보면 바닥이 보이는 사람들을 우리는 식상하다고 표현한다. 변화의 기미가 보이지 않는 인간이라는 의미이다. 그들은 어제와 다름없는 오늘을 고수하는 데 집중할 뿐이다. 반대로 세상은 하루가 다르게 변화의 물결로 가득 찬다. 우리는 미디어에서 쏟아내는 신조어에 정신이 아득해질 지경이다. 대기업에서 생산하는 각종 전자제품은 디자인뿐만 아니라 새로운 기능을 추가해서 변신을 거듭한다. 이제는 스마트폰이 없으면 원시인 취급을 받는 시대이다. 컴퓨터 한 대 값에 달하는 스마트폰이 생활필수품으로 버젓이 활개를 치고 있다. 내일이면 어떤 전자제품이 덜컥 등장할지 모른다.

변화란 시대의 흐름에 무인탑승 하는 것을 의미하지 않는다. 변화의 시대에서는 자신만의 시각으로 자본과 사회의 이면에 숨은 간계와 전략을 훤히 꿰뚫어 볼 수 있어야 한다. 날카롭고 예리한 시선을 바탕으로 자신만의 색깔을 내는 사람을 창조인간이라고 말한다.

에드워드 윌슨은 자신의 저서 『통섭』에서 인문학과 자연과학의 결합을 주장한다. 또한 개미연구에서 괄목할 만한 연구업적을 남긴 학자이다. 그는 예술분야에서도 뇌과학, 심리학, 진화생물학의 통섭적 연구를 통해 예술의 영속적 이론을 얻을 것이라고 주장한다. 이른바 예술과 과학의 통합을 의미한다.

'과학기술의 발전으로 지식의 접근과 활용이 훨씬 편리해졌다. 우리는 지식을 텔레비전과 인터넷을 통해 언제 어디서든 이용할 수 있다. 그런데 넘쳐나는 정보의 바닷속에 있지만, 지혜의 빈곤 속에서 살고 있다.'라고 『통섭』의 저자는 말한다. 따라서 세계는 적절한 정보를 적재적소에서 취합하고 비판적으로 생각하며 중요한 선택을 지혜롭게 하는 사람들에 의해 돌아갈 것이라고 그는 주장한다. 그러므로 융합적 사고는 점점 더 중요할 수밖에 없다는 결론에 다다른다.

베르나르 베르베르의 장편 『개미』를 기억하는 이들이 많을 것이다. 학자 에드워드 윌슨은 개미연구의 세계적 권위자이기도 하다. 그가 자연과학과 인문학과의 융합에 대해서, 융합의 시대 도래에 대해서 예견한 것은 자신의 분야에만 몰두하지 않고 그 이상의 본원적 가치를 추구하려는 창조인간의 자세에서 시작된 것이다.

얼핏 보면 창조라는 단어는 대중의 일상과는 멀리 떨어져 있는 용어이다. 하지만 창조에 대한 거대담론에만 몰두한 부작용이 우리 스스로를 창조가 아닌, 창조 거부형 인간으로 분류하는 오류를 반복하지는 않는지 재고해 보아야 한다.

예술가와 일반인의 경계 또한 사라지고 있다. 르네상스 시대에 활동하던 미켈란젤로, 레오나르도 다빈치, 라파엘로 등의 화가는 부유한 자본가들의 우산 아래에서 활동이 가능했다. 바야흐로 예술가의 경제활동을 지원해주는 패트런 제도가 등장한 것이다. 패트런 제도는 문제점이 상존했다. 자본가와 종교인들의 후원으로 예술활동을 하는 창작자들은 아쉽게도 자신이 원하는 작품보다 자신들의 생계를 책임지고 있는 자들이 지시하는 작품에 몰두해야만 했다.

근대를 지나 현대사회에서 예술가란 직종은 후원의 개념이 희박하다. 기껏해야 정부에서 불규칙하게 지급되는 보조금 정도가 전부이다. 기업의 후원활동은 특정 문화예술콘텐츠에 국한할 뿐이다. 후원기간 또한 단기적이다. 시장경쟁의 원칙은 예술시장도 예외가 아니었다. 창작활동에도 수익극대화의 원칙이 불청객처럼 끼어든다.

대중들은 원하기만 하면 다양한 예술작품을 인터넷이나 전자기기 등을 통해서 접할 수 있다. 발터 벤야민은 저서 『기술복제시대의 예술작품』을 통해서 현대사회는 예술작품에 대한 복제가 일반화되어 작품 특유의 '아우라'가 사라지고 있다고 말한다.

하지만 대중에게는 세상에 하나뿐인 예술작품이 아니라도 동네 문구점에서 복제된 예술작품들을 쉽게 만날 수 있다. 대량생산에 따른 문화예술의 복제시대가 도래한 것이다. 예술가와 일반인의 경계 또한 포스트모더니즘 시대 이후로 조금씩 무너지고 있다. 이는 일반인에게도 예술가에게만 요구했던 창조기능이 필요하다는 말과 상통한다. 이러한 창조기능은 문화, 예술, 과학, 역사, 사회, 경제, 정치 등의 요소들을 각자 기호에 맞게 융합하는 능력을 의미한다.

직업 또한 한 가지를 천직으로 사는 시대는 사라졌다. 10년 전에 존재했던 사진관이 디지털카메라와 고성능 휴대폰의 등장으로 사라질 위기에 봉착했다. 라디오에서 SP/LP로, 다시 CD로 진화했던 음악콘텐츠는 형체가 없는 파일형태로 진화했다. 컴퓨터 하나만 있으면 수천 곡의 음악을 내장할 수 있는 시대가 도래할 것으로 예상했던 음반회사는 어디에도 없었다.

앞으로 우리가 예상하지 못하는 수많은 직업이 탄생할 것이다. 미래에는 우리가 인지하고 학습한 것 이상의 세계가 등장할 것이다. 창조인간에게는 기존의 문화현상들을 결합하여 창조할 수 있는 융합능력이 필요하다.

말콤 글래드웰이 주장했던 '1만 시간의 법칙'을 고수하는 끈기와 노력도 필요하다. 하지만 과정에서 파생되는 다양한 변수들을 자신의 것으로 흡수, 응용하는 능력은 어떤 지침서에도 나와 있지 않다. 이것이 융합의 어려움이다. 융합은 창조에너지의 원천이다. 창조인간에게 요구되는 '다르게 보기'는 '융합적 사고'라는 원재료를 통해 가공의 과정을 거쳐야만 한다.

행복의 나라로

'1948년 부산 출생, 초등학교 시절부터 한국과 미국을 오가면서 교육을 받음. 뉴햄프셔 주립대 수의학과 중퇴. 뉴욕 인스티튜트 오브 포토그라피 사진학과 졸업. 현재까지 14장의 정규앨범 발표. 사진 시집 『침묵』, 사진집 『작은 평화』, 악보집 『한대수 노래 모음』, 음악평전 『영원한 록의 신화 비틀스 VS 살아 있는 포크의 전설 밥 딜런』, 에세이 『행복의 나라로』 출간.' 이 이력의 주인공을 누구일까?

그는 결핍을 채우기 위해 음악을 했고, 작곡으로 고독과 분노를 표출했다. 노래를 부르면서 해소의 숨소리를 토해냈는데, 창작활동은 자신만의 정체성을 찾고자 하는 출구이자 변명이었다고 말한다.

이 글의 주인공은 가수 한대수다. 그의 저서 『올드보이 한대수』에 나오는 문장을 통해서 한국의 전설적인 포크 싱어송라이터이자 창조인간 한대수를 설명해 보았다.

다음 그림 속의 사진에는 맨 발로 서 있는 남자의 뒷모습이 보인다. 그리고 왼쪽에는 '한대수 멀고 먼 길'이라는 글자가 보인

▲ 한대수 1집 음반 〈멀고 먼 길〉

다. 남자는 허름한 청바지를 입고 장발을 한 채로 시골길을 걷고 있다. 이것은 한대수의 1집 앨범의 뒷부분이다. 이 음반에는 우리에게 널리 알려진 곡 〈행복의 나라로〉가 실려 있다. 그는 직업 또한 여러 가지이다. 싱어송라이터, 사진가, 시인, 작가 등의 다양한 직업을 소유하고 있는 통섭의 인물이다. 창조인간이 두 번째로 맞이하는 날인 화요일은 통섭의 시간이다.

한대수는 그의 저서 『올드보이 한대수』에서 작곡을 하는데 가장 중요한 것은 음이며, 사람들이 자신의 노래를 듣고, 가사가 훌륭하다고 하지만 사실 좋은 음이 없으면 아무리 훌륭한 가사도 무의미해진다고 말한다.

▲ 한대수의 저서 『올드보이 한대수』

창조의 시대는 올드보이들이 살아 숨쉬는 공간이 마련되어야 한다. 보이는 현상을 다르게 해석할 수 있는 능력을 갖춘 사람들이 늘어날수록 사회는 아름다워진다. 그 세상을 지켜나갈 수 있는 자는 융합의 능력을 갖춘 창조인간이다.

편식의 즐거움 『심야식당』

"빨간 비엔나소시지, 구운 김, 포테이토 샐러드, 라면, 돈가스 카레. 고급요리는 아니면서 늘 구미를 당기는 음식임이 분명하다. 그렇다고 특별한 레시피가 요구되는 음식이라고 보기에는 애매하다." 소개된 이 이야기는 일본작가 아베 야로의 연작만화 『심야식당』 1편에 나오는 목차이자 등장 메뉴이다.

만화 『심야식당』에서는 정해진 메뉴만 판매하지 않는다. 단골손님들이 원하는 메뉴가 있으면 음식거리가 있는지 확인 후 즉석에서 비슷한 음식을 고객에게 제공한다. 먼저 음식을 맛본 후, 마음에 들면 그 음식은 단골손님이 늘 찾는 신메뉴로 변신한다.

　이 만화에는 아웃복싱을 구사하는 인물들로 북적인다. 게이 바를 운영하는 코스즈 씨, 폭력단 조직원 류 씨, 엔카 가수 치도리

▲ 만화 『심야식당 1』 (미우(대원))

미유키 씨, 스트리퍼 마릴린 씨 등 그들은 심야식당에서 추억의 음식메뉴

를 찾아가는 여행을 즐긴다. 자신이 원하는 메뉴를 통해서 상처를 치유하는 등장인물의 모습은 매번 바뀌는 심야식당의 메뉴처럼 다채롭다. 세상의 모든 음식을 자신의 메뉴 리스트에 포함하는 것은 불가능하다. 잡식성 입맛을 가졌다고 해서 삶이 윤택해지지 않는다는 사실을 심야식당의 주인장은 알고 있다.

만화 『심야식당』은 『맛의 달인』이나 『식객』처럼 최고의 요리사를 꿈꾸는 인물이 등장하지 않는다. 잔잔하게 하루하루를 살아가는 이들을 위해 음식을 만들어 주고, 그들이 원하는 요리에 열중하는, 말 수 없는 식당주인이 등장할 뿐이다.

'다재다능'. 무척이나 도발적으로 들리는 용어이다. 한편으로는 실현 가능성이 높다고 말하기 어려운 용어이기도 하다. 한 가지를 잘하는 사람과 이것저것 적당히 잘하는 사람 중 누가 창조인간의 가능성이 높을까?

정답은 만화 『심야식당』에 숨어 있다. 『심야식당』을 찾는 이들에게 음식을 제공하는 사장 겸 주방장은 자신의 정체를 드러내지 않는다. 그는 단지 음식점에 방문한 이들의 이야기를 정성스럽게 들어주고 식객들이 청하는 음식을 만들기 위해 노력할 뿐이다.

심야식당의 주인은 얼핏 보면 무채색의 캐릭터로 보일 수도 있다. 하지만 진정한 고수는 마지막 순간에 칼자루를 움켜쥐는 법이다. 텔레비전 토크쇼의 사회자는 등장인물을 돋보이게 하기 위해서 다양한 장치를 마련한다. 등장인물을 향해서 질문과 함께 공감하는 리액션을 취하는 자가 재능있는 사회자이다. 만약 심야식당의 주인장이 등장인물들의 개성을 능가하는 다재다능함과 화려한 언변의 소유자였다면? 이것 또한 만화의 소재로서 가능한 부분이다. 하지만 내 취향은 아니다.

음악을 예로 들자면 록 기타 연주에서도 클라이맥스 부분이 존재한다. 일반적인 연주자들은 클라이맥스 부분에서 빵~! 하고 터지는 폭발적인 연주를 보여주기 위해서 속주와 강렬한 사운드를 추가한다. 하지만 이를 뛰어넘는 연주자는 클라이맥스 부분에서 과감하게 기타 연주를 생략하거나 사운드를 최소화한다. 청자들은 오히려 잔향이 남는 그들의 기타 연주에 더 큰 감동을 느낀다. 세상을 떠난 기타 연주자 제이 제이 케일(J. J. Cale)과 에릭 게일(Eric Gale)이 이에 해당하는 연주자이다.

『심야식당』의 작가는 창조작업에서 필요한 '힘 빼기의 법칙'을 알고 있다. 이 법칙은 야구나 골프에서도 적용된다. 야구 배트를 잡은 타자의 어깨와 팔뚝에 힘이 들어가면 자연스러운 스윙이 되지 않는다. 배트 스윙의 기본자세는 하체를 이용하여

▲ 한국 뮤지컬로 제작된 〈심야식당〉 포스터

회전력을 가동하는 것이다. 상체부위는 단지 하체의 회전을 도와주는 도우미 역할에 충실해야 자연스럽고 정확한 배팅을 할 수 있다. 따라서 운동에서 통용되는 '힘 빼기의 법칙'은 문화콘텐츠에서도 의미가 상통하는

부분이다.

독자들은 첫 페이지부터 잔뜩 힘이 들어간 만화에 열광할 수도 있다. 하지만 강한 자극은 그만큼의 실증과 허탈감을 동반하는 법. 만화『심야식당』의 작가는 독자들을 자극하기보다는 그들과 함께 호흡하고 대화하기를 원한다. 독자들은 작가가 유도하는 '마음 어루만지기' 기법에 조금씩 빠져든다. 책장을 덮고 난 뒤에도 만화의 잔상은 잔잔한 호수처럼 마음속을 어루만진다. 시간이 지나 다시 읽고 싶어지는 책이 바로 만화『심야식당』이다.

다시 질문시간이다. 다재다능한 인간이 될 것인가? 한 가지에 정통한 사람이 될 것인가? 그 정답은 만화『심야식당』에 담겨 있다. 편식의 중요성은 창조인간 레시피에서 기억해야 할 부분이다. 편식하는 자만이 창조능력을 극대화할 수 있다.

자신이 원하는 모든 것을 살아있는 동안 하나도 빠짐없이 실천하는 사람은 존재하지 않는다. 자신이 잘하는 것이 무엇인지, 자신이 버려야 할 생활은 어떤 것인지에 대한 선별작업을 통해서 우리는 편식의 즐거움을 깨닫는 것이다. 화요일은 편식의 즐거움을 몸소 실천하는 날이다. 우리 모두 창조인간의 정신적, 육체적 건강을 위해 편식의 즐거움을 누려 보자. 창조인간 레시피, 화요일의 세 번째 과제는 '다르게 보기'이다.

와인과 짬뽕의 힘

와인과 짬뽕. 이 얼마나 부조화한 단어들의 조합인가? 와인바에 가면 짬뽕메뉴를 찾을 수가 없고, 동네 중국집에 가서 와인을 주문하기란 쉽지 않다. 모든 음식의 맛은 개인차가 존재한다. 자신의 입에 맞는 음식이라고 해서 반드시 타인들의 식단에 주메뉴가 되라는 법은 없다. 언제부터인가 와인을 판매하는 중국집이 하나, 둘씩 등장하기 시작했다.

팥빙수를 안주로 해서 맥주를 마셔 본 적이 있는지? 2000년대 후반에 종로통에 가면 팥빙수나 과자, 감자튀김과 커피와 맥주 등을 마구 뒤섞어서 판매하던 카페가 있었다. 점심에는 주로 가벼운 커피와 과자 등을 팔고, 저녁에는 술안주와 맥주를 판매하겠다는 이원화 전략이었다.

결과는 의외였다. 여름이라서 그랬을까? 팥빙수 안주에 맥주 마시기에 대한 지인들의 반응은 뜨거웠다. 절반 이상의 친구들이 팥빙수 안주와 맥주의 궁합은 최선은 아니었지만, 차선이라는 것에 방점을 찍어줬다. 창조인간은 이처럼 반복되는 현상에 대한 무차별적 수용이 아니라 *스스로 방법을 찾아가는 존재이다.* 창조인간의 기초지능은 현상에 대한 강한 호기심, 의외의 결과를 찾았을 때의 즐거움, 아이러니에 기반한 사고의 전환으로 정리할 수 있다.

가드너는 창조인간의 기초지능에도 다양한 차이가 있다는 것을 발견한 학자이다. 그는 인간의 지능은 IQ 검사로만 검증할 수 없다는 사실을 다중지능이론이라는 가설을 통해 증명해 보였다. 그는 『크리에이팅 마인드』라는 저서를 통해서 창조적 인간형으로 분류되는 7명의 분석을 통해 창조지능의 다양성에 관한 사례를 발표한다. 7명의 창조인간을 분석한 결과는 다음과 같다.

- 아인슈타인(과학자) : 논리-수리-공간지능은 뛰어나나 대인관계지능은 떨어짐.
- 간디(정치가) : 대인관계지능-언어지능은 뛰어나나 예술지능은 떨어짐.
- 그레이엄(무용가) : 신체-언어지능은 뛰어나나 논리-수리지능은 떨어짐.
- 엘리어트(시인) : 언어지능은 뛰어나나 음악-신체지능은 떨어짐.
- 프로이트(정신분석가) : 자기성찰-언어지능은 뛰어나나 공간지능은 떨어짐.
- 피카소(화가) : 공간-신체지능은 뛰어나나 논리-수리지능은 떨어짐.
- 스트라빈스키(작곡가) : 음악지능은 뛰어나나 대인관계지능은 떨어짐.

가드너는 연구를 통해 특정분야에서 괄목할 만한 결과를 보인 창조인간이 일부분야에서는 평균치를 밑도는 낮은 능력을 보인다고 주장한다. 따라서 창조인간의 기초지능 자체가 완벽주의나 다재다능과는 거리가 멀다는 사실을 입증한 셈이다.

나는 영화감독 구스 반 산트의 영화코드를 좋아한다. 〈파인딩 포레스터〉, 〈라스트 데이즈〉, 〈아이다호〉라는 영화는 소개하는 〈굿 월 헌팅〉과 함께 이 감독의 주요 작품이다.

▲ 영화 〈굿 월 헌팅〉

폭력전과가 있는 미국 MIT 대학의 청소부인 맷 데이먼은 부모 없이 남부 보스턴 빈민가에 사는 20대 청년이다. 하지만 그는 수학능력에 있어서 천재적인 능력을 가지고 있다. 월(맷 데이먼 역)의 천재성을 발견한 램보 교수의 강권으로 심리학 교수 숀 맥과이어(로빈 윌리엄스 역)와 주기적인 상담시간을 가진다. 숀은 양아버지의 학대와 빈곤 속에서 마음의 문을 닫아 버린 월을 관찰하면서 거칠고 반항적인 외면에 둘러싸인 상처를 받기 쉬운 여린 내면을 인지한다. 월에게 깊은 애정을 느낀 숀은 자신의 상처까지 내보이며 월에게 살아가는 데 필요한 지혜를 가르쳐 준다.

영화에 등장하는 숀(맷 데이먼) 역시 창조지능의 소유자이다. 하지만 그는 수학능력과 비상한 암기력을 제외하고는 대인관계지능에서는 심각한 문제점을 드러낸다. 숀의 사례처럼, 창조인간의 기초지능이란 특정분야에서 창조적 능력을 극대화할 수 있는 부분을 의미한다. 따라서 오지랖 넓은 동네 이장 스타일의 인물에게 창조지능을 기대하는 것은 사실상 어려운 일이다. 그리고 2014년 8월, 세상을 떠난 로빈 윌리엄스의 명복을 빈다.

흔히 '특이하다.'라고 불리는 이들을 주위에서 흔히 볼 수 있다. 그들은 일반인처럼 여러 분야에서 평균 이상의 능력을 보여주지는 못한다. 다만 획일화의 함정과 유혹에 쉽사리 빠져들지 않는 그들의 용기와 시도만큼은 높이 사줘야 하지 않을까.

결국, 창조지능이란 다르게 보기를 동반한 특수영역에서의 차별화된 능력을 의미한다. 화요일은 본격적으로 창조지능을 가동하는 날이다. '대중문화를 통한 차별화'는 '다르게 보기', '통섭', '편식'에 이어 창조인간의 화요일을 완성하기 위한 통과의례이다. 영화 〈굿 윌 헌팅〉에 등장하는 대사를 끝으로 이번 장을 마치고자 한다.

"제대로 이끌어 주는 사람이 없었다면 알베르트 아인슈타인도 스위스 특허청의 말단 공무원으로 끝나 버렸을 것이고, 아인슈타인에 의해 창조되었던 여러 가지 과학적 업적은 불가능했을지도 몰라. 윌은 그런 재능을 타고났어. 우린 윌에게 옳은 방향을 제시해 줘야만 해."

한 가지만으로는 부족하다 / 아웃사이더로 살아 보자 / 일상을 재편성하라 / 쉬지 말고 상상하라 / 그대는 무엇이 다른가 / 차별화의 즐거움에 대해

수요일
무엇을 해야 할까

모든 창조적 행위는 처음에는 한 개인과 객관적인 작업(작품) 세계의 관계에서 생겨나고, 다음으로 그 개인과 다른 사람들의 관계에서 성숙한다. _칙센트 미하이 (심리학자)

水

참고문헌(참고 문화콘텐츠)

제3요일에 만나는 문화콘텐츠

도서 「특별한 나라 대한민국」 강준만 저, 인물과 사상사, 2011년

도서 「차이와 반복」 질 들뢰즈 저, 민음사, 1968년

음반 〈농담 거짓말 그리고 진실〉 봄여름가을겨울, 동아기획, 1997년

도서 「아웃사이더」 콜린 윌슨 저, 범우사, 1956년

음반 〈Winelight〉 Grover Washington Jr, 워너뮤직, 1980년

도서 「나, 건축가 안도 다다오」 안도 다다오 저, 안 그라픽스, 2009년

영화 〈기쿠지로의 여름〉 기타노 다케시 감독, 2006년

도서 「왜 예술가는 가난해야 할까」 한스 애빙 저, 21세기북스, 2009년

도서 「나쁜 취향」 강정 저, 랜덤하우스, 2006년

도서 「우디 앨런 : 뉴요커의 페이소스」 로버트 E. 카프시스 저, 마음산책, 2008년

영화 〈애니 홀〉 우디 앨런 감독, 2002년

음반 〈Blues Power〉 앨버트 킹, 스탁스, 1991년

음반 〈기타가 있는 수필〉 김창완, EnE Media, 1998년

도서 「나는 정말 그를 만난 것일까」 황경신 저, 소담출판사, 1999년

만화 「올드보이」 미네기시 노부야키 그림, 아선, 2003년

한 가지만으로는 부족하다

A 씨는 대학 시절 경영학을 전공했다. 그는 대학진학 시 자신이 관심 있어 하던 철학과를 지원하고 싶었지만 취업문제가 마음에 걸렸다. 그는 대학졸업과 동시에 급여는 높지 않지만 나름 이름이 알려진 국내 대기업에 입사하여 현재 40대 초반에 이르렀다.

A 씨는 회사에 다니는 과정에 자비로 경영대학원을 등록하여 대학 시절 못다 했던 만학의 꿈을 이루었다. 그리고 A 씨는 음료를 판매하는 업종에서 약 15년간 한 직장을 다니면서 네 차례 구조조정의 태풍을 피해 갔다.

이미 A 씨의 동료 중 절반 가까이 회사를 떠났다. 일부 퇴직직원들은 비슷한 업종으로 이직했으며, 그렇지 않은 이들은 자영업 또는 개인사업을 시작했으나 현재까지 고전을 면치 못하고 있다. 한 가지 업종에서 직장생활을 하는 자신의 위치에 만족하지만, 앞으로 몇 년이나 회사에 다닐지 알수 없다.

그는 두 명의 자녀와 아내와 함께 서울 목동에서 살고 있다. 퇴직 이후에 할 수 있는 일에 대해서는 특별한 대책이 없는 상황이다. 취미는 등산과 영화관람이며 주량은 소주 두 병, 일주일에 두세 번의 술자리를 가진다. 대학 시절의 꿈은 서양철학을 가르치는 대학교수였다고 한다.

여기서 질문 하나. A 씨는 자신이 원하는 삶을 살고 있을까? 정답은 A

씨만이 알고 있겠지만 다양한 추측이 가능하다. 한국남성의 평균수명을 75세로 가정해보자. A 씨는 앞으로 약 10년 정도 회사에 다닐 것이며, 이후 20년이 넘는 노년의 삶에 대해서는 물음표이다.

A 씨의 삶은 크게 3가지로 정리된다. 직장, 가정 그리고 일하지 않는 시간 동안 보내는 자투리 삶. 한국 중년 남성 직장인의 삶과 크게 다르지 않은 시간을 보내는 A 씨의 삶을 창조인간의 삶으로 분류하기란 쉽지 않다. 그렇다면 A 씨가 창조인간의 삶을 영위하기 위해서는 어디에서부터 밑그림을 그려야 할까?

우리는 타인의 정체성을 정의하는 데 있어 몇 가지 고정화된 공식을 가지고 있다. 이를테면 어디에 살고 있는지, 무슨 직업을 가졌는지, 학벌과 전공은 무엇인지, 부모의 직업은 무엇인지 등을 통해서 우리는 타자의 정체성과 계급을 구분 짓기 하는 습관이 몸에 배어 있다. 이를테면 '일반화의 오류' 속에서 타인을 규정하는 습관이 우리의 마음속에 큼직하게 자리 잡고 있다.

우선 지역에 대한 오류이다. 다산 정약용은 자식들에게 무슨 일이 있더라도 서대문 밖으로 이사하는 일이 없도록 단속했다고 한다. 서울을 멀리 벗어나는 순간, 입신양명의 기회는 사라지며 사회적으로 재기가 어렵다는 사실을 다산은 인지하고 있었다.

한국에서도 서울, 서울에서도 지역은 빈부격차를 설명해주는 바로미터이다. 서울에 사는 사람들은 강남 그리고 강북이라는 이분법에 익숙하다. 일단 강남지역에 거주한다는 사실은 상위계급에 편입될 가능성을 내포하고 있다. 비싼 땅값, 유명 사설학원과 대학진학률이 높은 고등학교가 밀집해 있는 곳이 강남이다. 이른바 강남스타일이라고 부르는 상류 문화 계급과의 접촉 가능성 등이 삼위일체가 되어 강남불패의 신화는 현재까지 아성을 지켜오고 있다. 강남출신이라는 호칭은 한국사회의 기득권층을 암시하는 상징언어이다.

문제는 '이동성'이다. 강남에서 사는 사람이 퇴직 후에는 강북에 거주할 수도 있으며, 반대로 강북에 사는 이가 경제적 여건이 호전됨에 따라서 다시 강남으로 이주해 살 수도 있다. 이러한 현상은 자본의 유무 또는 과다에 따라서 규정되는 현상이다. 따라서 대대손손 부의 세습화가 이루어지는 극소수 부유층 계급이 아니라면 영원한 강남인도, 영원한 강북인도 존재하지 않는다는 역설이 존재한다.

두 번째로 '직업'이다. 직업의 구분은 크게 두 가지로 설명할 수 있다. 남들이 선호하는 직업군, 즉 전문직종 또는 급여가 높거나 오랫동안 직업생활을 영위할 수 있는 국가공무원 등이 이에 속한다. 다음으로 선호도와는 관계없이 영위할 수 있는 수많은 직업이 존재한다. 직업 또한 이동성을 가지고 있다. 이미 한국인의 평균연령은 70대가 넘어 80대를 정조준하고 있다. 100세 시대의 신화는 직업과는 아무런 상관이 없는 장수시대를 의미하는 공수표에 지나지 않는다. 따라서 한 가지 직업만으로 평생을 보내기에는 우리 앞에 놓인 생이 너무나도 길고 험난하다. 따라서 직업이란 이동성을 가지며, 유한한 존재이다.

1990년대 후반에 벌어졌던 경제위기는 직업에 대한 개념마저 재편성했다. 구조조정이나 파산이라는 단어는 1980년대 이후부터 1990년대 중반까지 경제호황을 누렸던 한국의 직장인들에게는 생소한 용어였다. 직장에 취직하면 커다란 사고나 자발적인 판단에 의한 퇴직이 아니라면 요원한 일이었으며 경기호황 덕분에 자영업자들 또한 최소한의 생활은 보장되는 시대가 1980년대였다.

이후 신자유주의라 불리는 미국식 경제시스템이 본격적으로 한국기업에 침투하면서 회사의 CEO는 직원의 수십 배에 달하는 연봉을 보장받기 시작했다. 하지만 이러한 착시현상은 월급쟁이들에게는 복권당첨과 다를 바 없는 것이었다. 경기불황이 장기화하면서 퇴직에 대한 압박이 심해졌으며 당연히 평생직장이라는 직업노선에도 균열이 생긴지 오래다. 이제 퇴직이나 이직은 특별한 사회현상이 아니다.

마지막으로 '학벌과 전공'이다. 학벌의 유무에 따라서 사람의 인격을 판단하는 사회에 대해서 의구심을 가져야 하는 것은 당연하다. 이제는 인-서울 대학진학이 모든 수험생 가정의 지상과제로 전락한 지 오래다. 명문대학이라는 간판이 수험생 또는 재학생 인격의 척도가 되는, 이른바 학벌지상주의에 대해서 사회 구조적인 변화가 시급한 상황에 이르렀다.

학벌과 전공은 앞에서 언급한 주거지역이나 직업과 비교하면 상대적으로 이동성은 낮지만, 이동 가능성 자체가 차단되어 있지는 않다. 전공은 학생들의 의지에 따라서 추가 또는 전환이 가능하다. 학벌의 경우, 출신 대학이라는 소속은 불변하지만 이후 대학원 진학 등을 통해서 얼마든지 2차 입학의 기회를 얻을 수 있다.

이러한 한국적 구별문화, 즉 주거지, 직업, 학벌이라는 3대 질병은 창조 인간의 삶을 구성하는데 커다란 장애물이다. 인간의 삶이란 사회적으로 보이는 삶과 스스로 선택하는 삶이라는 이분법에 따라 끊임없이 갈등을 무한 반복하는 틀을 이룬다.

학자 강준만은 저서 『특별한 나라 대한민국』에서 이 세 가지 요소들을 간판지상주의라고 정의한다. 이러한 간판지상주의는 사회적 냉소의 대상으로 존재한다. 간판지상주의가 한국사회의 주류문화로 자리 잡고 있는 현실은 곧 인문학, 예술비평, 대중문화 등에까지도 지대한 영향을 미치고 있다는 점을 강준만은 지적하고 있다.

또한, 강준만은 대학 편중화의 문제를 '한국의 대학 식민지체제'라고 정의한다. 그는 한국인 제1의 관심사는 단연 자녀교육이며, 당연히 가장 많은 자원과 에너지가 교육에 투입된다는 사실을 지적한다. 교육이 사회적 성공과 출세의 가장 확실한 보증수표가 된다는 사실을 인정하더라도 이제는 국민병으로 진화해버린 상황이다. 과거 유명하다던 지방대학들은 인-서울 현상에 밀려서 반전의 계기를 찾지 못하는 중이다.

중요한 점은 언급한 세 가지의 한국식 구분 짓기, 즉 거주지역, 직업, 학벌 등은 이동성이라는 공통된 특징을 가지고 있다는 것이다. 여기에서 우리는 창조인간의 단서를 찾아내어야 한다.

프랑스의 철학자 질 들뢰즈는 1968년 『차이와 반복』이라는 저서를 통해 특정한 방식이나 삶의 가치관에 얽매이지 않고 새로운 자아를 찾아 끊임없이 이동하는 자를 유목민(노마드, Nomad)이라고 칭했다.

노마디즘은 기존의 가치나 철학을 부정하고 끊임없이 새로운 것을 찾는 현상을 뜻한다. 이는 학문적으로 여러 분야를 넘나들며 탐구하는 것을 의미한다. 그뿐만 아니라 노마디즘은 현대사회 문화와 심리현상, 수학, 경제학, 신화학 등에도 널리 적용되고 있다.

여기에서 우리는 창조인간의 첫 번째 규칙을 발견할 수 있다. 바로 이동성을 의미하는 노마디즘이다. 의학의 발달에 힘입어 인간은 평균수명의 증가라는 사회현상에 직면해 있다. 노령화 사회의 도래는 다양한 문제를 내포한다. 사회 주요 노동계층인 젊은 세대층의 역할이 줄어들면서 사회복지 혜택의 수혜대상인 장년층이 역으로 증가하는 '사회기반의 역주행 현상'이 본격적으로 등장했다.

결국, 창조인간을 직업적 측면에서 성찰해보자면 이렇다. 한 가지 직업으로 평생을 살아가기에는 과학과 사회환경의 변화가 빛의 속도로 진행 중이라는 점을 고려해야 한다. 현대사회는 직업의 패턴과 유행에 뒤처지지 말아야 하는 속도의 시대이다.

따라서 창조인간은 일에 대한 시각을 단선형에서 복선형으로 확대해 나갈 수 있는 시각과 능력을 겸비해야 한다. 준비는 빠를수록 좋다. 창조인간의 수요일은 월요일, 화요일 2일간의 준비과정을 거쳐 본격적인 실천단계에 접어드는 시기이다.

아웃사이더로 살아 보자

그룹 '봄여름가을겨울'이 불렀던 노래 〈아웃사이더〉를 한 번쯤은 들어보았을 것이다. '더부룩한 머리에 낡은 청바지 며칠씩 굶기도 하고 (중략) 아무도 이해 못 할 말을 하고 돌아서서 웃는 나는 아웃사이더.' 여기서의 '아웃사이더'는 현실과 괴리된 괴짜의 이미지를 의미한다.

노래에서는 복장, 헤어스타일, 소통, 자본, 냉소라는 키워드를 통해서 아웃사이더의 존재를 사회적 인간들과 차별화하고 있다. 본격적인 경기불황의 시대인 1997년도에 탄생한 노래 〈아웃사이더〉는 당시 폭발적인 인기와 함께 도시인들의 유행과 멋을 주도하는 노래로 불렸다.

여기에는 경기호황의 막바지에 이른 대중문화의 나비효과(나비의 날갯짓처럼 작은 변화가 폭풍우와 같은 커다란 변화를 유발하는 현상)도 적지 않게 영향을 끼쳤다.

창조인간의 정체성은 아웃사이더의 특징과 일맥상통하는 부분이 있다. 하지만 차이를 강조한다는 미명 하에 철저하게 현실과 괴리된 인물로 존재하는 아웃사이더형 인간이 창조인간이라는 부분에서는 이의를 제기하고 싶다. 그렇다면 창조인간의 특징을 가진 아웃사이더란 무엇을 의미하는 것일까.

콜린 윌슨은 "아웃사이더의 임무는 현실과 비현실, 필요한 것과 불필요한 것을 구별하는 일이다."라고 자신의 저서인 『아웃사이더』를 통해 말한다.

그는 아웃사이더의 대표적인 예로서 니체, 톨스토이, 헤세, 고흐, 로렌스, 사르트르

▲ 〈아웃사이더〉 노래가 수록된 '봄여름가을겨울'의 3집 음반

등의 학자, 미술가, 소설가 등을 언급하고 있다. 이들의 공통적인 특징은 일반인의 시각으로 세상을 받아들이지 않았다는 데 있다. 그들은 '다르게 보기'를 통한 세계의 재편 또는 재조합을 완성해낸 인물들이다.

인문학자나 예술가만이 아웃사이더가 되는 것은 아니다. 반대로 아웃사이더는 인문학이나 예술가들의 특징이기도 하다. 작가 콜린 윌슨은 아웃사이더의 분류에서 한발 더 나아가 아웃사이더에게 다음과 같은 임무를 부여한다. "아웃사이더는 무엇보다 먼저 비평가이며, 비평가는 자기가 비판하는 문제에 깊은 관심을 느끼게 될 때 예언자가 된다."

그는 비현실적 인간상으로 분류하기 쉬운 아웃사이더의 약점을 보완하기 위해 현실을 재조명하는 능력을 아웃사이더의 임무로 부여하고 있다.

여기서 언급한 아웃사이더의 특징은 '봄여름가을겨울'의 가사와는 달리 비판적 사고와 함께 예언적 사고능력을 내포하고 있다. 비판적 사고는

인문학의 기본정신으로 현실을 재조합하는 능력을 갖춘 예술가적 기질과도 깊은 연관이 있다.

또한, 예언적 기능은 비판적 문제의식이 존재하지 않는다면 실현 불가능한 기능이다. 정형화된 객관식 정답 찾기와는 거리가 먼 인문적 상상력은 예언자적 기능을 갖추기 위한 필수요소이다. 결국, 아웃사이더는 수동적 학습자에서 탈피하여 능동적 문제 제기자로 변신할 때 정의가 가능한 영역이다. 다음의 내용은 아웃사이더의 요건이다.

"보다 깊이 자기를 알 것. 자기의 연약함과 분열된 마음을 극복하도록 수련을 쌓을 것. 조화된 분열이 없는 인간을 지향할 것."

20세기 후기 자본주의 사회로 편입되면서 인간은 돈을 벌고 쓰는 반복적인 생활 외에는 어떤 삶의 가치도 이를 대체할 수 없다고 생각하는 경제동물로 전락했다. 하지만 이러한 문제는 개인 자체의 문제라기보다는 사회의 책임이 크다. 생계를 유지할 수 있는 돈과 물질에 급급하지 않고, 미래에 집착하지도 않는 명상시인이나 현자야말로 이상적인 인간에 속한다고 콜린 윌슨은 말한다.

영국의 시인이자 종교작가인 트러헌은 인간의 불행은 내면적인 성질의 부패와 타락 때문에 생기는 부분보다도 훨씬 많은 것이 외면적인 습관의 속박에서 생긴다고 주장한다. 트러헌은 다음과 같이 아웃사이더의 결심을 정리하고 있다.

"시골에 가서 조용한 숲이나 목장이나 언덕에 휩싸여 앉아서 자기만의 시간을 보낼 때 나는 결심했다. 어떠한 희생을 치르더라도 행복을 추구하고, 어릴 때부터 나의 마음에 불붙고 있던 갈망을 만족시키기 위해서 시간을 다 쓰겠다고. 이 결심은 매우 굳었기 때문에 1년간에 10파운드의 비용으로 생활하고, 가죽옷을 입고, 빵과 물만의 식사도 사양치 않으면서 모든 시간을 완전히 자신의 것으로 하고 싶다고 생각했다."

이처럼 아웃사이더로서 선택한 자의적 삶의 결과가 성공하든, 환멸로 마감하든, 그것은 부차적인 문제에 불과하다. 콜린 윌슨에 의하면 이는 적어도 몇 사람이 새로운 의식을 싹트게 하여 자기에게 어떠한 변화가 일어나고 있는지 이해시키지는 못해도 그것을 서서히 성장시킬 필요성을 지닌다는 주장과 일맥상통하는 부분이다.

세계사에서 중요한 역할을 해냈던 아웃사이더들은 이미 수십 년에 걸쳐 자신이 하는 일에 집중하면서도 꾸준하게 새로운 가치의 창조를 지속해 온 것이다.

콜린 윌슨은 모든 인류가 아웃사이더로서의 역할을 해낼 수 있다고 주장하지는 않는다. 그렇다고 해서 아웃사이더의 영역이 극히 제한된 소수에게만 주어진 삶이라고 명시하지도 않는다.

창조인간 역시 후천적인 노력과 의지 여하에 따라서 가능성 여부가 정해지는 존재이다. 창조인간이란 아웃사이더의 태도와 성향을 긍정적으로 수용해야 한다. 사회의 이방인으로 아웃사이더가 정의되는 것을 콜린 윌슨은 용납하지 않는다. 그는 사회의 일원으로 참여하면서도 자신의 창조적 시선을 확대하여 이를 사회에 재도입하는 능력을 지닌 존재를 진정한 아웃사이더라고 정의하고 있다.

현실과 비현실은 포스트모더니즘 시대를 거치면서 이미 분리할 수 없는 명제로 자리 잡았다. 우리는 미디어를 통해서 정보의 홍수와 정보의 가공 그리고 정보의 폭력에 고스란히 노출되어 있다. 과학의 발전과 문명의 변화시대에 사는 우리는 변하지 않는 단 하나의 사실에 주목해야 한다. 그것은 바로 누구에게나 똑같이 24시간이 주어진다는 것이다.

자본으로 시간을 구매할 수 있는 첨단과학의 시대는 아직 도래하지 않았다. 따라서 우리는 콜린 윌슨이 정의한 아웃사이더의 정체성을 받아들여 창조인간의 삶을 구현하고자 노력해야 할 것이다. 아웃사이더의 출발점은 늘 자신의 존재에 기원하고 있다는 사실을 잊지 말아야 한다. 창조인간의 수요일은 아웃사이더적인 삶을 실천하는 날이다.

일상을 재편성하라

다음에 소개한 내용은 다양한 대중문화 장르에서 활약하는 인물들이 가졌던 직업이다. 인물들의 공통점을 유추해보면, 그들의 직업이 한 가지가 아니라는 사실이다. 재미있게도 대중문화계에서 주류로 활동하는 8명의 직업과 그들의 이미지와는 어울리지 않을 법한 직업을 소유한 이들이 상당수이다.

- 그로버 워싱턴 주니어 : 재즈 색소폰 연주자, 농구선수, 레코드점 운영
- 안도 다다오 : 건축가, 동경대 건축과 교수, 권투선수
- 치치올리나 : 이탈리아 국회의원, 포르노 배우
- 기타노 다케시 : 코미디언, 영화감독, 영화배우, 작가, 백화점 점원
- 한스 애빙 : 미술가, 미술평론가, 큐레이터, 대학교수
- 우디 앨런 : 시나리오 작가, 영화감독, 영화배우, 클라리넷 연주자
- 앨버트 킹 : 블루스 기타리스트, 불도저 운전기사
- 김창완 : 작곡가, 가수, 연기자, 작가

그들의 일상은 자신을 대중문화계에 널리 알리게 했던 직업과 그렇지 않은 직업으로 나누어진다. 물론 우디 앨런이나 김창완처럼 대중문화와 밀접한 관련이 있는 직업군에서 창조능력을 발휘한 인물도 존재한다. 하지

만 나머지 인물들은 결국 자신이 원하는 일을 직업으로 승화시킨 부류에 해당한다. 우리는 창조인간의 삶을 살았던 이들의 사례를 통해서 자신에게 적합한 창조적 삶을 설계할 기회를 가질 수 있다.

농구선수에서 재즈연주자로 변신하다 '그로버 워싱턴 주니어'

재즈 색소폰 연주자인 그로버 워싱턴 주니어를 소개한다. 그는 1970년대 이후부터 현재까지 재즈음악 장르의 한 축을 장식했던 퓨전재즈 뮤지션 중 한 명이다. 그는 학생 시절 농구선수로서 활약하기도 했다.

1960년대 미국에서 청소년기를 보낸 그로버 워싱턴 주니어는 당시 미국사회에서 흑인들이 주류사회로 진입하는 전철을 답

▲ 그로버 워싱턴 주니어의 히트앨범 〈Winelight〉

습한다. 운동선수로서 부와 명예를 얻는 방식 외에는 백인들이 좌지우지하는 미국 상류사회와의 접점이 없다는 점을 인지하고 있었다는 방증이기도 하다.

미국 버펄로의 음악가 가정에서 태어난 그는 이미 16세 시절부터 프로음악가로 활동했다. 군악대 제대 후 음악에 대한 미련을 버리지 못한 그로버 워싱턴 주니어는 필라델피아에서 음반점을 운영하기도 한다. 이는 자신이 원하는 전문음악인으로 사는 삶과 연관성을 가지는 사례이다.

창조인간의 삶은 단기간에 완성되지 않는다. 세계적인 재즈연주자로 알려진 그로버 워싱턴 주니어의 인생 또한 10년이라는 준비기간에 걸쳐 최고의 재즈연주자로 변신한 경우이다.

권투선수의 삶과 건축가의 삶을 살다 '안도 다다오'

오사카의 무역상 집안에서 쌍둥이로 태어난 안도 다다오는 공업고등학교 2학년이 되던 해인 17세에 권투선수로 활동을 시작한다. 하지만 당시 일본 최고의 복싱선수였던 하라다의 스파링 모습을 보면서 고등학교 졸업과 동시에 자신의 미래를 새롭게 설계한다.

권투 이외에 자신이 잘하는 분야가 물건 만들기라는 것을 깨달은 안도 다다오는 인테리어 및 건축에 관심을 두기 시작한다. 아르바이트 형식으로 인테리어 업계에서 일하던 안도 다다오는 독학으로 프랑스의 전설적인 건축가인 르코르뷔지에(Le Corbusier)의 도면도를 공부하기 시작한다.

안도 다다오는 창조인간의 부류 중 독학으로 자신의 미래를 완성한 입지전적인 인물이다. 건축적 시야의 확장을 위해 1964년 일본에서 외국여행 자유화가 시작되자 무려 7개월간 유럽, 필리핀, 남아공, 인도여행을 다녀온다.

이후 28세가 되던 해인 1969년도에 콘크리트를 소재로 한 아파트 건축을 시작으로 공공건축, 주택, 미술관, 상업건축 등 다양한 분야에서 재능을 보인다. 그는 미국의 예일대학, 컬럼비아대학, 하버드대학 객원교수를 거쳐 일본 동경대 건축과 교수로도 활동한다.

안도 다다오 역시 운동선수에서 건축가로 방향전환을 통해서 창조인간의 삶을 완성한 사례이다. 이는 그로버 워싱턴 주니어와 흡사한 경우로서 두 가지 이상의 직업을 통해 융합효과를 극대화한 사례이다.

그는 자신의 자서전『나, 건축가 안도 다다오』를 통해 40년간 건축과 싸워 온 희망의 메시지를 전하고 있다. 그는 지금까지 세상을 움직여 왔던 시스템과 가치관이 변하였고, 세계화로 인해 세상은 더 복잡하고 더 다양해졌다고 이야기한다.

이 때문에 많은 사람이 다가올 미래에 대해 불안해하고 있다는 것이다. 그렇지만, 힘겨운 시대를 살아가는 데 진정 필요한 것은 자신의 힘으로 창조하겠다는 의지와 정열

▲안도 다다오의 저서 (안그라픽스)

이며, 이런 투지를 가진 사람들과의 교류와 대화야말로 미지의 세계를 열수 있는 원동력이 된다고 그는 강조한다.

권투선수로서의 치열함과 건축가로서의 창조에너지가 내장된 안도 다다오의 창조인간적 삶을 확인할 수 있는 대목이다.

배우도 국회의원이 될 수 있다 '치치올리나'

1961년 헝가리 태생의 치치올리나
는 20세 무렵부터 포르노 배우라는
직업에 종사했던 여성이다.

그녀가 미디어를 통해서 본격
적으로 주목을 받게 되는 계기는
1997년 이탈리아 하원의원 선거에

▲ 치치올리나

서 당당히 선출되면서부터이다. 포르노 배우와 정치인. 보수적인 시각으
로 보면 물과 기름 같은, 조합이 쉽지 않은 직업으로 여겨질 수 있다.

남성들의 말초신경을 자극하는 에로배우와 국민을 계도하고 국가적
비전을 제시하는 직업인 정치인과의 상관관계는 그리 높지 않다. 치치올
리나의 창조인간적 속성은 정치인이 된 이후에도 포르노 영화촬영을 지
속했다는 점이다. 이처럼 직업의 귀천에 대한 시각은 개인차가 존재한다.
창조 세상에는 다양성이 공존한다.

정치인이라는 직업을 비판하는 이들이 있는가 하면, 포르노 배우라는
직업을 선호하는 사람 또한 존재한다. 중요한 것은 자신의 직업에 대한
자세와 마인드이다.

한국, 중국, 일본 중 가부장적인 유교문화가 가장 비뚤게 자리 잡은 한
국사회에서 치치올리나와 비슷한 직업을 가진 인물이 정치가로서 장수
하는 창조사회가 도래하는 날은 언제쯤일까?

백화점 점원에서 일본 국민배우가 되다 '기타노 다케시'

기타노 다케시의 직업은 실로 다양하다. 이 장에서 기타노 다케시를 21세
기형 창조인간의 사례로 선정한 이유는 간단하다. 융합형 창조인간으로서
그의 빛나는 재능을 소개하고 싶은 의도 때문이다. 코미디언, 영화감독, 배
우, 작가라는 일타사피의 괴력을 발휘하고 있는 기타노 다케시는 한국에
서도 잘 알려진 인물이다.

나는 피 냄새가 진동하는 〈소나티네〉,
〈하야비〉 류의 갱스터 영화보다는 〈자토
이치〉나 〈기쿠지로의 여름〉 류의 유머러
스하고 온기 넘치는 스타일의 영화를 선
호한다. 어깨에 무게가 한참이나 들어간
기타노 다케시의 무덤덤한 연기가 주를
이루는 누아르(Noir) 장르와 친하지 않은
개인적 기호 때문이다.

▲ 기타노 다케시가 주연/감독을 했던
영화 〈기쿠지로의 여름〉

영화 〈기쿠지로의 여름〉에서 기타노 다
케시는 주연배우와 감독을 일인이역하고
있다. 음악가 히사이시 조의 아름다운 배경음악이 영상을 수놓는 하얀 벚
꽃과 함께 한 편의 수묵화처럼 영화의 완성도를 높여주고 있다. 그는 일본
텔레비전의 골든아워를 독점하고 있는 최고의 개그맨이기도 하다.

기타노 다케시는 방송에서 동료에게 지독한 욕설을 퍼붓고 구타하거나 물
에 빠뜨리는 행동을 무표정하게 저지르는 슬랩스틱 코미디의 대가이다. 한편

으로는 방송에서 정곡을 찌르는 독설을 퍼붓는 창조적 만담가이기도 하다.

"그는 정작 인간의 삿된 감정과 집착을 영혼의 적으로 간주한다. 그럼에도 그 엄정한 자기통제와 과묵한 집중력은 보는 이로 하여금 역설적인 정념을 불러일으킨다. 더욱이 그 대상은 가까이 가려 할수록 더더욱 냉혹해지기에 정념에 휩싸인 이쪽의 마음만 애달파진다." 이 글은 강정 작가의 저서 『나쁜 취향』에 닮긴 기타노 다케시론이다.

작가의 말처럼 물 건너 대륙에서 사는 한 남자에 대한 오마주(영화에서 연출가를 존경하는 뜻에서 그 연출가가 만든 영화의 장면이나 대사를 인용하는 것)를 소개하는 이유는 간단하다. 기타노 다케시가 영화에서 보여준, 비장미 넘치는 창작에너지가 창조인간의 모습과 일치한다는 생각에서이다.

미술가에서 학자로, 다시 교수로 활동하다 '한스 애빙'

다양한 직업의 소유자인 기타노 다케시와는 달리 한스 애빙은 미술과 관련한 직업을 전전했던 인물이다. 한스 애빙이 태어난 네덜란드는 19세기 무렵 해상무역의 중심지로 이에 따른 경제적 부흥을 기반으로 정물화 및 인물화 등의 미술환경이 발전했다.

한스 애빙은 미술가로서 회화, 그래픽, 누드화 등의 창조작업에 몰두한다. 이후 경제학자로서 문화체육관광부에서 근무하면서 예술과 산업의 연관성을 연구하는 일에 몰두한다.

그는 에라스뮈스대학 및 암스테르담대학의 명예교수로도 활동한다. 한스 애빙은 자신이 직접 경험했던 예술가와 중계자 그리고 학자로 사는 삶을 두루 경험한 바 있다.

"예술가는 예술에 대한 헌신을 통해 만족감을 느낀다. 하지만 현실과 타협하는 순간 죄책감과 같은 불편한 감정을 느낀다."라고 그의 저서『왜 예술가는 가난해야 할까』를 통해 말하고 있다.

따라서 그들의 행동을 이해하기 위해서는 이런 심리상태를 파악해야 한다. 외적인 보상을 희생하며 헌신적으로 노력하는 예술가들의 성향을 이해하는 열쇠 또한 여기에 있다고 그는 설명한다.

▲ 한스 애빙의 저서 (21세기북스)

즉, 한스 애빙은 예술가와 경제적 인간과의 차이점을 말하고 있다. 무한이익을 추구하는 경제적 인간과 달리 예술가는 일정 수준의 물질적 보상이 충족되면 다시 예술가로서 회귀하려는 성향을 보인다는 사실을 통해서 그는 창조인간의 예술적 성향을 증명하고 있다.

영화의 모든 것에 참여하다 '우디 앨런'

뉴요커의 상징인 우디 앨런은 영화감독이자 배우, 시나리오 작가 겸 재즈

연주자로 활동하는 창조인간이다. 그의 영
화에는 앨릭 볼드윈, 다이앤 키튼, 스칼릿 요
한손, 줄리아 로버츠 등 많은 유명배우가 자
발적으로 참여한다. 우디 앨런은 흥행성보
다는 작품성에 무게를 둔 작품들을 매년 쉬
지 않고 발표하고 있다.

미국보다는 프랑스 영화계에서 더 높은
인정을 받고 있는 감독 우디 앨런은 저예산
영화의 상징적인 인물로도 유명하다. 특히

▲ 우디 앨런 감독의 영화 〈애니 홀〉

1980년대 이후 완성한 영화들을 통해서 우디 앨런은 미국 지식인들의 이
중성과 남녀관계에 대한 냉소를 블랙 코미디 형식을 빌어 관객들에게 선
사한다.

그는 자신이 참여한 대부분 영화에서 각본, 감독, 배우, 배경음악이라
는 일인사역의 창조능력을 펼치고 있다. 재즈애호가이기도 한 우디 앨런
은 뉴욕의 재즈클럽에서 클라리넷 연주자로서도 활동 중이다.

"주기적으로 작업하기 위해 저는 절대로 예산을 초과하지 않아요. 웅장한
아이디어 같은 것들에 현혹되지 않으려 하죠. 상업적으로 성공했다 해도 그
것을 기회 삼아 프로듀서에게 더욱 많은 돈을 요구하지 않아요. 그래서 만일
제 영화가 적자를 보는 경우가 생기더라도 제 작업에 영향을 미치지는 않죠."

이 이야기는 우디 앨런의 인터뷰집『우디 앨런 : 뉴요커의 페이소스』에
등장하는 말이다. 오랜 시간 동안 다작을 하면서 동시에 창작의 자유를 온

전히 유지할 수 있는 비결을 밝힌 것이다.

문화예술 업종에서 영화나 뮤지컬만큼 리스크가 높은 장르는 없다. 무려 40년 가까이 영화제작자로 활동 중인 우디 앨런은 영화산업의 경제적 부담과 위험을 간파한 영리한 인물이다.

창조인간으로 활동하기 위한 콜린 윌슨의 제1규칙은 현실과 이상의 조화이다. 우디 앨런은 수십 년 동안 자신이 원하는 예술작업을 유지하는 방법을 인지하고 있는 창조인간이다.

불도저 운전기사 겸 최고의 블루스 기타리스트 '앨버트 킹'

앨버트 킹은 비비 킹, 프레디 킹과 함께 3대 흑인 블루스 기타리스트로 알려진 인물이다.

그는 음악생활만으로 경제생활의 유지가 불가능했다. 결국, 음악과는 관련이 없는 불도저 운전기사를 직업으로 삼았다는 사실이 흥미롭다. 아마도 연주자 앨버트 킹이 원했던 삶은 전업음악가로 사는 삶이 아니었을까.

▲ 블루스 기타리스트
앨버트 킹의 음반

그는 현실과 이상을 조합하는 인생을 선택했다. 뮤지션이라는 직업 하나만으로 평생을 영위하는 능력자는 전 세계를 통틀어 많이 잡아야 0.1% 이내이다. 문화의 속성을 반추해볼 때, 단순히 금전적인 보상으로만 계산되지 않는 성취감과 자아의 충일감이라는 요소를 무시할 수 없다. 창조인간의 삶은 늘 경제적 보상과 창조에너지의 생산이라는 화두를 지니고 있다.

앨버트 킹은 음악분야에서 활동하는 이들이 가지고 있는 공통적인 고민거리, 즉 자신이 원하는 것을 얻기 위해서는 일상의 재편성이 있어야 한다는 현실을 보여주는 사례이다. 창조인간의 삶을 위해서 육체노동과 연주자의 삶을 동시에 유지해왔던 앨버트 킹의 일생은 많은 시사점을 주고 있다.

음악인에서 배우로, 다시 음악인으로 '김창완'

창조인간의 사례로 마지막을 장식하는 인물은 김창완이다. 그는 그룹 '산울림'의 멤버로 1970년대 이후 수많은 히트곡을 대중들에게 선사했던 음악인이다.

김창완, 김창욱, 김창익이라는 삼형제가 활동했던 그룹 산울림은 형제들이 자취방에 함께 모여 취미로 작곡한 노래들을 묶어서 음반을 발표한다. 결과는 대박이었다. 초기에 발표했던 음반들은 지금까지도 한국 록의 전설로 회자된다.

김창완은 드라마 그리고 영화배우로서

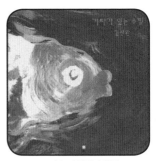

▲ 가수 김창완의 앨범
〈기타가 있는 수필〉

도 재능을 발휘한다. 주로 어리숙하면서도 냉소적인 캐릭터를 연기하는 김창완의 존재감은 그가 음악인이었다는 사실을 인지하지 못할 정도로 자연스러운 분위기를 연출한다.

김창완의 또 다른 직업은 방송 진행자이다. 어눌해 보이면서도 깊은 사유가 느껴지는 그의 음성은 라디오방송에서도 청자들의 열렬한 호응을 얻어내기에 부족함이 없다.

작가 황경신의 인터뷰집 『나는 정말 그를 만난 것일까?』에서 김창완은 자신의 세계관을 이렇게 말하고 있다. "나는 있어도 좋고 없어도 좋은 존재에요. 내가 누군가에게 영향을 미친다는 생각이 들면 나는 이 사람을 내 영향권 밖으로 보내주세요, 하고 기도해요. 그들에게 영향을 끼치는 것이 아니라 나를 좌표로 그들이 어디에 있다는 걸 알려주는 것이 나의 존재가치지, 내가 악역이라도 존재가치는 있죠. (중략) 나는 내가 살아온 코드를 지우느라고 애써요. 내가 죽으면, 나에 대한 모든 것이 소멸되었으면 좋겠어요. 다 없어졌으면, 그래서 아무도 밟지 않은 첫눈을 다음 세대가 밟을 수 있도록."

김창완은 허무주의자인가, 아니면 창조인간의 가면을 쓴 철학자인가. 그는 어떤 명제도 인정하지 않고, 어떠한 명제도 정의하려 들지 않는다. 따라서 사람들은 창조인간 김창완을 정말 만난 것인지, 아니면 그의 연기에 미혹당한 것인지, 그것도 아니면 그의 음악에 취한 것인지, 정확히 알수 없다. 창조인간의 매력은 명제를 부정하는 것이 아닌 명제를 초월하는데에 있다.

앞에서 나열한 8명의 인물은 크게 두 가지로 분류된다. 문화예술 장르와 관련한 일을 했던 이들과 전혀 연관이 없는 직업을 전전했던 이들이 그것이다. 결국 21세기형 창조인간은 하나의 직업으로 설명할 수 없는 구조적 한계를 내포하고 있다. 그만큼 창조인간의 능력은 다양한 스펙트럼을 지니고 있다. 우리는 이러한 사례를 통해 창조인간이 나아가야 할 방향을 선행 학습할 수 있다.

한 가지 일을 제대로 해내기도 힘든 세상에 여러 가지 창조작업을 아무렇지도 않게 해낼 수가 있는가에 대해서 의문과 우려를 던질 수도 있다. 하지만 사람의 창조지능은 생각만큼 낮지 않다. 문제는 노력과 훈련 그리고 관심의 정도이다.

분명한 사실은 시간은 누구에게나 공평한 기회를 선사한다는 점이다. 무엇을 해야 할까? 우리가 집중할 수 있는 창조행위는 항상 기회라는 과정을 거쳐야 한다. 기회를 찾아내서 자신의 것으로 만드는 과정이 창조행위의 핵심이다.

성적은 계단식으로 결과치를 보여준다. 창조인간의 능력 또한 계단식으로 나타난다. 하루아침에 창조에너지가 소나기처럼 쏟아지는 기적이 나타날 수는 없다. 우리는 시간과의 싸움에서 살아남은 이들만이 창조인간으로서 재탄생할 수 있다는 사실에 주목해야 한다.

쉬지 말고 상상하라

영화 〈올드보이〉, 나는 4호선 충무로역에 있는 D 극장에서 〈올드보이〉를 만났다. 유혈이 낭자한 화면, 질리도록 먹어야 하는 군만두, 문어를 산채로 씹어대는 장면, 근친상간, 유지태의 얼음송곳 같은 미소, 이빨 뽑기, 장도리 격투 장면. 〈올드보이〉의 첫인상은 '엽기의 끝은 어디인가?'를 두고 시험대에 오르는 듯한, 그런 영화였다.

이번 장에서 소개하는 내용은 영화 〈올드보이〉의 아버지인 박찬욱 감독이다. 영화가 개봉하자 한국 영화계에서는 박찬욱 감독이 정신적으로 문제가 있는 사람이라는 괴소문이 돌았다고 한다.

이유는 충격적인 영상으로 가득한 영화 때문이었다. 하지만 박찬욱 감독을 둘러싼 상황은 조금씩 달라지기 시작한다. 2004년 칸영화제에서 영화 〈올드보이〉가 심사위원대상을 받는 사건이 터진다.

▲ 영화 〈올드보이〉

국내보다는 외국에서 먼저 인정받아야 말발이 서는 문화예술 풍토는 영화계에서도 예외가 아니다. 칸영화제 심사위원대상을 받는데 앞장서서 나선 인물이 다름 아닌 영화 〈황혼에서 새벽까지〉, 〈저수지의 개들〉, 〈킬 빌〉 시리즈의 감독이었던 쿠엔틴 타란티노였으니까.

박찬욱 감독에 대한 평가는 하루아침에 세계적인 영화감독의 물망에 오른다. 중요한 것은 주연배우 최민식의 신들린 듯한 연기와 이를 받쳐 준 유지태의 역할이 없었다면 영화의 수상은 장담할 수 없었다는 사실이 다. 영화 〈올드보이〉는 스파이크 리 감독의 리메이크 버전으로 2013년 상반기에 미국에서 다시 개봉했다.

그렇다면 박찬욱 감독의 대학교 시절 전공은 연극영화였을까? 땡. 그는 철학과 졸업생이었다. 박찬욱은 대학 시절 영화동아리를 통해서 영화감독에 대한 꿈을 키운다. 영화학도에서 영화감독으로 가는 일종의 융합과정을 거친 셈이다. 철학과 출신의 영화감독이 보여주는 결과물은 당연히 여타 영화들과는 차이가 있을 수밖에 없다.

철학의 제일 과제는 '현상에 대해 다르게 보기'이다. 일종의 뒤집기라고 말할 수 있다. 굳이 유명한 철학자들의 이론을 들먹이지 않는다 해도 우리는 박찬욱 감독의 복수 3부작 〈복수는 나의 것〉, 〈올드보이〉, 〈친절한 금자씨〉를 통해 그의 내공과 가치관을 엿볼 수 있다.

"최근 몇 해 동안 쏟아져 나오는 고음악의 향연, 재발견 음반들은 정말이지 따라잡기 벅찰 정도의 양이어서, 언제나 시간을 내서 그것들을 다

꼼꼼히 들어보나 하는 스트레스를 받곤 한다. 특히 작년은 스페인의 신생 레이블 '알리아 북스'에서 조르디 사발과 그가 이끄는 정격연주단체 '에스페리옹 21'이 쉴 새 없이 내놓은 일련의 작품들만으로도 밥 안 먹어도 배부른 세월을 보낸 기분이다." 이 글은 박찬욱 감독의 이야기이다.

그는 영화감독으로 자리 잡기 이전, 영화수입사에서 월급쟁이 생활을 경험한다. 자막 번역, 보도자료 작성, 극장 마케팅, 포스터 디자인, 광고카피 작성…. 그는 영화감독이 되기 이전부터 이미 영화와 관련된 여러 가지 일을 체험한 셈이다. 우리가 막연히 알고 있는 영화감독의 낭만적 삶과는 근본적으로 다르다는 사실이 드러난다.

이것이 보이는 것과 보여주는 것의 차이이다. 소개한 박찬욱 감독의 글만 읽어서는 마치 음악평론가나 클래식 음악가의 에세이로 느껴질 수도 있지 않을까? 모차르트, 바흐, 베토벤 등으로 알려진 클래식 음악 정도라면 모를까, 박찬욱 감독의 글에서는 고전음악 전문가의 내공이 느껴진다.

클래식음반 수집에서 메이저 레이블인 도이체 그라모폰, 데카, EMI 등이 아닌, 마이너 레이블 음반을 수집한다는 것은 이미 메이저 레이블에서 쏟아지는 음반을 경험했을 확률이 높다. 박찬욱 감독은 음악을 통해서 영화감독의 영감을 얻었음이 분명하다. 창의력을 자극하는 문화콘텐츠로 무형의 존재인 음악만큼 파괴력이 넘치는 존재는 없다. 다음 박찬욱 감독의 글을 읽어 보자.

"이 음악이 내게 운명적인 만남의 느낌을 주었던 건 바로 얼마 전에 읽었던 살만 루시디의 소설『무어의 마지막 한숨』때문이었다. 루시디도 조국을 떠나 이리저리 떠도는, 다양한 문화의 세례를 받은 디아스포라 작가가 아니던가. 난 그 이야기에 거의 반 미치다시피 했었는데, 한창 촬영 중에도 들고 다니면서 틈틈이 읽을 정도였다."

이번에는 문학이다. 작가 살만 루시디는 어떤 사람인가? 그는 1988년 『악마의 시』라는 소설작품을 출간한다. 다음은 그의 작품 『악마의 시』와 관련된 실제 사건들이다. 소설의 제목처럼, 으스스한 사건들이 이어진다.

- 1988년 9월 : 살만 루시디 장편소설 『악마의 시』 출간.
- 1989년 2월 : 이란의 정지 종교지도자 호메이니가 종교 법령에 따라 작가 살만 루시디 사형 명령. 이란 이슬람 과격단체 '15호르사드 재단' 루시디 처형 상금으로 150만 달러 제시. 영국 경찰의 보호를 받으며 수십 번에 달하는 도피생활을 시작.
- 1989년 3월 : 벨기에 이슬람 지도자 압둘라 알 아흐달 『악마의 시』와 관련해 피격, 사망.
- 1989년 6월 : 영국 각지의 펭귄 사 소유 서점에 폭탄테러 발생.
- 1990년 2월 : 전 세계 문인 160여 명, 루시디 지지 성명 발표.
- 1990년 9월 : 이란, 영국 국교 일부 재개.
- 1993년 5월 : 존 메이저 영국 총리, 루시디 접견, 지지 표명.
- 1993년 7월 : 터키인 아지즈 네신, 투숙 호텔 방화로 경상 입고 탈출. 이 사건으로 35명 사망, 60여 명 부상.
- 1993년 11월 : 이슬람권 지식인 100여 명 『루시디를 위하여』 출간. 클린턴 접견.
- 1998년 5월 : 루시디, 처형 명령 후 처음으로 공식 석상에 등장.
- 1999년 2월 : 인도 정부, 10년 만에 루시디에게 모국 방문 허용.
- 2000년 1월 : 루시디, 뉴욕으로 이사. 미국 매사추세츠 공대 명예교수.
- 수상경력 : 독일 올해의 작가상, 프랑스 최우수 외국 도서상 외 다수.

살만 루시디의 저서 『악마의 시』는 최초 출간 후 무려 13년 만에 한국 출판에 성공한다. 인도문화에 대한 선행학습이 되어 있다면 더 재미있게 읽을 수 있는 소설이다. 다음은 소설 『악마의 시』 발췌 내용이다.

"서두르지 마라. 창조가 그렇게 후다닥 이루어진다고 생각하는가? 그러므로 설명도 마찬가지인데… 저 두 사람을 보라. 특이한 점을 발견하지 못했는가? 그냥 두 남자가 쏜살같이 곤두박질치는 중이고 거기엔 별로 새로울 것도 없다고 생각할지도 모른다. 너무 높이 올라갔다. 제 주제를 몰랐다. 태양에 너무 가까이 접근했다. 그렇게 보는가? 그렇지 않다. 들어보라."

마치 『악마의 시』 출간 이후 작가의 도피적 삶을 말해주는 듯하다. 그는 소설 『악마의 시』에서 예언자이자 이슬람교의 창시자인 무함마드를 부정적으로 묘사하고 그의 열두 아내를 창녀에 비유한다. 또한, 코란 일부를 악마가 전하는 글이라고 정의한다. 문학작품의 출간으로 인해 사형 명령이 내려지고, 수십 년간 도피생활을 해야 했던 사건 하나로도 커다란 이슈가 되었던 사건이다.

조금 멀리 돌아갔다. 다시 박찬욱 감독으로 돌아와 보자. 그는 영화감독, 마케터, 영업맨, 카피라이터, 기자, 작가에 추가로 문학 및 음악애호가라는 장르까지 섭렵한 융합형 인물이다. 박찬욱 감독의 약력을 인지한 상태에서 영화 〈올드보이〉를 다시 관람한다면, 첫 번째와는 전혀 다른 느낌이 들 것이다. 박찬욱 감독은 통섭의 능력을 지닌 인물이다. 철학을 기반으로 다양한 직업을 경험한 세계적인 영화감독이라는 결과물을 도출한 것이다.

영화 〈올드보이〉에 대한 한국영화계의 평가는 국제영화제 수상과 함께 새로운 양상으로 변한다. 배우 최민식의 열연에 배우 유지태, 오달수 등의 지원사격에 힘입어 영화 〈올드보이〉는 당시 한국영화의 아이콘으로 떠오르는, 아이러니한 현상이 벌어진다. 이는 한국 내에서 인정을 받지 못하던 영화가 역으로 세계무대에서 최고의 평가를 받게 된 창조사례이다.

여기에서 영화 〈올드보이〉에 대한 한국인들의 자부심에 금이 갈만한 사건이 벌어진다. 사건의 전말은 영화 〈올드보이〉의 출처가 토종 한국산이 아니었다는 사실이었다. 1997년 일본 추리작가의 스토리텔링에 기반을 둔 만화 『올드보이』가 존재한다는 사실에 한국의 영화팬들은 한숨을 토해냈다.

한민족이라는 순수 혈통주의에 집착하는 이들에게는 영화 〈올드보이〉가 토종 한국산이 아닌, 일본산 문화콘텐츠라는 대목에서 마음이 편치 않았을 것이다. 하지만 어쩌랴! 영화 〈올드보이〉는 토종 한국산이 아니었음을. 여기에서 상상력에 대한 대목이 필요하다. 우리가 말하는 상상력의 정체는 과연 무엇일까? 상상력에 대한 정의는 참으로 다양하다. 다음은 상상력과 관련된 구절이다.

- 상상력은 인간을 행복하게 하고 불행하게도 하며 건강하게 하고 병들게도 하며 부유하게 하고 가난하게도 한다. 이성으로 하여금 믿게 하고 의심하게 하며 부정하게 한다. 감각으로 하여금 잠잠하게 하고 혹은 움직이게도 한다. 인간을 어리석게도 하며 현명하게도 한다. _파스칼
- 수학적 발견의 원동력은 논리적인 추론이 아니고 상상력이다. _드모르간
- 상상력은 지식보다 중요하다. 지식에는 한계가 있지만, 상상력은 세상을 감싼다. _아인슈타인

- 상상력을 갖지 못한 정신은 망원경을 갖지 못한 천문대와 같다. _헨리 포드
- 아이디어란 상상력을 통해 얻은 구원이다. _프랭크 로이드 라이트
- 당신이 상상하는 모든 것들은 현실이다. _파블로 피카소
- 자신의 방법대로만 삶을 살아간다면, 당신은 상상력의 부족으로 고통받을 것이다. _오스카 와일드
- 알겠지만 상상력에는 시간 허비가 필요하다. 길고 비효율적이며 즐거운 게으름, 꾸물거림, 어정거림. _브렌다 유랜드
- 상상할 수 없는 꿈을 꾸고 있다면, 상상할 수 없는 노력을 해라. _강수진
- 사람의 뇌 속에 있는 세포 한 개는 소형 트랜지스터의 10만 배나 되는 성능을 발휘할 수 있다. _폰 노이만
- 나는 무엇이다 하고 생각한 그대로의 그 무엇이 되는 것이다. 상상력은 승리자가 되는 최초의 가장 중요한 단계이다. _디오도어 루빈
- 세상에서 유일하게 내가 전적으로 통제 가능한 소유물이 바로 상상이다. 다른 것들은 가진 것을 앗아가고 온갖 수단을 다 동원하여 속임수를 쓰기도 하지만 내게서 절대 앗아갈 수 없는 것이 바로 상상이다. _나폴레옹 힐
- 상상력을 다스려라. 때로는 견제하고 때로는 北돋우면서. 상상력은 우리의 행복을 마음대로 조종할 수 있다. 우리의 이성조차 휘어잡을 수 있다. 상상력은 폭군처럼 권력을 휘두르기도 하고 할 일 없이 관망하기도 한다. 상상력은 만족할 줄 모르고 움직이면서 심지어 우리의 존재를 완전히 사로잡는다. 우리를 기쁨이나 슬픔에 몰아넣기도 한다. 상상력은 우리로 하여금 스스로 만족하게도 하고 만족하지 못하게도 한다. 어떤 사람들에게 상상력은 늘 고통을 주면서 우롱하고, 어떤 사람들에게는 가볍게 미소를 지으면서 늘 행복과 낭만을 선사한다. _채근담
- 가장 먼저 해야 할 일은 오직 자신에게 꿈꿀 권리를 주는 것, 그것뿐이다. 꿈은 이루어진다. 그렇지 않다면 신이 우리에게 꿈을 꾸게 만들었을 리가 없다. _스테반 폴란

- 안다는 것은 전혀 중요하지 않다, 상상하는 것이 가장 중요하다. _아나톨 프랑스
- NO를 거꾸로 쓰면 전진을 의미하는 ON이 된다. 모든 문제에는 반드시 문제를 푸는 열쇠가 있다. 끊임없이 생각하고 찾아내라. _노먼 빈센트 필

다시 영화 〈올드보이〉를 말해보자. 〈올드보이〉가 이미 일본작가에 의해 완성되었던 만화를 리메이크했다는 사실 하나로 박찬욱 감독의 창조능력이 무시되거나 거부되어야 할까? 정답은 노(No)가 아닌, 네버(Never)이다.

▲ 일본판 만화 『올드보이』(대원씨아이)

문명의 탄생 이후 순수한 창조물이란 신의 영역에서만 존재하는 것으로 인정받던 시절이 있었다. 이러한 창조이론은 니체가 '신은 죽었다.'라고 외치던 근대까지 이어져 온다. 즉 인간의 모든 도덕적 행동이나 가치 판단은 신의 영역에서만 결정된다는 기독교적 세계관에 대한 비판적 태도인 것이다.

근대 이후 세계는 인간중심의 피조물에 집중한다. 모더니즘과 포스트모더니즘의 시대를 거쳐 미디어시대로 귀결하는 현대사회에서 창조란 기존에 존재했던 결과물에 대한 재해석이라는 이론이 등장한다.

인간의 상상력 또한 우리가 무의식중에 학습하고 환경에 의해 영향받은 수많은 태도와 가치에 대한 인문학적 재탄생이라고 해석할 수 있다.

나는 영화 〈올드보이〉의 어색함과 정서적 충격을 만화 『올드보이』에서

도 기대했다. 하지만 여덟 권으로 구성된 만화『올드보이』의 두 번째 권에서 독서를 접어야만 했다. 이유는 평면적인 만화 드로잉 기법과 지루하게 반복되는 대사 위주의 스토리 전개에 별다른 흥미를 느낄 수 없었기 때문이었다.

감독 박찬욱은 만화『올드보이』줄거리를 골격으로 한 영화화에 무게를 두지 않았다. 그는 오히려 출연배우들의 연기 내공과 영화에서 보여줄 수 있는 시각적 효과를 기반으로 전혀 다른 스토리라인을 추가하여 새로운 형태의 〈올드보이〉를 완성한다. 결과는 나쁘지 않았다. 한국의 영화콘텐츠가 유럽을 포함한 미국에서도 충분히 감동과 공감을 줄 수 있다는 가능성을 열어준 영화가 바로 〈올드보이〉이다.

상상력에도 급수가 존재한다. 이를테면 달나라에 전원주택을 지은 후 여생을 보내겠다는, 현실 불가능한 상상력이 제일 위 단계에 있을 것이다. 다음으로는 현실 가능성이 존재하지만 이루기가 쉽지 않은 경우이다. 예를 들자면 직장일에만 모든 일상을 다 바쳐 생활하던 회사원이 퇴사와 동시에 자신이 원하는 제2의 삶을 영위하는 경우이다.

마지막으로 현실 가능성이 있는 상상력이다. 예를 들어 연말 또는 연초에 새해의 목표를 정하는 과정 또한 광의의 상상력에 포함할 수 있다. 자신이 원하는 직업으로 공간이동을 하기 위해서 미래를 준비하려는 마음 또한 마지막 단계의 상상력에 해당한다. 박찬욱 감독이 완성하고자 했던 영화 〈올드보이〉의 제작과정 역시 감독의 머릿속에서 다양한 상상력이 동원되었음은 물론이다.

상상에는 물질적 부담이 따르지 않는다? 나는 이 전제에 대해서 동의하지 않는다. 상상력에도 투자가 필요하다. 인간의 머릿속에서 끊임없이 상상력의 결과물이 샘물처럼 쏟아져 나오기를 기대하는 것은 하루아침에 복권 당첨을 바라는 기복 심리와 다를 것이 없다.

상상력으로 무장하기 위해서는 많은 시행착오와 실천의 노력이 필요하다. 인간의 머리와 마음만으로 상상력이 쌓이지는 않는다. 상상력을 키우기 위해서는 훈련이 필요하다.

우선 시각적 상상력 훈련이다. 매일 출퇴근 하는 코스를 어느 날 바꾸어 본다든지, 반복적으로 쳐다보는 책상의 인테리어를 과감하게 교체하는 시도만으로도 우리는 상상력이 배가됨을 경험할 수 있다. 하늘 바라보기. 하늘 속 구름의 형태 변화에 집중하기. 구름의 형태 변화를 직접 그려보기. 이 정도의 작업은 많은 시간을 필요로 하지 않는다. 가끔은 오후 시간에 5분 정도 눈을 감고 자신의 10년 후 모습을 구체적으로 떠올려 보는 시각적 행위도 중요한 상상행위에 해당한다.

다음으로 몸을 이용한 상상력 운동이다. 인간의 인지능력이란 자신의 육체적 변화에 커다란 영향을 받는다. 건강상태가 좋지 않을 때 인간의 뇌는 고통부위에 몰입한다. 따라서 상상력을 발휘하기 위한 전제조건으로 육체적 건강을 빼놓을 수 없다. 몸이 따라주지 못하는 상태에서 상상 에너지가 능력을 발휘하기만을 바라는 것은 옳지 않다.

학습행위 또한 중요한 요소이다. 아침마다 챙겨 먹는 요구르트처럼 우리의 뇌 활동에 필요한 다양한 상상비타민을 충전해주어야 한다. 대중문화를 통한 상상에너지의 보충은 예상외로 쉽게 해결할 수 있다. 굳이 시간과 비용을 투자하지 않더라도 가능하다. 방송에서 흘러나오는 배경음악이 어떤 장르로 구성되었는지에 대해서 연구하는 행위 또한 대중문화를 다르게 학습하는 과정이다. 길을 걷다가 마주치는 광고물들의 디자인을 보면서 미술 감각을 익힐 수도 있다.

쉬지 않고 상상할 준비가 되었는가? 그렇다면 그대는 이미 창조인간의 부류에 포함되었다. 이미 오래전에 졸업해버린 학교에서 학습한 내용만으로 상상에너지를 보충하기는 불가능하다. 첫걸음은 비교적 쉬운 상상력 연습에서부터 시작하자. 시간이 흐를수록 다져진 상상력은 다양한 결과물을 선사할 것이다. 쉬지 말고 상상하기. 창조인간의 수요일인 제3요일은 상상의 생활화를 통해서 창조적 삶을 누리는 날이다.

그대는 무엇이 다른가

영국에서 출발한 산업혁명은 대량생산이라는 자본주의 시스템의 골격을 만드는데 일조했다. 산업혁명으로 인해 공장에서 무더기로 쏟아져 나오는 생산품들은 인간에게 일시적인 물질적 만족감을 선사했다. 하지만 물건을 사용하다 보니 앞집에 사는 찰스도, 아랫동네에서 사는 벤저민도, 똑같은 상품을 가지고 있다는 사실에 대중들은 조금씩 불만을 느끼기 시작한다. 자연스럽게 대량생산만이 기업경제가 흘러가야 할 방향이 아니라는 것을 자본가들은 인지하기 시작한다.

대량생산만이 정답이 아니라는 사실을 깨달은 자본가는 다품종 소량생산을 시도한다. 말 그대로 제품 차별화를 통한 다양화를 기업이 주도하기 시작한 것이다. 예를 들자면 물건이 많이 팔리지는 않지만, 몇 안 되는 사람들만 가질 수 있는 고급스러운 물건을 파는 것이다. 즉, 명품 비즈니스가 그것이다.

다음으로 융합의 시대가 도래한다. 음식으로 따지면 잡탕밥이랑 함께 먹는 짬뽕국물의 시원한 맛을 알게 된 셈이다. 대학의 전공 또한 한 가지 학문으로 학사에서부터 석박사 과정까지 공부하는 방식에 의미를 부여하지 않는 시대가 온 것이다. 경영학도 공부하고, 철학도 공부하고, 심리학도 공부한 사람이 평생 경영학에만 인생을 바친 이들보다 대접받는 사회가 도래했다. 한가지 시선으로 세상을 쳐다보기에는 변화의 흐름이 만만치 않다.

이러한 변화의 바탕에는 무엇이 존재할까? 사람들은 너와 내가 다르다는, 아니 달라야만 한다는 구분 짓기에 대한 로망이 존재한다. 이는 앤디 워홀이 말했던 것처럼 '미국의 대통령도 노동자도 똑같은 제품의 콜라를 마신다.'라는, 대중문화와는 상반된 의미를 내포하는 것이다.

그 누구도 동일한 사회적 대우를 원하지 않는다. 타인을 비난하고 싶다면 '당신은 누구누구랑 사고와 성향이 흡사하다.'라는 이야기를 해 보아라. 즉시 상대방의 표정이 숯불에 구운 마른 오징어처럼 일그러질 것이다. 물론 비교하는 대상이 사회 저명인사 정도 된다면 반응은 조금 다르겠지만 말이다.

한국인의 일과를 살펴보자. 아침에 일어나면 텔레비전 채널에서 비슷한 내용의 뉴스를 틀어 준다. 화장실에 들고 간 신문에서도 비슷한 내용의 사건들을 읽어야 한다. 회사에 출근하면 직원들이 커피를 마시면서 뉴스에서 보았던 내용들을 앵무새처럼 반복한다.

점심시간에 들른 회사 근처의 음식점에서도 누군가가 매스컴에서 접했던 내용을 녹음기처럼 웅얼거린다. 퇴근시간 지하철 전동칸에서 습관적으로 켜 본 스마트폰 인터넷 화면에는 아침부터 줄곧 보고 들었던 뉴스가 다시 등장한다. 저녁 무렵 퇴근하면 가족들 또한 뉴스에서 보았다는 가십거리를 고장이 난 태엽인형처럼 반복한다. 이른바 21세기 미디어시대의 초상이다.

이번에는 광고라는 매체가 대중에게 전파하는 세뇌작업 과정을 살펴보자. 오전에 출근하면 회의실에 쌓여 있는 신문지 틈 사이로 백화점 할인 광고전단이 눈에 띈다.

보고서를 쓰기 위해서 정보가 필요한 순간, 클릭한 인터넷 화면에는 새로 상영하는 영화를 소개하는 배너가 덜컥 등장한다. 오전에 업체에 회의하기 위해서 길을 나선 순간, 역삼동 사거리에 걸려 있는 아웃도어 광고 간판들이 시야를 어지럽힌다.

저녁 무렵 들른 맥줏집 벽면에 부착된 대형 텔레비전 화면에는 수입 자동차 광고방송이 요란하다. 퇴근길에 보니 어제저녁에는 보이지 않던 건물 벽면에 구청장에 출마한 인물의 광고현수막이 큼지막하게 걸려 있다. 집에 도착해 습관처럼 스마트폰을 켜 보았더니 대출광고 스팸 문자가 와 있다. 정말이지 '이래도 광고를 안 볼래?'라고 외치는 광고주의 메아리가 천지 사방에서 맴돌고 있다.

우리는 매일 매 순간 광고의 유혹에서 심리적 육체적 압박을 당하고 있다. 하지만 어쩌랴. 살면서 필요한 것은 많지 않은데 기업은 끝도 없이 돈을 끌어모아야만 하니 말이다. 기업의 회의 석상에서 고민하는 일이라는 게 결국 소비자의 지갑을 열게 하는 방법을 찾는 것뿐이다.

다음으로 자신을 둘러싼 사람들이다. A 씨는 경기도 양평에 있는 주말 골프모임에 참가했다. 생각해보았더니 업무상 어쩔 수 없이 만나는 이들을 제외하고 일 년 동안 같이 골프를 친 사람들이라고 해 봐야 20명 남짓한 회사 지인들이 전부이다. 골프장에서도 회사 일을 이야기하지만 마치고 나면 무슨 말을 했는지 기억조차 나지 않는다. 금요일 저녁 술자리에서도 회사 사람들과 만나면서 성격이 괴팍한 상사 욕에, 쏟아지는 업무 타령이 멈추지 않는다. 일 년 동안 셀 수도 없이 많은 회식자리와 모임을 했건만 무엇하나 또렷하게 기억하는 사람이 없다. 그렇다면 우리는 비슷한 모양새를 한 아바타들만을 반복해서 만난 것일까?

우리는 정보의 홍수, 광고의 홍수, 대인관계의 홍수 속에서 영혼을 내려놓은 상태이다. 술독에 빠져 팔자걸음을 걸으면서도 '그래도 나는 뭔가 다른 사람이야.'라는 자존심만은 버리지 않는다. 이왕이면 근무하는 부서 내에서 최고의 대우를 받고 싶지만 만만치 않다.

사회에서 만나는 이들의 공통점은 자신을 제대로 이해해주는 사람이 없다는 것이다. 그렇다고 내가 사회에서 만났던 사람들에 대해서 지속적인 관심을 둬본 적 또한 없다. 나 한 명 살기에도 바쁜 세상이다. 눈 깜빡하면 코 베어 가는 게 세상이라는 말을 학생 시절부터 지겹도록 들었다. 타인에 대한 철저한 무관심만이 나를 방어하는 지름길이다. 그럼에도 나는 늘 소중한 사람이어야 하고, 남들과는 다른 대접을 받아야 마땅한 존재이다.

어떤가? 나는 정말 주위 사람들과는 근본적으로 다른 사람인가? 누군가와 비슷해지기 위해 흉내를 내기는 쉽지만, 실제 누군가와 다른 사람이 된다는 것은 쉬운 과제가 아니다. 억울하겠지만 우리를 둘러싼 사회의 구조만 탓하기에는 세상이 그다지 만만하지 않다는 사실을 인정해야 한다.

그대가 모르는 사이 세상은, 정치는, 사회는 대중을 규격화하기 위해

온 힘을 다하는 중이다. 그 테두리 안에 실험용 쥐 신세가 되어 버린 대중들은 사방이 차단된 큐브 안에서 자신의 가치를 극대화하기 위해 발버둥친다. 하다 하다 안 되면 '모난 정이 망치 맞는다.'라는 자조 섞인 말 한마디로 별 볼 일 없는 자신을 합리화하는 데 급급할 뿐이다.

너무나 비관적인 주장인가? 그렇지 않다. 비관과 낙관은 기껏해야 종이 한 장 차이일 뿐이다. 세상이 돌아가는 그대로 살겠다는 마음이 선 순간부터 그대는 창조인간과는 거리가 먼, 잉여인간의 조합에 편입된다. 자신의 가치에 대해서 평가절하하기에는 그대의 자존심이 허락하지 않겠지만 말이다.

돈과 명예와 사람과, 사랑과 성취와 지적능력과 창조성까지 모두 쓸어가지겠다는 무한욕망은 또 다른 좌절을 낳을 뿐이다. 이제는 취사선택의 묘가 있어야 한다. 우선 내게 꼭 필요한 것들을 정리해보자.

- 내가 생활하는 데 광고가 필요한가?
- 하루라도 뉴스를 반복해서 보지 않으면 입안에 가시가 돋는가?
- 벌어도 벌어도 끝없이 돈이 필요한가?
- 하루에 적어도 한두 시간 정도는 TV 드라마를 시청해야만 숙면할 수 있는가?
- 함께 술을 마시고 운동을 같이 하는 사람들이 간절하게 필요한가?
- 창조능력을 포기할 정도로 세상이 시시해 보이는가?

수많은 물음에 대해서 모두 '그렇다.'라고 말할 수 있다면 더는 할 말이 없다. 하지만 한 가지 이상이라도 '그렇지 않다.'라고 말할 의지가 있다면 다시 시작해야 한다. 출발에는 나이 제한이 없다. 누구라도 지금이 제일 중요한 타이밍이다. '나는 정말이지 다른 사람이 되고 싶다.'면 버릴 것은 버려야 한다. 희망과 욕망을 구별하는 지혜가 있어야 한다. 정리의 시간이다.

- 내가 다른 이들과 무엇이 다른지?
- 그것이 어떤 연유에서 비롯된 것인지?
- 그 다름에 대해서 어떤 가치의식을 가졌는지?
- 그 다름이 모래성처럼 무너져 버릴 정도의 차이인지, 아닌지?
- 다름이라고 구분 짓기를 한 것들이 다시 읽어 보니 별것이 아닌지?
- 그 별것 아님을 버린다면 내게 무엇이 남을 것인지?

질문의 시간을 가져 보자. 똑같은 사람은 지구 상에 존재하지 않는다. 하지만 비슷한 문명의 사정거리 내에서 사는 사람들은 수없이 많다. 이런 상황에서도 그대는 '다르다.'라고 자신 있게 말할 수 있는가?

솔직해지자. 자신의 내적 가치에 휘둘려 어제와 다르지 않은 일상을 보내고 있지는 않은지. 외모가 다르고, 출신고향이 다르고, 전공이 다르고, 좋아하는 음식메뉴가 다르고, 커피를 마시는 횟수가 다르고, 관심 있는 정당이 다르고, 지난달에 극장에서 보았던 영화가 다르고, 주량이 다르고, 골프 타수가 다르고, 운전을 시작한 연도가 다르다는 사실 정도로 우리가 다른 존재라고 착각하는 것은 아닌지 말이다.

변화의 시작은 내려놓기에서 시작한다. 걸러낼 것은 과감하게 걸러내

자. 타인과 내가 비슷한 사람이라는 사실에서부터 인간적 공감대는 시작한다. 하지만 창조인간으로 가는 과정에서는 바람직하지 못한 부분이다. 타인에 대한 따뜻한 가슴은 반드시 필요하다. 공감대는 가지되 자신을 차별화할 수 있는 무엇에 대한 사유는 우리의 정체성을 말해주는 척도이다. 그대는 다르게 살고 싶다는 각오가 되어 있는가? 그렇다면 다음 장에서 다시 만나 보자.

차별화의 즐거움에 대해

A 무역회사에 다니는 김나라 씨는 요즘 고민이 많다. 이유는 지난달 경력사원으로 입사한 전지현 씨 때문이다. 전지현 씨가 오기 전까지 김나라 씨는 사무실에서 능력 있는 직원으로 동료들한테 인정을 받고 있었다. 하지만 이게 웬걸? 전지현 씨는 김나라 씨가 가지지 못한 능력의 소유자였다. 전지현 씨는 남자 직원 위주로 꾸려오던 술자리에서 분위기 메이커가 되어 버렸다. 술자리라고 해 봐야 김나라 씨는 자리만 지키다가 1차를 마치고 퇴근하는 것이 전부였다. 전지현 씨의 주량은 소주 2병. 술 좀 마신다는 남자 직원들과 대적할 만한 주량의 소유자인 전지현 씨는 2차, 3차까지 마다치 않는 주사파였다.

게다가 전지현 씨는 김나라 씨가 구사하지 못하는 중국어 능력이 뛰어나다. 김나라 씨가 받은 중국 거래업체의 국제전화는 대부분 담당직원에게 바로 연결하는 일이 다반사였다. 하지만 전지현 씨는 국제전화가 오면 중국어 회화는 물론 담당직원의 일까지 지원하는 부서의 수호천사가 되었다.

전지현 씨는 출근시간마저 김나라 씨보다 빠르다. 늘 8시 이전에 회사에 출근하는 전지현 씨는 김나라 씨가 아침에 사무실에 늦게 도착하면 언제나 환한 웃음으로 맞이하니 김나라 씨에게는 전지현 씨가 라이벌을 넘어서 극복해야 할 커다란 벽으로 느껴질 지경이다.

김나라 씨는 요즘 밤잠이 제대로 오지 않는다. 자신이 4년 동안 주도해왔던 회사 일들이 엉망진창이 되어 버린 느낌이다. 술자리도, 외국어도,

출근시간도, 말투도 김나라 씨는 전지현 씨보다 모자란 상황이다. 앞으로 김나라 씨에게는 어떤 미래가 기다리고 있을까?

회사형 인간, 즉 회사에서 원하는 인간상은 창조인간과는 전혀 거리가 멀다. 물론 창조능력을 기반으로 다양한 업무적 결과물을 쏟아낼 수 있을지는 몰라도 한 가지에 능통한 인간형보다는 멀티형 인간, 즉 북치고 장구도 칠 줄 아는 만능형 인간을 사회는 원한다.

김나라 씨는 분명히 전지현 씨보다 잘하는 분야가 있다. 우선 국문학과를 졸업한 김나라 씨는 중국어과를 졸업한 전지현 씨에 비해서 외국어 능력이 떨어지지만, 업무용 한글문서를 작성하는 능력은 비교우위에 있다.

주말에 등산을 즐기는 김나라 씨는 술독에 빠져 지내는 전지현 씨에 비해서 건강수치가 높다. 회사는 마라톤 경기와 다를 바 없다. 하루 이틀 반짝한다고 블록버스터 영화처럼 관객들이 몰리는 일은 없다. 그저 하루 하루가 경쟁의 연속이요, 인내의 연속인 것이 직장생활의 민얼굴이다.

김나라 씨는 퇴근 이후에 주로 독서를 한다. 문학에서부터 사회과학서적에 이르기까지 가리지 않고 독서하는 습관은 한 달에 한두 권의 베스트셀러를 읽는 전지현 씨가 갖지 못한 장점이다. 문제는 전지현 씨의 장점들이 일반적인 회사조직 내에서 환영받을 만한 부분이 상대적으로 많다는 것이다. 그렇다면 김나라 씨는 라이벌 전지현 씨를 극복하기 위해 습관적인 음주로 주량을 늘리고, 중국어 학원에 다니며, 출근시간을 앞당겨야만 할까? 열쇠는 김나라 씨가 쥐고 있다.

우선 김나라 씨가 원하는 삶의 가치가 어디에 있는지 스스로 정리하는 과정이 필요하다. 그동안 회사에서 누렸던 김나라 씨의 위상은 이미 전지현 씨에게로 조금씩 이동 중이다. 회사에 출근하면 스트레스를 받는 것은 당연한 일이다. 인간이 원하는 인정가치는 굳이 매슬로의 욕구단계설을 예시로 하지 않아도 사회생활을 하는 이들에게는 본능적으로 아는 부분이다.

김나라 씨에게는 일단 휴가가 필요하다. 월차든, 정기휴가든, 자신만의 시간을 만들어야 한다. 김나라 씨가 진정으로 원했던 일이 무엇인지, 지금의 고민이 김나라 씨가 반드시 극복해야만 하는 장벽인지 냉정하게 생각할 시간이 필요한 것이다. 알다시피 영원한 회사형 인간이란 존재하지 않는다. 김나라 씨는 막연한 마음가짐으로 회사생활을 하고 있었다. 그녀는 자신의 창조에너지를 활용하지 못한 상황이었기에 전지현 씨의 출현에 강한 위기의식을 느끼고 좌절하고 있는 중이다.

김나라 씨에게는 편식의 즐거움이 필요한 시점이다. 전지현 씨의 장점에 대해서 몰입할 시간이 있다면 차라리 김나라 씨 자신이 가지고 있는 숨은 장점이 무엇인지, 그것을 언제까지 확대재생산 할 수 있는지에 대해서 먼저 고민해 보는 시간이 필요하다.

창조인간은 쉽게 자신의 카드를 사회에서 꺼내 들지 않는다. 창조인간은 자신에 대한 분석과 장단점에 대한 파악과 미래에 대한 준비를 멈추지 않기 때문이다. 인간은 불완전한 존재라는 철학적 접근방식은 오히려 김나라 씨에게 부담만 가중시킬 뿐이다. 영원한 스타는 없다. 언젠가는 전지현 씨에게도 비슷한 위기가 찾아올 것이다. 언젠가는 전지현 씨보다도 업무처리 능력이 뛰어나고, 성실하며, 주량도 많은 젊고 매력적인 신입직원이 전지현 씨의 자리를 위협할 것이다. 이것이 사회의 법칙이다. 영원한 스타도, 영원한 일등도, 영원한 승자도 경쟁사회에서는 용납하지 않는다. 결국 전지현 씨는 김나라 씨의 삶에서 잠시 스쳐 가는 인연일 뿐이다. 김나라 씨 자신만의 창조능력의 발견과 육성이 필요한 시점이다.

휴가 동안 고민을 마친 김나라 씨는 회사 일을 마치고 평일 저녁에 신촌에서 열리는 시창작 교실에 등록했다. 그녀는 억지로 주량을 늘려봐야 전지현 씨의 수준에 오르지 못할 것이라는 자기진단을 마친 상태이다. 김나라 씨가 확인한 자신의 장점은 대학 시절 전공했던 문학이었다. 남들이 쓰지 못하는 시 창작을 할 수 있다는 사실에 대한 자부심도 어느 정도 작용했다. 2년 후에는 자신의 이름으로 시집을 내겠다는 목표도 세웠다.

학원에 다니기 시작하면서 김나라 씨의 회사생활은 다시 활기를 찾았다. 사무실에서 늘 자신만만한 미소로 자신을 대하는 전지현 씨도 예전처럼 부담스러운 존재가 아니다. 전지현 씨의 능력을 인정해야 한다는 것이 휴가기간 동안 김나라 씨가 다다른 결론이었다.

물론 김나라 씨는 출근시간을 전지현 씨와 비슷한 시간대로 조정했다. 김나라 씨가 진정으로 원하는 편식의 즐거움을 위해서 어느 정도는 김나라 씨 자신을 구조조정 해야 할 필요가 있었다. 김나라 씨는 전지현 씨의 출현 덕분에 자신의 숨겨진 창조능력을 발견한 셈이 되었다. 휴가까지 동원한 고민의 시간 끝에 그녀는 편식의 즐거움을 택했다. 물론 김나라 씨 스스로가 인정하는 전지현 씨의 세 가지 상대적 장점, 즉 주량, 외국어, 출근시간 중에서 한 가지는 자신의 노력으로 극복하기로 했다.

여기에서 사고를 전환해볼 필요가 있다. 전지현 씨가 가진 장점은 과연 창조인간으로서 갖춰야 할 덕목일까? 전지현 씨의 외국어 실력과 출근시간 정도는 언어구사 능력과 성실성 측면에서 인정해준다 치더라도 주량만큼은 창조인간과는 거리가 먼 항목이다.

직장에서의 대인관계는 술자리에서 절대 해결되지 않는다. 물론 술자리에서는 술을 많이 마시는 이들이 자신의 목소리를 높일 수 있을지언정 다음 날 사무실에서는 정상적인 업무능력이 요구되는 일이 다반사라는 사실을 전지현 씨는 알아야 한다. 오히려 주량이 너무 많은 경우, 술로 인한 부정적인 이미지가 생겨 본인에게 피해를 주는 일이 허다하다.

회사생활도, 술자리도, 자신만의 능력을 발휘하는 일도 완벽하게 행하는 창조인간은 없다. 아니 존재한다는 사실 자체가 오류에 가깝다. 오히려 한 가지 창조 일과를 제대로 하기 위해서 다른 일과를 적절하게 조정하는 일이 더욱 중요한 사실임을 인지해야 한다.

창조인간에게는 차별화라는 높고 단단한 산이 버티고 있다. 이를 경쟁사회 속에서 극복할 수 있는지, 극복하기 힘들다면 어떤 노력과 선택을 해야 하는지에 대한 중간점검이 있어야 한다. 창조인간 레시피는 이것도 찔끔, 저것도 찔끔, 하는 만물박사형 인간을 환영하지 않는다.

자신이 잘하는 것. 그 한 놈만 패도 쉽지 않은 일이다. 한 놈만 패자. 그리고 나면 다음 목표가 보일 것이다. 차별화의 즐거움은 창조인간이 누릴 수 있는 축복이자 기회이다. 창조인간의 수요일은 차별화의 즐거움을 마음껏 누리는 날이다.

木

제4요일에 만나는 문화콘텐츠

음반 〈MELLOW CANDLE〉 그룹 멜로우 캔들(MELLOW CANDLE), 2007년

음반 〈빨간 풍선〉 그룹 산울림, 1980년

음반 〈한동안 뜸 했었지〉 그룹 사랑과 평화, 1978년

음반 〈HERO & HEROINE〉 그룹 스트롭스(STRAWBS), 1998년

음반 〈CONCERTO GROSS PER 1〉 그룹 뉴 트롤즈(NEW TROLLS), 1971년

콘서트 〈OSSANA〉 내한공연, 2010년

콘서트 〈RENAISSANCE〉 내한공연, 2010년

음반 〈HERON〉 그룹 헤론(HERON), 1997년

음반 〈죽은 시인의 사회〉 로빈 윌리암스 주연, 1989년

도서 「스위스 예술 기행」 이주영 지음, 시공사, 2006년

음반 〈White Album〉 그룹 비틀스(The BEATLES), 1968년

'신촌문학회' 사람들 / 1987년 가을, 광화문 / 성시완의 〈음악이 흐르는 밤에〉 / '파울 클레'를 아시나요 / 콘서트에서 만났던 창조인간 / 음악모임 '내쉬빌'을 만들다

제4요일

목요일
나의 문화예술 표류기

왜 그렇게 슬프고 쓸쓸해 보이는 거니? 하나의 문이 닫히면 다른 하나의 문이 열린다는 사실을 잊은 거야? _밥 말리의 곡 〈Coming In From The Cold〉에서

'신촌문학회' 사람들

아아, 이렇게 널찍한 매장은 처음이다. 어림잡아도 이백 평이 훌쩍 넘는 규모인 듯. 서울에도 이런 장소가 있다니. 순간 민석은 록음악 월간지 기자로 일하던 친구 녀석이 말해준 동경 신주쿠에 모여 있다는 음반점들이 떠올랐다. 민석은 매장 입구에서 천천히 숨을 들이마신다. 매장 1층을 둘러보니 열 명 남짓한 손님들이 고개를 숙인 채 음반들을 뒤적이고 있었다. 나무로 인테리어를 한 매장에서는 영화 〈플래시댄스〉 음반에 수록된 마이클 셈벨로의 '매니악'이라는 곡이 흐르고 있었다.

민석은 매장 계산대 옆에 세워진 안내판을 응시했다. 1층 그리고 2층. 엘피(Long-Playing Record, LP) 코너라. CD가 출연하면서부터 공룡처럼 세상에서 자취를 감추다시피 한 아날로그 음반들이 모여 있는 층이다. 3층부터는 시디와 음악 관련 도서들을 판매 중이다.

흠. 민석은 음반의 주인공이 1950년대 말 5인조 재즈밴드의 리더로 발표한 엘피(LP)를 조심스럽게 집는다. 정장차림에 나비넥타이를 한 드러머, 아트 블레키의 표정이 진중해 보인다. 재즈음악은 민석의 20대 시절을 같이했던 오래된 친구였다. 하지만 그의 지갑 속에 들어 있는 만 원권 지폐 몇 장 가지고는 재즈음반까지 욕심낼 만한 여유가 없었다.

민석은 들고 있던 재즈 엘피를 제자리로 보낸 후, 2층 계단으로 향한다. 어차피 그가 사려는 음반은 2층에 보관되어 있었기에. 오늘 아침, 민석은 음반수집가 선배로부터 그가 찾던 엘피가 이곳에서 판매 중이라는 정보를 들었다. 따라서 아직 그 음반이 자신을 기다리고 있을 거라는 최면을 걸면서 계단 근처로 향한다. 계단에 첫발을 딛는 순간, 휘청하는 어지러움이 시야를 어지럽힌다.

무슨 일일까? 우두둑. 회색 페인트가 칠해진 벽에 나뭇가지 모양의 무늬가 생겼다. 휘이잉. 잠시 후, 갈라진 벽돌 틈 사이로 선뜻한 바람이 새어나온다. 희뿌연 흙먼지를 잔뜩 동반한 바람의 기세가 차츰 강해진다. 민석은 입과 콧구멍 사이로 들이치는 바람의 기세에 못 이겨 얼굴을 바닥 방향으로 숙인다. 쩌억. 이번엔 그가 발을 딛고 있는 계단이 두 동강이 났다. 다음엔 천장이다. 순식간에 생겨난 커다란 구멍에서 쏟아지는 것들.

민석은 몸의 중심을 잃고 바닥에 쓰러진다. 그의 안경 위에 쌓인 흙먼지 사이로 보이는 사각형의 물체들. 음반들이다. 십여 년간 엘피를 모은 것만으로도 부족해 음반 더미에 깔리다니. 민석은 몸을 움직일 수가 없었다. 이렇게 허무하게 삶을 마감하는 건가. 툭. 한숨을 뱉어내기 무섭게 그의 이마 위로 떨어진 음반은 하얀색 바탕을 한 영국 출신의 그룹 '멜로우 캔들'의 엘피였다.

소개된 글은 내가 창작했던 단편소설 『멜로우 캔들』의 도입부이다. 실제 존재했던 음반 〈멜로우 캔들〉 엘피를 소설의 소재로 삼아 이를 둘러싸고 벌어지는 사건들을 줄거리로 정했다. 음악 마니아인 주인공 민석의 무

의식을 지배하는 것은 그가 애타게 구하고 싶어하는 음반 〈멜로우 캔들〉
이라는 내용을 소설이라는 형식을 통해 형상화했다.

▲ 영국 출신의 전통적인 포크그룹 '멜로우 캔들'의 음반. 영국 전통음악 스타일을 고수해 접근
성이 낮음에도 초기 발매된 엘피의 경우, 백만 원을 웃도는 고가의 음반으로 알려짐

　　제4요일인 목요일은 저자의 창조적 삶을 정리하는 날로 설정했다. 이
야기는 나의 소설창작 과정에서부터 시작한다. 내가 소설을 쓰게 된 동기
는 30대 초반 무렵 알게 된, 콧수염이 그럴듯한, 광고회사에 다니던 해동
이 형의 권유로 인해서였다. 내가 30대 초반까지 읽었던 책은 대부분 문
학 서적이었다.

　　지금은 사라진, 대학로 사거리 지하에 있었던 아담한 일본식 선술집에
서 형은 내게 이제는 읽지만 말고 머릿속에 들어 있는 '서사'를 쏟아낼 순
서라고 말을 꺼냈다. 쏟아낸다는 것. 형은 내게 소설창작을 권유했다.

　　해동이 형은 안락사를 소재로 한 중편소설을 8년째 쓰는 중이었다. 무
려 200번이 넘는 교정작업을 했다고 하니, 문학창작에 대한 형의 정열에
술기운이 말끔히 사라지는 듯한 느낌이 들었던 기억이 생생하다.

나의 경우, 문학 중에서도 애착을 뒀던 장르는 순수문학, 즉 소설이었다. 내가 관심을 두었던 작가는 한국의 경우, 1990년 작고한 문학평론가 김현이 이끌었던 출판사인 문학과 지성사 출신의 작가군들이었다.

　장편『회색인』의 저자 최인훈,『한없이 낮은 숨결』등 관념소설 장르를 개척했던 작가 이인성, 종로 파고다극장에서 요절한 시인 기형도, 장편『죽음의 한 연구』를 통해 소설장르의 형식 파괴를 시도했던 작가 박상륭 그리고 소설『무진기행』을 통해 글쓰기의 아름다움을 보여줬던 김승옥 작가가 문학과 지성사를 대표하는 저자들이다.

　이후 창작세대로 분류되는 장편『달의 지평선』의 윤대녕 작가, 중편『숲속의 방』을 통해서 화려하게 문학계에 연착륙했던 강석경 작가, 장편『황진이』의 저자 전경린, 중편『사람의 아들』,『젊은 날의 초상』등을 통해 80년대 문학의 주류였던 민족문학계열과는 다른 낭만주의 문학사조를 이끌었던 이문열, 소설을 통한 사회참여를 시도했던 작가이자 나의 소설창작 스승이신 최인석 작가, 자전적 중편『꿈꾸는 식물』의 저자 이외수 등을 말할 수 있다.

　마지막으로 21세기 신대세 중견작가군으로 이어지는『삼미슈퍼스타즈의 마지막 팬클럽』의 저자 박민규, 장편『고래』및 영화화된『고령화 가족』의 작가 천명관, 2010년 최고의 장편소설이었던『설계자들』의 김언수, 이승우 작가가 추구했던 관념소설의 계보를 잇는 박성원 계명대 문예창작학과 교수 등이 내 소설창작의 전범이자 정신적인 지주였다.

　외국작가로는 자연의 이미지를 소설로 형상화하는 데 성공한『물의 가족』의 저자 마루야마 겐지, 불후의 명작『모래의 여자』를 완성한 아베 고보, 2014년 4월 세상을 떠난, 장편『백년의 고독』을 통해서 마술적 리얼리즘이라고 불리는 남미문학을 선보였던 작가 가르시아 마르케스, 문학작가라면 반드시 넘어야 할 커다란 산으로 불리는 톨스토이, 도스토옙스키, 미국 비트 제너레이션을 상징하는 작품『길 위에서』의 잭 케루악,『소립자』를 통해서 프랑스 현대문학의 기수로 인정받은 미셸 우엘벡, 화가 고갱의 삶을 소설로 완성한 작품『달과 6펜스』의 작가 윌리엄 서머싯 몸 등을 꼽을 수 있다.

소설의 즐거움이란! 수많은 재능있는 문학작가들을 상상하는 사실 하나만으로도 즐거운 일이다. 글쓰기에 대한 아무런 사전지식도 없이 시작한 소설창작은 말처럼 쉬운 일이 아니었다. 처음 완성한 단편소설을 읽어보니 도대체 수필인지 일기인지 구별할 수 없을 지경이었다.

내 첫 소설을 읽어 본 선배의 반응은 간단했다. 설레는 마음으로 신인작가로서 첫 번째 관문을 넘어 보려는 내게 선배는 "이건 소설이 아니다!"라는 돌직구를 날렸다. 큰 기대를 하지는 않았지만 내 글이 무라카미 류의 신변잡기식 글에 불과하다는 선배의 질타는 내게 좌절보다는 오히려 제대로 글을 써보자는 자극제로 작용했다. 나는 형의 독설에도 아랑곳하지 않고 소설창작에 대한 노력을 멈추지 않았다.

우선 서강대학교 인근에 위치한 한겨레 소설창작 교실에 등록했다. 신청한 창작교실의 박성원 강사의 약력을 살펴보니 두 권의 소설집을 낸 전력이 있었다. 일주일 만에 강사가 출간한 두 권의 소설집을 예습 삼아 독파하고 창작수업에 참여했다. 문예창작과 재학생, 계간지를 통해 등단전력이 있는 가정주부, 소설창작의 첫 문을 두드리는 공무원, 대기업 콜센터에서 전업소설가를 꿈꾸는 직장인, 영화 시나리오를 준비하는 감독지망생 등 다양한 직업의 소유자들이 수업에 참여했다.

박성원 강사를 만난 것은 행운이었다. 그는 소설창작에 대한 수많은 기법과 접근방식을 내게 전수했다. 특히 그는 수업을 마친 후 이어지는 뒤풀이 자리에서 전업소설가를 꿈꾸는 이들과 함께 관심 있는 작가들과 작품을 주제로 토론할 수 있는 소중한 시간을 선사했다.

처음 완성했던 단편소설은 『그림자 줍기』였다. 일종의 자기 고백적인 소설이었는데 형에게 지적질을 당한 이후 새롭게 완성한 소설이었다. 강사의 반응은 나쁘지 않았다. 강사는 가급적이면 창작자들의 글에 대해서 장점을 부각해주는 방식을 선호했다. 칭찬은 고래를 춤추게까지 하지는 않지만, 소설가로서 첫 발걸음을 내딛는 내게 소중한 동기 부여가 됐다.

나는 2개월간의 수업과정을 마무리하고 한 달 간격으로 한 편씩 단편소설을 완성했다. 평일은 회사업무에 집중해야 해서 주로 주말을 글 쓰는 시간으로 할애했다. 소설창작 과정을 마칠 무렵, 나는 4명의 수강생들과 함께 문학모임을 만들었다. 독학보다는 협업을 통해서 글의 완성도를 넓히고 자신이 미처 발견하지 못한 글의 단점을 보완하자는 게 모임의 취지였다.

모임의 명칭을 '신촌문학회'라고 정했다. 인터넷 카페가 만들어지고 2명의 지인을 추가하여 7명의 사람으로 모임의 틀이 갖춰졌다. 우리는 매월 한 편 이상의 소설을 카페에 등재하는 것을 기본 과제로 정했다. 또한,

카페에서는 문학과 관련한 정보와 신간작품에 대한 소개를 병행했다. 무엇보다 글재주가 있는 이들의 모임이다 보니 카페 댓글 또한 글쓰기를 하는 연습이자 학습의 장으로 활용할 수 있었다.

정기모임은 매월 1회. 작품들에 대한 합평과 새로 쓸 글에 관한 토론으로 진행했다. 내 두 번째 소설은 아버지를 모시고 실제 캐나다 여행을 했던 기억을 토대로 이를 소설화한 『동행』이었다. 소설 『동행』에 대한 '신촌문학회' 사람들과 모임에 참여했던 강사님의 반응은 글쓰기에 대한 자신감을 불러일으켜 주는 기폭제가 되었다. 문학을 전공하지도 않은 직장인 작가의 글치고는 가능성이 보인다는 정도의 격려였지만 내게는 소중한 한마디였다.

두 번째 행운은 생각보다 일찍 내게 문을 두드렸다. 두 번째 소설 『동행』이 전국 금융인문화제에서 덜컥 특상을 받았던 것이다. 소설가 하성란 씨가 당시 심사위원이었는데 글에 대한 심사평은 다음과 같았다.

"소설의 경우, 기본 스토리와 플롯은 되어 있는가? 문체는 소설적인가? 인물의 성격은 개성적인가? 등이 그것이다. 그 결과 많지 않은 투고소설 중 이봉호의 『동행』을 특상수상작으로 결정하였다. 이 소설을 특상으로 결정한 이유는 기본적인 소설의 틀을 갖추고 있다는 점 때문이었다.

이 소설의 메인스토리는 캐나다 여행에서 만난 가이드와의 인연을 큰 사건 없이 구성해 놓고 그 메인스토리 선상에 아버지와 어머니를 회상하는 형태로 꾸며나가는 점이 주목되어 특상수상작으로 결정했다. 그러나 메인스토리에서의 충격적인 에피소드나 메인스토리와 회상 스토리 간의 연결고리가 치밀하고 유기적으로 구조되었으면 하는 아쉬움은 있었다."

　나는 문학상 수상 이후, 2년여간 소설창작에 몰입했다. 단편소설 10여 편과 3개의 중편소설을 완성하고 나니 소설책 한 권 분량이 모여졌다. 그 와중에 추가로 3개의 신인문학상을 받았다. 3년간 완성했던 소설 중 마음에 드는 작품들을 모아서 『카페, 마일즈』라는 소설집을 전자책 형태로 출간했다. 하지만 나는 대학원 학업과정과 직장생활을 병행해야 하는 정황을 고려하여 아쉽지만 추가적인 소설창작은 잠시 보류하기로 했다. 앞부분에서 말했듯이 소설창작에 대한 자신감이 처음과 같지 않았던 부분도 이유 중 하나였다.

　글을 쓴다는 것. 이는 구체적인 결과물을 떠나서라도 자신이 걸어온 길을 찬찬히 돌아볼 수 있는 기회라고 생각한다. 나는 출판사의 권유로 2년 전부터 다시 블로그 관리를 시작했다. 블로그의 소재는 대중문화 콘텐츠로 정했다. 일주일에 한 번 간격으로 글을 올리고 인문학, 영화, 음악, 미술, 공연 등을 소재로 한 주제별 분류 형태의 블로그 관리를 하고 있다. '신촌문학회' 사람들과의 인연은 길지 않았다. 하지만 그들과 함께했던 3년이라는 시간은 인문학의 한 축을 지탱하는 문학과의 선문답을 주고받았던 값진 추억으로 남아 있다.

1987년 가을, 광화문

특별히 하고 싶은 일도, 되고 싶은 무엇도 없는, 그런 무채색의 가을이었다. 1987년. 두 번째 군부 출신 대통령의 임기가 막바지에 이르고 있었지만, 여전히 '서울의 봄'은 오지 않았다. 그래서였을까? 민주화를 향한 세상은커녕 십년지기 친구 한 명의 가치관조차도 흔들지 못하던 존재감 없는 내가 마음 놓고 기댈 만한 존재는 '소리'뿐이었다.

누군가의 문화적 성향은 그가 태어날 당시부터 형성된 환경에 의해서 철저하게 지배된다는 것이 피에르 부르디외의 문화자본 이론이다. 이것이 내게 정확하게 적용되었는지 단정하기는 어렵다.

아버지가 대학등록금을 벌기 위해서 미8군에서 악기를 연주했다는 사실 외에 내가 성장하면서 누렸던 음악적 환경은 전무했다. 생각해보면 초등학교와 중학교 시절, 라디오에서 흘러나오던 방송이 음악감상의 원천이자 보고였다. 초등학교 6학년 시절부터 팝음악을 즐겨 들었다. 가끔 히스테리컬한 성향을 보였지만 생각해보면 인정이 많았던 노처녀 음악 선생님이 6학년 시절의 담임이었다. 이때 선생님의 주도로 학급 음악경연대회가 열렸다. 그리고 대회에서 내가 직접 작사작곡을 하고, 리드 보컬을 하고, 친한 학급친구들을 모아서 만들었던 그룹이 행운의 일등을 석권했다. 노래제목은 〈메아리〉. 돌이켜 보면 가수 김창완이 속했던 그룹 '산울림'의 아류 격인 곡이었다. 다른 가수들의 노래를 무작정 따라 불렀던 다른 팀과는 달리 창작가요라는 시도 측면에서 점수를 주신 게 아닌가, 하는 생각이 든다.

당시 음악감상의 방식은 크게 세 가지였다. 가장 저렴하게 음악을 접할 수 있는 방식이 라디오방송 청취였다. 그다음이 카세트테이프, 마지막으로 제대로 음악을 들을 수 있도록 엘피 레코드를 사는 방식이 그것이었다.

▲ 중고음반점의 수많은 레코드, 여러 사람의 손을 거쳐 지금쯤
누군가의 안락한 거실 한구석에 오롯이 자리 잡고 있을 것이다.

베스트 음반형태로 나온 '산울림'의 카세트테이프를 늘어질 때까지 들었던 내게 한국음악 방정식의 정답은 '산울림'이었다. 신중현의 음악은 1975년 대마초 사건 이후 당시까지 금지곡이었고, 트로트풍의 노래는 왠지 머리 희끗희끗한 어른들의 전유물이라고 느껴졌다. 나는 '사랑과 평화' 정도가 '산울림'이랑 견줄 수 있는 한국의 음악가라고 생각했다.

초등학교 시절에 즐겨들었던 팝송은 미국 빌보드 차트에서 뜨는 음악이 전부였다. 나는 '외국음악은 무조건 미국음악'이라는 문화사대주의적 공식에서 벗어나지 못하는 팝송 키드였다. 한술 더 떠서 지금은 사라진, AFKN 텔레비전 방송(주한미국 국내 방송망)에서 나오는 미국 드라마와 음악프로그램이 12세 소년이 바라볼 수 있는 외국의 풍경이었다.

▲ '산울림'의 음반이지만 엘피 레코드의 경우, '산울림' 곡은 2곡에 불과하고 다른 곡들로 채워져 있다.
하지만 내가 구입한 카세트테이프에는 '산울림'의 초기 히트곡들로 채워진 베스트 형태로 구성되어 있다.

▲ 그룹 '사랑과 평화'의 1집 앨범. 1975년 대마초 파동 때문에 한국의 록 음악 사장기였던 1978년에 혜성처럼 나타난 그룹 '사랑과 평화'는 당시 미8군에서 활동하던 그룹 중 최고 등급을 받던 실력파 밴드이다.
가수 이장희의 권유로 그룹명을 '사랑과 평화'로 변경하고 출반된 음반은 당시 한국에 생소하던 펑키, 디스코 리듬이 가미된 곡들과 함께 클래식 록이라는 장르를 도입하기 위해 베토벤과 슈베르트의 연주곡을 추가했다.

성시완의 '음악이 흐르는 밤에'

한국의 록음악이라고 해 봐야 손가락으로 꼽을 정도의 그룹이 전부였던 1980년대 시절. 나는 자연스럽게 라디오에서 흘러나오는 외국음악에 귀를 기울였다. 오후 수업을 마친 후 하굣길이 즐거웠던 이유는 하나였다. 집에 가면 라디오방송을 들을 수 있기 때문이었다. 음악을 들으면서 무슨 공부가 되느냐는 부모님의 따가운 눈총도 문제가 되지 않았다. 저녁시간이면 늘 라디오와 함께 책상을 마주하고 앉아 있던 음악중독자는 바로 '나'라는 사람이었다.

중학교 시절 내 영어노트에는 딥 퍼플, 레인보우, 제프 벡, 지미 헨드릭스, 비틀스, 키스, 블라인드 페이쓰, 더 후, 밥 딜런, 닐 영, 러쉬, 올 맨 브라더스 밴드 등의 히트곡과 음반 타이틀이 차곡차곡 정리돼 있었다. 빌보드 차트 음악에서 영미권 록음악으로 음악취향이 위치이동을 하던 시간이었다.

어느 날 학급에서 음악을 제일 많이 들었다는, 입술이 유난히 두꺼웠던 친구 녀석의 소개로 심야에 시작하는 FM 라디오방송을 알게 되었다. 나는 쏟아지는 잠을 참으며 새벽 1시까지 음악광 친구가 소개한 방송시간을 기다려야 했다. 키보드 연주와 함께 색소폰 소리가 스피커를 통해서 연기처럼 흘러나왔다. 방송 시작을 알리는 음악은 영화 〈아메리칸 지골로〉의 주제곡인 〈Seduction〉이었다.

사춘기 중학생이 원하는 것은 첫째도 음악, 둘째도 음악, 셋째는 방과 후에 실시하는 미술반 활동이 전부였다. 전교 상위권을 맴돌던 연년생 누이와 달리 미술 외에는 학업에 관심이 없던 나라는 존재는 영락없이 집안에서 천덕꾸러기 신세였다. 애석하게도 예나 지금이나 성적은 그 사람의 인격을 좌우한다.

대학가요제 정도를 제외하고는 텔레비전 방송에서 나오는 가요들은 무조건 음악성이 떨어진다는 고집으로 살았던 시절이었다. 음악에 관한 관심마저 없었다면 나라는 인간은 이도 저도 아닌 회색인간으로 지루한 학창시절을 버텨야 했을지도 모른다.

나는 학급에서 시험성적으로 일이 등을 다투던 친구들에 대해서 관심이 없었다. 대신 음악을 많이 알고, 당시 경제형편으로는 꿈도 못 꾸던 엘피 음반을 수집하던 친구들이 내 이상형이었다. 친구가 소개한 음악콘텐츠는 새벽 1시부터 방송을 시작하던 DJ 성시완의 '음악이 흐르는 밤에'라는 라디오 음악 코너였다.

신파조의 한국가요에 비해 고급스러워 보였던 영어권 록음악에 파묻혔던 시절, '음악이 흐르는 밤에'에서는 생소한 멜로디의 유럽권 음악들이 쏟아져 나왔다. 당시의 문화적 충격은 지금도 잊을 수가 없다. 그날부터 내게 최고의 창조인간은 에디슨도, 뉴턴도, 아인슈타인도 아닌 성시완이라는 인물이었다.

프로그레시브 록이라는, 록음악에 클래식과 아방가르드, 사이키델릭, 블루스, 포크 등의 음악이 혼재된 형태의 음악은 내게 무릉도원 그 자체였다. 조심스럽게 라디오에 부착되어 있던 카세트 투입 공간에 테이프를 밀어 넣는 일은 방송녹음을 위한 준비절차였다. 드디어 방송 시작. DJ 성시완의 트레이드 마크였던, 속삭이는 듯한 미성의

▲ 지금은 골동품이 되어 버린
카세트테이프

곡 소개를 마치면 나는 득달같이 테이프 녹음 버튼을 눌러야 했다. 그 순간만이 내가 살아 있다는 사실을 확인할 수 있는 시간이었다.

오잔나, 뉴 트롤즈, 라테 에 밀레, 컬리지, 리 오르메, 루치오 바티스티, 포뮬라 뜨레, 홍카 뭉카, 안젤로 브란듀아르디, 아프로디테스 차일드, 공, 소프트 머쉰, 무제오 로젠바하, 르네상스, 산드 로제, 스카이, 브레쉘 머신, 시티, 스트롭스 등의 유럽권 아티스트의 신비로운 사운드에 중독되었던, 산소 같은 시간이었다. 특히 다음에 보이는 그룹 '스트롭스(STRAWBS)'의 음반은 가을이 오면 지금도 잊지 않고 찾는 음원이다.

▲ '스트롭스(STRAWBS)'의 음반
〈HERO & HEROINE〉,
명곡 〈AUTUMN〉이 수록되어 있다.

내게 그룹 스트롭스를 알게 해준 DJ 성시완은 누구인가? 인터넷이 통신수단으로 자리 잡기 이전이었던 시절, 외국에 거주하는 외국인과 친구를 맺을 수 있는 유일한 방식은 펜팔이었다. 성시완은 1970년대 말, 단지 '록음악을 알기 위해' 펜팔을 시작한다. 오스트리아, 스웨덴 등에 있는 성

시완의 펜팔 친구들은 그가 원하는 엘피 음반을 보내주었다. 성시완은 시사 IN 인터뷰에서 '샹송, 칸초네 등을 들어 유럽음악을 접하긴 했지만, 스웨덴 친구가 보내준 음반은 충격이었다. 이렇게 강렬한 음악이 있다니, 놀라웠다.'라고 말했다.

창조인간 성시완은 외국 출장을 가는 친지나 건설 붐으로 중동에 갔다 오는 지인들을 통해서도 외국음반을 수집했다. '중학생 성시완'은 신촌 독수리 다방 건너편에 있는 음반점 천일사를 자신의 집처럼 드나들었다.

1982년 그는 라디오 방송사에서 유일한 대학생 신분으로 DJ 활동을 시작한다. 전국 대학생 DJ 콘테스트에서 대상을 받은 그를 방송사에서 DJ로 전격 발탁한 것이다. 그가 맡았던 방송은 새벽 1시부터 2시까지 진행하는 '음악이 흐르는 밤에'라는 프로그램이었다.

통행금지가 해제되고, 방송사에서 정부에 '야간 근로자와 수험생을 위로할 프로그램을 만들 테니 방송시간을 한 시간만 연장해달라.'라고 요청하여 만든 방송이었다. 지금은 일반인들에게 록 발라드 그룹으로 잘못 알려진 뉴 트롤즈 또한 성시완의 방송을 통해서 처음으로 한국에 알려졌다는 사실을 아는 이들은 그리 많지 않다.

이후 성시완은 미국 디트로이트로 음향학을 전공하기 위해 유학을 단행한다. 유학을 다녀온 후 그는 아트록 뮤직비즈니스(시완레코드)를 시작한다. 그는 세계 곳곳의 아트록 음반사와 유럽에서 활동하던 전설적인 뮤지션들과 연락을 시도한다.

한편 성시완은 1990년대 중반 SBS FM이 개국하면서 수년 동안 '프리랜서 PD'를 하기도 한다. PD로 정식 입사하려면 '시완레코드'를 정리하라는 것이 SBS 측의 요구였으나 성시완은 시완레코드를 포기하지 않는다. 그의 방송 프로그램은 1999년 제11회 한국 프로듀서상 실험정신상을 수상한다.

▲ 이탈리아 아트록 음반 중 국내에서 최고의 판매고를 자랑했던 '뉴 트롤즈'의 음반

성시완과의 인연은 중학교 시절에서 20년을 훌쩍 뛰어넘어 이어진다. 나는 시완레코드에서 발간하던 아트록음악 계간지 〈아트록〉의 필자로 활동한다. 아트록, 재즈, 포크, 클래식 음반을 수집하던 나는 브리티시 포크록과 관련된 기사를 〈아트록〉에 연재한다.

▲ 필자가 브리티시 포크음악을 연재했던 계간지 〈아트록〉 15, 16호 (세계 아트록 음반 및 뮤지션에 대한 기사들이 소개되었던 잡지)

1990년대 말, 나는 매주 토요일이면 일을 마치고 홍대입구역 근처에 있는 음반점 '시완레코드'를 방문했다. 그것이 내게는 대학 시절, 재즈와

올드록 엘피 음반을 구하기 위해서 광화문에 있던 음반점들을 순례하던 추억 다음으로 즐거운 일상이었다.

동교동 철길 부근에 있던 시완레코드사 사무실에 모여 계간지 〈아트록〉 편집회의를 하던 기억 그리고 음악을 사랑했던 이들과의 추억은 가치를 계산할 수 없는, 행복한 기억들이다.

창조인간 성시완과의 세 번째 인연은 직장에 다니면서 몸담았던 대학원과정에서였다. 직장인에게 대학원이란 어떤 의미일까? 회사업무가 저녁까지 이어지던 날, 팀원들과 함께 야식을 주문했다. 배달 온 분식 그릇을 그대로 회의용 탁자에 놓을 수가 없어 누군가가 경제신문을 미리 바닥에 깔아 놓았다. 나는 음식이 포장된 비닐을 뜯지도 않은 채로 신문 보도자료에 시선을 집중했다.

기사의 내용은 홍대에 새로 개설된 대학원 과정인 문화예술MBA 과정에 대한 소개였다. 신문에는 투자회사 대표, 수작업으로 제작하는 인형회사 운영자, 헤이리마을 사무총장 등 현업에서 활동하는 다양한 문화예술 관련 직종의 학생들이 과정을 수학하고 있다는 특집기사가 실려 있었다.

주말에 영어로 경영학 과정을 강의한다는 신촌의 모 대학과 홍대 문화예술MBA 과정 중에서 지원을 고민하던 나는 자신이 원하고, 좋아하는 학문을 공부하기로 결심한다. 우선 문화예술MBA 과정 설명회에 참석하고 담당 교수님들과 사전 면담을 하면서 학과에 대한 정보를 챙겼다.

드디어 12월 면접시간이 다가왔다. 금융권에 근무하는 내게 문화예술경영학과는 여러 가지로 입학에 제한이 있었다. 하지만 면접과정에서 내가 담당했던 음악평론과 소설창작이라는 두 가지 경력을 내가 근무하는 회사에서 기획했던 문화마케팅과 연계하여 설명했던 것이 주효했다. 결과는 다행히도 3.5 : 1의 경쟁률을 물리치고 합격이었다.

나는 막연히 취미와 기호로만 즐기던 문화예술 장르가 대학원 과정을 통해서 조금씩 체계화되어 가는 과정을 경험할 수 있었다. 대학원 수강신청을 마치면 전공과 관련한 서적을 적게는 5권에서 많게는 10권 이상을 미리 학습해야만 직성이 풀렸다.

직장인이나 프리랜서, 사업가 위주로 구성된 대학원 과정은 수업시간 이후의 만남이 진정한 학습의 현장이다. 특히 다양한 직종으로 구성된 이들 간의 소통은 창의력을 키울 소중한 기회이다. 붙임성이 적은 편인 내 성격에도 조금씩 변화가 오기 시작했다. 음반회사, 디자인회사, 미대 강사 등으로 구성된 대학원 모임은 그야말로 창조에너지의 원천이었다.

우리는 저녁수업을 마치면 약속이나 한 듯 홍대 부근의 술집에 모여 창의력과 관련한 담론들로 날을 지새웠다. 평일 저녁에 3시간을 진행하는 수업은 밤시간으로 연장되어 교수님과 학생들과의 토론으로 이어졌다. 이를테면 경영학과 문화예술경영학의 구조적인 차이에 관한 토론 등이 예이다.

대학원 2학기 시절에 수강했던 문화콘텐츠 과목시간에 내가 중간과제로 발표했던 내용은 원소스멀티유즈(OSMU)라는 문화산업 관련 사례였다. 나는 '시완레코드'와 관련된 뮤직비즈니스 사업에 대한 발표를 준비했다.

기회는 준비된 자에게 주어진다고 했던가. 발표를 듣던 학생 중 한 명이 당시 마포문화센터에서 근무하던 박평준 대표였다. 그는 내가 발표와 함께 준비해 온 유럽 아트록음악에 대해서 관심이 있었는지, 수업을 마친 후 면담을 희망했다. 이탈리아에서 성악을 전공 후 국내 오페라 공연계에서 오랫동안 활동했던 그는 자신이 대표로 재직하는 아트센터에서 공연을 개최할 수 있도록 내게 도움을 청했다.

드디어 세 번째로 성시완 씨와의 만남이 성사되는 순간이었다. 음반업계에서 일하는 후배를 통해서 성시완과의 재연락에 성공한다. 아트록 페스티벌 개최를 위한 중계자로서 나의 역할이 주어지는 순간이었다. 그는 흔쾌히 공연을 위한 지원을 허락했다. 마침내 꿈에 그리던 아트록 밴드들이 한국에 오는 이벤트가 성사되었다.

창조인간 성시완은 30년이 넘는 세월 동안 아트록의 전파를 위해서 인생을 바친

▲ 이탈리아 출신 아트록 밴드인 '오잔나'의 공연 포스터

인물이다. 늘 시지푸스 같은 미소와 함께 '소리'의 선물을 사람들에게 선사하는 그를 나는 음악계의 창조인간이라고 말하고 싶다.

직장생활과 함께 병행했던 음악과의 인연은 '시완레코드'에서 그치지 않았다. 내게는 아트록 못지 않게 좋아하는 음악 장르가 바로 포크뮤직이다. 포크뮤직 트리오 피터, 폴 & 메리의 화음에 매력을 느끼고, 밥 딜런의 일갈에 정신줄을 놓기도 하고, 브라더스 포의 부드러운 속삭임에 빠져 그들의 엘피를 모으기 위해 광화문, 명동, 대학로에 있던 중고음반점을 헤매던 기억들. 지

금까지 수집한 수천 장의 음반 하나하나에는 그들만의 이야기가 숨어 있다.

우디 거스리나 피트 시거로부터 출발한 미국의 포크음악은 정치적 비판의식을 담은 곡들이 많다. 노조문제와 베트남전, 흑인 인권운동 등 1960~1970년대를 뒤흔들던 미국을 둘러싼 굵직한 정치적 사건들에 대한 비판과 저항의 음악이 아메리칸 포크음악이다. 따라서 미국 보수진영의 시각에서 포크음악가들은 거세해야 할 존재였다.

▲ 영국 출신의 아트록 밴드 '르네상스'의 내한공연 포스터. 보컬을 담당하는 애니 해슬램은 화가로도 활동한다.

미국 포크뮤직의 단선적인 스타일에 슬슬 지루함을 느낄 즈음 등장한 것이 1970년대 유럽의 포크음악이었다. 신화와 전설을 주요 모티브로 한 영국의 포크뮤직 사운드는 미국의 그것에 비해서 실험정신과 사운드에서 느껴지는 섬세한 음률에서 차이가 있었다.

1990년 후반만 해도 영국의 포크뮤직 음반은 구하기가 쉽지 않았다. 1997년, 결국 자주 제작 음반의 메카로 불리는 동경행 비행기에 몸을 실었다. 당시 일본에는 신주쿠와 시부야를 중심으로 희귀 시디와 엘피를 판매하는 중고

▲ 지금은 폐간된 한국의 롤링 스톤지였던 핫 뮤직

음반점들이 성업 중이었다. 지인을 통해서 대여한 일본 서적에는 무려 600여 개에 달하는 일본 중고음반점의 연락처와 지도가 빼곡히 나와 있었다. 나는 3박 4일 동안 음악모임 후배 녀석과 동경 시내를 이 잡듯이 뒤져 무려 70여 군데의 음반점을 순회한다. 놀라지 마라. 후배 대봉이가 2박 3일간의 여행을 통해서 사들인 음반은 시디와 엘피를 합쳐 무려 150여 장이었다.

▲ 브리티시 포크그룹 'HERON'의 음반

이렇게 10여 년에 걸쳐 한 장, 두 장씩 모았던 포크뮤직 음반이 1,500여 장에 달하자 3천여 장을 모았던 재즈음반과 합쳐 5천여 장의 음반이 벽을 채웠다. 여기에 록 음반과 가요, 클래식음반 등을 추가하면 지금까지 수집한 음반은 거진 1만여 장에 달한다. 당연한 이야기지만, 나는 음반수집을 위해서 다른 지출은 최소화해야만 했다.

대학 시절, 음반구매 비용은 아르바이트와 장학금으로 충당했다. 신입사원 시절에는 술집을 전전하는 동료를 뿌리치고 점심은 집에서 싸주는 도시락으로 버텼다. 한 장의 희귀음반을 구하기 위해서 수년간을 기다리던 기억들. 내게 음반은 일종의 생명체나 다름이 없다.

음악에 대한 애정은 지금도 여전하다. 음악에 중독된 내게 지인들이 흔히 건네는 부탁 중 하나가 좋은 음반, 들을 만한 음반을 추천해달라는 것이다. 하지만 나는 이 질문에 대해서 조심스러운 답변을 할 수밖에 없다.

최고의 음악이란 누군가가 추천하거나 미디어를 통해서 알려지는 존재가 아니라 자신이 들을 때 가장 편하고 아름다운 음악이다. 따라서 나는 2단계로 답변을 하곤 한다. 이는 상대방이 현재 어떤 음악을 선호하는지를 파악한 후, 해당 음악 장르와 관련된 음반을 추천하는 방식을 의미한다.

상상력의 원천을 언급할 때 나는 음악이 첫 번째에 위치한다고 생각한다. 형태가 없다는 것. 공기 속에서 사라지는 존재라는 것. 다시 들을 때 새로운 느낌으로 다가오는 존재가 바로 음악이다. 따라서 늘 음악감상을 생활화하되 가능하면 다양한 장르를 즐기는 것이 창조인간의 기초체력에 큰 도움을 준다고 강조하고 싶다.

음악 다음으로 창의력을 전파해 주는 존재가 텍스트로 이루어진 책 그리고 미술이다. 물론 영화라는 장르도 존재하지만, 수동적인 입장에서 관람해야 하는 영화시스템은 인간에게 주도권을 주지 못한다.

문자시대에서 이미지시대로의 변화는 인정한다손 치더라도 현대인들의 창의력이 문자시대에 살았던 인물들에 비해서 월등히 높다는 가설은 입증사례가 전무하다. 중요한 것은, 역사에 남을 만한 문화예술 작품 대부분이 문자시대에 등장했다는 점이다. 이는 감각보다는 사고에 무게를 두었던 문자시대의 위력을 말해주는 사례라는 면에서 이미지시대의 한계를 확인할 수 있는 부분이기도 하다.

'파울 클레'를 아시나요

어떤 것이든, 좋아하는 대상에 대한 몰입도가 정도를 넘으면 탈사회적 인간으로 분류해버리는 시스템이 사회라는 사실을 청소년기에는 알지 못했다. 중학생 시절 제일 좋아했던 과목은 미술이었다. 초등학교 시절, 연재만화와 로봇 그리고 항공모함 그림을 그려 친구들에게 팔아 용돈 벌이를 했던 효자 과목도 역시 미술이었다. 따라서 미술 시간만큼은 학급에서 내가 최고라는 자신감을 가질 수 있었다.

군부 출신의 대머리 대통령이 1980년대 한국 중산층 계급에 하사한 유일한 선물은 학원 및 과외철폐였다. 요즘이야 살인적으로 치솟는 과외비용에 월급은 고사하고 대출에 뭐에 부모들이 빚잔치를 벌인다 해도 인-서울 대학에 진입하는 일이 마라톤 풀코스를 3시간 이내로 주파하기만큼이나 어려운 형편이다.

초등학교 시절 2개월 정도 다녔던 미술학원이 내가 배웠던 과외수업의 전부였다. 이후 전교에서 그림 좀 그린다는 중학생 4~5명을 옹기종기 모아놓고 방과 후 학교 화실에서 배우던 미술작업은 단순암기식, 주입식 수업방식에 심한 이질감을 느끼던 내게 오아시스나 마찬가지였다.

미술과의 인연은 고등학교 2학년 시절까지 이어진다. 고등학교 1학년 당시 담임선생님은 리버럴리스트였다. 2000년대처럼 심각한 입시지옥은 아니었다 해도 대학진학에 대한 압박은 여전하던 시절이었다. 미술을 가르치면서 미술작가 활동을 병행하던 담임선생님은 학생들에게 전인교육의 중요성을 전파했던 인물이었다. 지금도 당시 수학했던 고등학교 동창들을 만나면 우리는 선생님의 교육스타일이 영화 〈죽은 시인의 사회〉에서 등장하는 키튼 선생님과 너무나도 흡사했다고 말하곤 한다.

담임선생님은 교내 합창대회가 열리면 영어, 수학시간을 줄여 가면서까지 합창 연습시간을 할애해 주셨다. 그는 늘 성적보다는 자유를 누릴수 있는 인간이 되기를 원했다. 당시 학급 미화부장이었던 내게 늘 미술작업에 대한 태도나 접근방식에 대해 고민하라고 충고해 주시던 분이 바로 그였다.

나와는 너무나도 궁합이 잘 맞아떨어지는 담임선생님 덕분에 음악감상과 미술 그리고 농구가 내 고등학교 생활을 지배했다. 고등학교 시절, 내게 롤 모델이 될 수 있었던 창조인간은 다름 아닌 1학년 시절의 담임선생님이었다.

창조인간 레시피를 완성하는 데 있어 중요한 터닝 포인트는 '사람'이다. 사람의 평균수명을 80세라고 가정한다면 적어도 우리는 1년에 50명 정도의 사람들과 5분 이상 대화하는 기회를 가질 수 있다. 그렇다면 청소년기를 제외하고 60년을 잡는다 해도 우리는 3천 명의 사람들과 대화를 나누고, 감정을 주고받는 셈이다.

이왕이면 자신과는 다른 세계에 속한 사람들과 시간을 같이 보내는 것은 어떨까? 이왕이면 그들과 더 많은 시간을 할애해 보는 것은 어떨까? 이왕이면 자신의 가치관을 뿌리째 뒤흔들어 줄 만한 내공을 가진 사람들과 만나보는 것은 어떨까?

영화 〈죽은 시인의 사회〉는 비극으로 끝을 맺는다. 자유주의자 기질이 가득한 키튼 선생님을 따르던 학생은 진학 욕구에 사로잡힌 아버지와의 갈등에서 헤어 나오지 못한 채 스스로 목숨을 끊는다. 이 사고 때문에 키튼 선생님은 자신의 모교를 떠난다. 하지만 남겨진 학생들의 영혼에는 키튼 선생님이 던졌던 다음 대사가 깊숙이 각인되어 있을 것이다.

▲ 영화 〈죽은 시인의 사회〉, 로빈 윌리엄스가 키튼 선생역으로 열연했다.

"내일은 지금의 오늘이다, 내일을 바꾸고 싶다면 오늘을 바꿔라. Seize the day!"

미술과의 인연은 아쉽게도 1년 반만에 막을 내린다. 음악 다음으로 사랑했던 미술과의 인연이 고등학교 2학년을 끝으로 개점휴업에 들어간 이유는 다음과 같다.

2학년으로 올라가자 담당 미술선생님이 바뀌었다. 고등학교 2학년 1학기를 마칠 때까지 내 미술성적은 늘 A등급이었다. 미술 덕분에 나는 자만심으로 똘똘 뭉친 고등학생이 되어 있었다.

고등학교 2학년 가을, 서울 경복궁에서 사생대회가 열렸다. A등급 미술학도라는 자신감으로 무장한 나는 수채화를 그릴 만한 장소를 찾은 뒤, 새로운 시도를 감행했다. 나는 가는 붓 하나로만 그림을 완성하고자 마음을 먹었다. 내 그림을 구경하기 위해 학생들이 내 등 뒤로 가득 모여들었다. 그동안 내가 그렸던 그림 중에서 완성도가 가장 높아 보인다는 친구들의 응원이 그림에 대한 내 자부심을 높이는 촉매제로 작용했다.

하지만 그림의 평가는 A등급이 아니었다. 새 미술선생님은 내게 B등급을 하사했다. 고등학교 입학 후 1년 반이 넘도록 늘 최고 점수를 받았던 나는 맨탈붕괴를 경험해야만 했다. 분을 참을 수 없었던 나는 방과 후 문제의 그림을 싸들고 미술선생님을 만나 내가 왜 최고등급을 받을 수 없는지를 반문했다.

선생님의 답변은 간단명료했다. 이유는 굵은 붓을 사용하지 않았다는 것. 나는 선생님에게 '미술사전에 붓의 가늘기까지 정해놓은 것이 있었습니까?'라는 2차 질문까지 던지고 싶었다. 하지만 냉소적인 말투에 온기라고는 찾아볼 수 없는 새 미술선생님과 더는 말을 섞고 싶지 않았다. 미술평가등급의 하락은 자신감의 결여로 이어졌고, 미술활동에 대해서 탐탁지 않게 여기던 집안분위기까지 가세하여 미술과 나와의 인연은 개점휴업 상태로 급전환했다.

더군다나 내게는 문학과 음악이라는 대안이 있었기에 미술과의 결별은 대단치 않은 사건 정도로 치부되었다. 하지만 대학입학 이후 적성에 맞지 않는 경영학과를 다니면서 미술을 포기한 것에 대한 아쉬움은 두고 두고 나를 괴롭혔다. 미대를 갔으면 원하는 만화가가 되었을 텐데, 미대를 진학했으면 지금보다 적어도 두세 배 이상의 열정으로 하루를 보내지 않았을까, 라는 미련은 대학을 졸업하는 날까지 소 심줄처럼 이어졌다. 대학 시절 운 좋게 두 번의 장학금을 받았다. 하지만 그것마저도 학업에 관한 관심으로 연결되지는 않았다.

문화예술은 불사조처럼 사라지지 않는 생명력을 지닌다. 다행히도 두 번째 미술과의 만남이 나를 기다리고 있었다. 경영학과가 아닌 문화예술 경영을 전공하는 대학원에 진학한 것이 내게는 행운이었다. 그곳은 학자로서 미술을 만나는 기회를 제공했다. 내가 진학했던 학과의 조명계 학과 장님은 영국 서더비라는 경매회사에서 근무했던 경험을 토대로 미술시장과 미술경영 강의를 담당했다. 주입식 교육에 익숙한 학생들에게 교수님은 자유분방한 분위기의 수업을 진행했다. 교수님은 첫날, 자신이 준비한 파워포인트 강의자료를 180도 회전하여 배치한 상태로 강의를 진행했다. '다르게 보기'에 대해서 교수님이 보여준 대학원 수업은 지금도 기억이 생생하다.

문화예술사는 수많은 변천을 거듭하고 있다. 결국 창조라는 것은 하늘에서 픽하고 떨어지는 새로운 무엇이라기보다 기존의 결과물을 재해석하여 만들어내는 것이다.

미술작품을 접한다는 것. 수십 억 원을 호가하는 대가들의 작품을 구매하는 것은 재벌이 아닌 이상 불가능하다. 하지만 발터 벤야민이 말했던 기술복제의 시대에 사는 현대인에게는 이미지로 접할 수 있는 수많은 예술작품이 존재한다.

국내 미술관이나 갤러리에서 펼쳐지는 다양한 미술전도 놓칠 수 없는 기회이다. 그것도 아니라면 주말에 반나절만 시간을 내면 다양한 미술작품과의 만남이 가능하다. 종로 인사동 근방에는 수십 개의 갤러리에서 작품을 전시 중이다. 지도도 필요 없다. 산책하듯 길을 걷다가 눈에 띄는 갤러리에 들어가서 그림을 감상할 수 있는 시간과 튼튼한 다리 그리고 작품을 감상할 수 있는 마음의 여유만 있으면 충분하다.

실제 국내에서 활동하는 무명화가의 작품은 아무리 저렴하게 구매한다 치더라도 호당 가격을 합산하면 백만 원에서 천만 원 사이를 오간다. 하지만 작가들의 작품 안내장 정도는 무료로 얻거나 인터넷 홈페이지를 통해서 충분히 감상할 수 있다. 저녁 술값을 절약한다면 그들의 도록(작품집)을 사들일 수도 있다. 그중에서 마음에 드는 작품이 있다면 일단 컴퓨터 배경화면부터 미술작품으로 바꿔 보자. 작품에 흥미가 떨어지면 다른 작품을 내려받으면 된다.

자주 보고 느끼는 것. 미술과의 만남은 접속에서부터 시작한다. 구상화든, 비구상화든, 많은 작품을 접하다 보면 자신만의 취향을 찾아낼 수 있다. 취향은 유목민적인 속성을 지닌다. 평생을 한 가지 화풍에만 천착하여 머무는 사람보다는 이런저런 화풍에 관심을 두면서 미술에 대한 시야를 넓히는 이들의 비율이 압도적으로 높다.

서점이나 도서관에 가면 미술가들의 작품과 화풍에 대한 설명이 곁들여진 시리즈물을 찾을 수 있다. 미술관에 갈 시간마저 만만치 않다면 그들의 작품이 담긴 도서를 한 권씩 모으는 방법이 있다. 전업미술가이거나 미술업계에 종사하지 않는 이상 관심의 범위에 포함되는 미술가는 많아야 백 명 이내일 것이다.

좋아하는 미술가의 범위가 어느 정도 정해지면 이제는 화가들의 작품을 감상하는 과정 또한 놓치면 안 될 것이다. 갤러리에 직접 방문하거나 전화만 해도 전시회 설명서를 받을 수 있다.

19세기 네덜란드에서는 계급과 관계없이 집집마다 적어도 한 개 이상의 미술작품을 걸어 놓았다고 한다. 미술시장의 변천은 이탈리아에서 출발하여 네덜란드로, 다시 파리에서 뉴욕으로 이전을 거듭했다. 이제는 중국 미술시장을 무시할 수가 없는 상황이다.

정기적으로 미술감상을 하는 단계에 이르면 진품에 대한 욕심이 생기기 마련이다. 진품에 대한 욕심이야 누구나 있겠으나 군이 진품이 아니면 어떤가? 마음에 드는 화가의 작품을(모조품이라도) 벽에 걸어 놓는 행위 또한 미술감상의 포인트이다. 주말 텔레비전 드라마보다 미술작품을 감상하면서 하루를 마감하는 것도 창조적인 일과이다.

다음 소개하는 파울 클레라는 화가는 르네 마그리트, 마크 로스코, 윌리엄 터너와 함께 내가 좋아하는 화가이다. 2010년 겨울이었다. 항공 마일리지가 8만을 돌파했을 무렵, 나는 스위스행을 결심했다. 이유는 파울 클레의 작품을 감상하기 위해서였다. 『스위스 예술 기행』이라는 책자를 통해서 파울 클레의 작품을 보관하고 있는 로젠가르트 미술관을 알게 된 것이 계기였다. 스위스 루체른이라는 아름다운 도시에 있는 미술관 그리고 파울 클레의 작품들을 소장하고 있다는 사실. 이 세 가지 조건이 하나로 모이는 순간이었다.

문명의 역사가 일천한 미국에 가보면 인공적인 분위기에 갇혀 있는 듯한 자신을 발견할 것이다. 다양한 문화가 모이고 모여서 무소불위의 권력을 발산하는 나라가 미국이라면, 건너편에는 아름다운 건축물과 예술이 숨 쉬는 유럽대륙이 존재한다.

▲ 꿈과 상상의 화가였던 파울 클레

나는 미국문화를 파괴하는 문화라고 말하고 싶다. 역사적으로 예술가들에게 많은 기회를 제공하지 않았던 미국정부의 경직된 정책 또한 마음에 들지 않는다. 또한, 물질로서 모든 가치를 평가하려는 후기 자본주의의 발원지라는 점에서도 마찬가지이다.

미술에 관한 관심이 높아졌다면 마지막 단계는 작품과 관련된 역사에 대해서 관심을 두는 것이다. 주요 사례로서 피카소의 작품으로 알려진 '게르니카'에 대해서 이야기해보자. 다음은 1937년 4월 27일 런던에서 발행되는 일간지 〈타임스〉가 스페인 내란 중에 있었던 참화를 알리는 기사이다.

"바스크 지방에서 가장 오래된 도시이자 문화 전통의 중심지인 게르니카가 어제 오후 반란군의 공중 폭격으로 초토화됐다. 폭격은 방어능력이 없으며 전선에서도 멀리 떨어져 있는 이 도시에 무려 40여 분간 지속됐다. 이 짧은 시간 동안 독일제 융커와 하인켈 폭격기, 전투기들로 편성된 강력한 항공대가 끊임없이 폭격을 퍼부었다. 그런가 하면 전투기들은 밭으로 달아나는 주민들을 향해 무차별적인 기관총 세례를 퍼부었다. 게르니카는 순식간에 아비지옥으로 변했다."

제1, 2차 세계대전의 그늘에 가려 게르니카의 비극은 세계인들에게 커다란 주목을 받지 못했다. 여기에서 우리는 프랑코 정권에 대해서 자세히 알아볼 필요가 있다. 흔히 프랑코 총통은 파시스트와 결탁한 반공보수주의의 독재자라고 알려져 있다.

▲ 스위스 루체른에 위치한 로젠가르트 미술관. 과거 은행건물을 개조해 미술관으로 운영하고 있다. 피카소와 파울 클레의 작품이 주를 이루고 있다.

스페인 내전의 참상은 실제 전쟁에 참가했던 작가 어니스트 헤밍웨이의 소설 『누구를 위하여 종을 울리나』를 통해서 알 수 있다. 이 작품에서는 프랑코 정권에 대한 작가적 인식이 드러나 있다. 스페인 빨치산의 폭탄전문가로 참전하는 미국인 주인공 로버트 조던의 시각을 통해서 헤밍웨이는 프랑코 정권을 비판하고 있다. 프랑코 정권은 자신의 기반을 다지기 위해 독일과 협력하여 주민들을 무자비하게 탄압했다.

프랑코는 독재정치를 통해서 스페인을 평정하겠다는 명분을 앞세워 빨치산 소탕을 자행했다. 스페인 내전 당시 프랑코 총통과 친권 세력들에 의해 저질러진 만행들은 현재까지도 자세히 공개되지 않고 있는 실정이다.

이처럼 '게르니카'는 작품의 발
표와 함께 스페인 내전의 참상을
생생하게 보여주는 사례이다.

작품 '게르니카'와 관련한 사
건은 이것으로 끝이 아니다. 미국
이 자행한 걸프전 시작 당시 '게르
니카'의 비극이 반복된다. 2003년

▲ 피카소, 게르니카, 캔버스에 유채,
1937년, 레이나 소피아 미술관

1월 27일, 콜린 파월 국무장관은 이라크 침략전쟁을 정당화하기 위한 인터뷰
를 유엔 안전보장이사회 입구에 있는 기자회견장에서 열기로 한다. 그때 콜
린 파월의 보좌관이 급하게 대화를 요청한다.

하필이면 기자회견장 뒤에 걸린 것이 피카소의 '게르니카'였던 것이다.
회견장에는 이미 작품의 정치적인 의미를 알고 있는 기자도 있었고, 전혀
의미를 모르는 기자도 있었다. 그림에 커다란 커튼을 두른 채로 전쟁 시
작을 알리는 기자회견장에는 기자들의 차가운 침묵만이 흐를 뿐이었다.
이미 유엔은 미국의 자치기관 정도에 불과한 상황이었다. 아마도 콜린 파
월은 게르니카의 의미를 알지 못했던 것으로 측문된다.

이처럼 미술감상이란 작품의 존재 그리고 감상, 두 가지만으로는 해석
이 불가능하다. 작품이 탄생한 시기의 역사적 환경이나 화풍 그리고 작가
가 추구했던 예술관이 복합적으로 감상자의 내면에 스며들지 않는다면
이는 단지 감상을 위한 감상에 지나지 않기 때문이다. 따라서 역사적 배

경에 대한 사전지식은 미술감상의 첫째 조건이자 감상 그 자체를 더욱 내실 있게 즐길 수 있는 지적재산이다.

'게르니카'에서 벌어진 참상의 비극을 인지하지 못한 채 작품과 마주한다면 이는 그저 큐비즘을 완성한 천재화가의 걸작이라고 받아들이는 정도일 것이다. 결국, 미술사란 미술을 통해서 지배자 혹은 피지배자의 역사적 순간을 묘사한 작품들을 이해하는 것이다. 계급화된 사회의 면면을 통해서 우리는 작품 속에 내재된 정치의 그늘을 읽을 수 있는 시각을 가져야 한다. 문화라는 카테고리에 속하는 다양한 장르들은 결국 정치세계와 분리할 수 없는 연관성을 가진다. 정치적 무관심을 표현하는 미술작품들을 통해서도 역지사지의 심정으로 작품을 분석할 수 있을 때 비로소 미술감상의 패러다임이 이루어진다. 미술 그리고 역사, 이데올로기라는 삼각관계가 하나의 축으로 모일 때, 우리가 말하는 미술감상의 가치가 완성된다.

'아는 만큼 보인다.'라는 이야기는 미술감상의 핵심이다. 일단은 많이 보고, 느끼고, 생각해야 한다. 다음은 자신의 코드에 맞는 미술가와 작품으로 대상을 좁혀가는 것이다. 원작이 아니어도 관심 있는 미술 콘텐츠를 모아 보고, 작품과 관련된 역사에 관심을 둬보는 것도 좋다. 나는 지금껏 경험했던 문학창작, 음악생활, 미술과의 인연 등을 글쓰기라는 과정을 통해서 완성하고 있다. 창조인간의 목요일인 제4요일은 수많은 창조적 경험들을 결집하는 시기이다.

콘서트에서 만났던 '창조인간'

우리는 휴대폰을 통해서 언제 어디서나 영화나 드라마, 스포츠, 공연 등의 정보를 검색할 수 있는 미디어시대에 살고 있다. 1990년대 말부터 인터넷의 상용화가 시작되었다면, 스마트폰이 상용화된 시점은 그로부터 10년이라는 시간이 지나서였다.

그렇다면 앞으로 10년 후의 세상은? 아마 인공지능이 주도하는 세상이 아닐까 싶다. 예를 들어 사람의 뇌에 컴퓨터 칩을 내장한다면 원하는 정보를 장소에 구애받지 않고 이용할 수 있을 것이다. 그렇지만 편리성이 추가되어 정보의 접근성이 높아진다고 해서 인류의 행복지수가 정비례한다는 것은 과거에도, 현재에도 검증되지 않은 가설이다. 이는 사람 간의 대면 의사전달의 기회가 줄어들면서 발생하는 인지기능의 저하를 인류 스스로 불러온다는 거다. 미디어로 말미암은 인간관계의 단절은 비인간화된 사회를 촉발한다.

비대면 채널인 미디어의 그물망에 포위된 인류의 미래는 정보사회에서 차단사회로 모습을 변형할 것이다. 그렇다고 해서 부족한 시간을 만들어내면서까지 사람들을 만나기란 쉽지 않다. 검증된 창조인간을 원하는 시간대에 만나기란 결코 쉬운 일이 아니다.

우리가 만날 수 있는 창조인간은 크게 두 가지 부류로 나눌 수 있다. 첫 번째로 우리 주변에서 이미 알고 있는 유형의 창조인간이다. 다음으로 우리가 알지 못하는 유형의 창조인간이다. 정보사회에서 창조인간을 대면의 형태로 만날 기회란 일정 시간 이상의 노력이 수반되어야만 한다.

창조인간의 특성상, 대중과의 교류를 원하지 않는 경우가 일반적이다. 이유는 간단하다. 그들 또한 새로운 창조에너지를 끊임없이 원하고 있기 때문이다. 자극받을 만한 기운을 가지고 있지 않은 교과서 타입의 인간들에게 관심이나 호감을 느끼는 창조인간은 없다.

두 번째로 만날 수 있는 창조인간의 부류는 우리와 직접적인 인간관계가 성립되어 있지 않은 이들이다. 흔히 스타나 유명인이라고 불리는 사람들이 이에 속한다. 이들을 개인적인 친분관계로 인연을 끌고 가기에는 서로가 속한 사회구조가 다르다는 문제점에 봉착한다.

하지만 이들을 만날 기회가 전혀 없지는 않다. 바로 연극이나 뮤지컬 등을 포함한 콘서트나 강연회가 그것이다. 독서나 글쓰기가 혼자서 하는 창조행위라고 한다면 콘서트나 강연회를 통한 창조행위는 혼자는 물론 지인들과 함께 즐거움과 지적자극을 동시에 충족시킬 수 있는 방식이다.

나는 공연장에 가는 과정을 의미 있는 간접 창조행위라고 말하고 싶다. 콘서트 중에는 티켓 한 장에 10만 원을 훌쩍 넘는 유명가수나 오페라 티켓도 있지만, 1~2만 원대에 구입할 수 있는 저렴한 공연 또한 수두룩하다.

따라서 콘서트의 경우, 처음부터 비싼 가격대의 티켓을 구입하는 것보다는 비용을 분산해서 저렴한 가격에 가급적 많은 공연을 접하는 것이 좋다.

고등학교 시절에는 그룹 '들국화'의 공연과 국악공연을 좋아했다. 용돈의 여유가 많지 않았기에 공연장에 가기에는 적잖은 금전적 부담이 있었다. 대학 시절에는 아르바이트를 하면서 많은 공연을 접할 수 있었다. 당시 인기가 있었던 록 밴드 사군자, 포크싱어 조덕배, 김창완이 연출했던 그룹 동물원, 이태원의 재즈 라이브 카페 올 댓 재즈, 엄인호가 이끌었던 신촌블루스, 김현식, 봄여름가을겨울, 영화 〈고래사냥〉에서 열연했던 음악가 김수철 등의 공연이 기억에 남는다.

군대를 마친 후 대학교를 졸업하고, 취직을 하고, 회사에서 월급이 나오면서 공연장 가는 일이 수월해졌다. 나는 민주화를 향한 염원을 노래했던 중창단 노래를 찾는 사람들, 비운의 가수 김광석, 포크가수 안치환, 가수 윤도현, 음유시인 조동진, 현재까지도 활발한 창작활동을 하는 기타리스트이자 작곡가인 이병우, 한국을 대표하는 재즈밴드 젠틀 레인, 블루스 기타리스트 김목경, 노래 〈별이 진다네〉의 여행스케치, 김덕수 사물놀이패의 멤버였던 재즈 하모니카 연주자 전제덕, 수많은 히트곡을 양산했던 김현철, 노래 〈바람이 분다〉의 주인공 이소라, 개성 넘치는 그룹 명칭만큼이나 멋진 음악을 선보이는 그룹 언니네 이발관, 가수 김동률이 활동했던 그룹 '전람회', 홍대씬에서 활동하는 아티스트 이상은, 모던록 밴드 델리스파이스 등의 공연을 즐겼다.

이들은 공연과정에서 관객과의 대화를 통해 창조에너지를 아낌없이 발산한다. 그들의 에너지와 관객들의 잠재력이 만나는 순간, 창조에너지의 전이 효과는 천천히 상승곡선을 보이기 시작한다.

또한 종합예술에 속하는 뮤지컬 분야에서는 〈아침이슬〉의 작곡가로 알려진 김민기 씨가 기획했던 공연(원작은 독일산이다.)이었던 〈지하철 1호선〉, 한국어로 번안하여 히트시킨 〈맘마미아〉, 존 트라볼타 주연의 영화로도 상영되었던 〈그리스〉, 〈토요일 밤의 열기〉, 스테디셀러 뮤지컬인 〈캐츠〉, 〈미쓰 사이공〉, 〈오페라의 유령〉, 뮤지컬 〈렌트〉, 한국형 뮤지컬의 신호탄 〈명성황후〉, 넌버벌 퍼포먼스(Non-Verbal Performance)인 〈난타〉, 〈점프〉, 추억의 한국 대중가요와 함께 즐기는 〈달고나〉 등이 있다.

한편 일반인에게 고급스럽고 비싸다고 알려진 클래식 공연을 빼놓을 수 없다. 경제력을 기준으로 상위 1%의 사람들을 제외하고 수십만 원을 호가하는 외국 유수 오케스트라의 1층석 티켓을 선뜻 살 만큼의 여유가 있는 이들은 흔치 않다. 그러나 클래식 공연도 일반 콘서트처럼 저렴한 가격에 공연을 접할 기회가 엄청나게 많다.

매년 봄이 되면 예술의 전당에서는 '한국교향악축제'를 개최한다. 예술의 전당의 대표 기획프로그램인 '교향악축제'는 1989년 음악당 개관 1주년 기념으로 시작된 이래 2014년에는 스물여섯 번째 공연을 개최했다. 점심 한 끼 가격보다 조금 더 비싼 2만 원으로 전국에서 활동하는 오케스트라의 공연실황을 즐길 수 있다. 레퍼토리 또한 유명 고전파나 낭만파 작곡가들의 곡으로 구성되어 있어 클래식 초보자들에게도 부담이 없는 공연이다. 약 2주간에 걸쳐 진행하는 교향악 축제는 이제 한국을 대표하는 클래식 축제로 자리 잡았다.

외국 솔리스트(Soliste)나 유명 지휘자가 내한하는 공연의 경우, 가격부담이 커지는 예도 있다. 하지만 반드시 공연장이 아니면 어떤가. FM 클래식 방송에서 준비한 실황공연을 감상하면서 클래식의 감동을 흡수한다는 사실만으로도 창조인간의 에너지는 충분히 얻을 수 있다.

서울시향을 아시아권에서 인정하는 오케스트라로 키워 낸 지휘자 정명훈, 클래식의 대중화를 위해서 친절한 설명을 곁들여 공연을 진행하는 지휘자 금난새, 2013년 가을 슈베르트 피아노 소나타 독주회를 성공리에 열었던 노령의 연주자 백건우, 하이든 첼로협주곡 스페셜리스트이면서 세계적 첼리스트 로스트로포비치에게 사사를 받았던 지휘자 장한나, 차이콥스키 바이올린 협주곡의 정경화, 카라얀이 인정했던 모차르트 오페라 마술피리의 〈밤의 여왕 아리아〉의 주인공 조수미, 한국에서 말러 붐을 일으킨 부천 필하모니 오케스트라(지휘자 임헌정은 현재 KBS 교향악단 지휘자로 활동 중이다.), 피아니스트이면서 수원시립교향악단의 지휘자로 맹활약 중인 김대진, 2013년 엘지 아트센터에서 바흐 무반주첼로조곡 전곡 공연을 성공리에 마친 첼리스트 양성원, 인기 드라마 〈베토벤 바이러스〉에 출연하여 건재를 과시했던 피아니스트 서혜경 등은 고급예술의 영역에 머물고 있던 클래식을 한국에 전파한 전령들이다.

프랑스를 중심으로 한 유럽에서 붐을 일으키고 있는 재즈음악 또한 빼놓을 수 없다. 한국 퍼커션 연주의 일인자 류복성(드라마 수사반장에 나오는 배경음악의 주인공이기도 하다.), 과거 홍대 재즈클럽 〈문 글로우〉

를 운영했으며 재즈 보급에 힘쓰는 피아니스트 신관웅, 한국 1세대 재즈 트럼페터 강대환, 광고음악을 통해서 잘 알려진 색소퍼니스트 이정식, 펑키 재즈를 연주하는 한상원밴드, 재즈 하모니카라는 장르를 스스로 개척한 전제덕, 재즈 기타리스트 최은석, 2세대 트럼페터의 맥을 이어가고 있는 이주한, 유럽지역에서 최고의 재즈보컬리스트로 인정받는 번안곡 〈아리랑〉의 주인공 나윤선 등의 공연을 통해서 재즈라는 창조에너지를 흡수할 수 있다.

소개한 이들 중에는 개인적 친분으로까지 이어졌던 인물도 있었으나, 그들의 창조인간으로서의 원천에너지는 공연장에서 느낄 수 있었다. 연주자나 가수 또는 연기자로서의 창조에너지는 논리 또는 비논리라는 이중어법을 초월한다. 따라서 공연장이라는 실존적 무대에서 관객들과 주고받는 인터플레이는 다양한 형태의 창조적 결정체로 진화한다. 융합의 시대에 걸맞은 창조에너지는 장르를 편식하지 않는다.

음악모임 '내쉬빌'을 만들다

다시 음악이야기를 할 차례이다. 가요에서 팝으로, 팝에서 록음악으로, 록음악에서 아트록으로, 다시 아트록에서 재즈로, 재즈에서 포크뮤직으로, 포크뮤직에서 클래식으로 나의 음악사랑은 조금씩 범위를 넓혀 간다. 취미로 시작했던 음악감상과 음반수집은 음악평론이라는 직업으로 발전했다. 그리고 직접 공연기획에 참여하여 머릿속으로만 상상하던 뮤지션들을 무대에서 마주했던 소중한 경험도 빼놓을 수 없다.

1998년 가을, 나는 창조지구 홍대를 무대로 음악감상 모임을 만들었다. 모임명칭은 '내쉬빌'이었다. 지금은 음반회사 '비트볼 레코드'를 경영하는, 컨트리 음악을 유독 좋아하는 이봉수 대표와 전주에서 '빅핑크 뮤직'을 운영하는 김영준 대표 그리고 '알렉스 뮤직'의 김영호가 주축이 되어 만든 모임이었다.

'내쉬빌'은 포크뮤직을 포함한 월드뮤직을 사랑하는, 소수정예로 이루어진 음악 마니아들의 모임이었다. 포크음악에 대한 수요층이 형성되어 있지 못하기에 모임을 만들기는 생각만큼 쉽지 않았다. 7명 내외의 회원들로 만들어진 모임에서는 3년 정도 정모활동을 하면서 국내에 알려지지 않은 희귀음반을 공유하고 감상하는 시간을 가졌다.

모임 '내쉬빌'의 초대 회장은 내가 담당했다. 각자 정모에서 매월 발표할 음악리스트를 메일로 받아서 정리하는 일이랑 모임장소를 섭외하며 회원들의 참석 여부를 확인하는 일이 주였다. 다들 음악에 대한 애정이 엄청난지라 음악을 준비하는 데 적극적이었다. 모임 때마다 느껴지는 회원들의 창조에너지 열기 하나만으로도 소중한 추억이라고 말하고 싶다.

여기에서 재미있는 일화 하나를 소개한다. 모임에서 내가 발표했던 엘리슨 크라우스라는 여성 컨트리 가수의 곡이 방송에 처음 등장했던 사건이다. 모임 후배의 주선으로 FM 라디오 음악방송에 모임 '내쉬빌'이 소개될 기회가 있었다.

나는 회사에서 평일 날 휴가를 내기가 만만치 않아서 다른 회원 두 명이 라디오방송에 출연했다. 이때 소개했던 음악이 엘리슨 크라우스가 영국 그룹 비틀스의 원곡인 〈I Will〉을 편곡하여 부른 노래였다.

당시 방송 진행자의 반응은 긍정적이었다. 진행자 덕분에 노래 〈I Will〉은 텔레비전 드라마와 각종 방송 그리고 광고매체에서 주목받았는데, 지금 다시 들어보아도 멋진 곡이다.

3분 예술의 극치라고 불리는 비틀스의 곡은 클래식 기타와 재즈 피아노, 모던록 그리고 솔(Soul) 음악에 이르기까지 수많은 음악가가 리메이크하여 청자들에게 감상

▲ 비틀스의 명곡 〈I Will〉이 수록된 음반. 흔히 'White album'으로 불린다.

의 즐거움을 더해준다.

문화예술과 관련이 없는 직종에 종사하면서 문화예술과 관련된 내공을 쌓을 수 있는지 궁금해하는 이들이 가끔 있다. 맞는 말이기도 하고, 아니기도 하다. 중요한 것은 누구에게나 같은 24시간 또는 12개월이라는 시간이 주어진다는 거다.

결국, 직장인에게도 비슷한 상황이 반복적으로 전개된다. 일주일을 보내면서 술과 취기에 저당 잡힌 채 밤을 보내는 이들을 비롯해 평일은 골프연습장에서, 주말에는 필드에 나가서 골프채를 힘껏 휘두르는 이들 또한 존재한다. 또한 자격증을 따기 위해서 평일 주말 할 것 없이 도서관에서 시간을 보내는 학구파 직장인도 있다. 각자 필요한 시간을 소비하는 셈이다.

그렇다면 내게 24시간이란 어떤 의미인가? 평일 동안 주어진 자유시간은 출근시간 약 한 시간 남짓 그리고 퇴근 후 주어지는 3~4시간이 전부이다. 출퇴근시간에는 대중교통을 이용하기 때문에 독서가 가능하다. 퇴근 후에는 학원과 대학원 그리고 저자 강연회 등을 통해서 공부를 할 수 있다.

지인들과 함께 엘피 음반을 틀어주는 카페에서 원하는 음악을 감상하는 일과도 포기할 수 없다. 하지만 다음날까지 회사에서 일하는데 부담을 줄 정도의 과음은 금물이다. '적당히 그리고 기분 좋게 취할 때까지'가 내가 30살 이후 지금까지 지켜 온 술 마시는 방식이다. '적게, 조금씩 마시기', '음주 후 귀가해서도 독서나 학습이 가능할 수준으로 술을 즐기기' 이 원칙은 지금까지도 유효하다.

다음은 주말이다. 주말은 나 같은 직장인에게는 생명수처럼 소중한 시간이다. 나는 주말을 시간 단위로 관리한다. 특히 오전 기상시간은 회사 출근시간과 크게 벗어나지 않는 선에서 정한다. 월요일 출근이 부담스럽지 않은 몸 상태라야만 좋은 컨디션으로 회사에서 일에 집중할 수 있다. 물론 회사에서 일할 수 있는 원천에너지는 다음과 같은 문화예술 콘텐츠로부터 보충한다. 충전의 시간이 필요할 때 찾는 일종의 비타민이 바로 문화예술 콘텐츠이다.

"일주일에 평균 3~5권 독서하기, 매달 한 번 이상 문화예술공연 감상하기, 집에서는 음악감상과 함께 글쓰기(또는 독서), 주말에는 미디어매체와 결별하기, 매주 한 편 이상 영화감상 하기(필수), 매달 한 명 이상 미술가의 작품 접하기, 인문학 위주로 외부 강연회 참석하기, 글쓰기를 할 수 있는 기초체력과 건강한 직장생활을 위해서 운동하기."

여기에서 '운동'이란 조깅을 의미한다. 한 시간 남짓한 시간 동안 체력을 보완하는 최고의 운동이 바로 조깅이다. 나는 15년째 조깅을 하고 있다. 한 시간을 달릴 수 있는 체력이라면 2주간의 직장생활을 버티기에 충분하다.

마지막으로 창조인간과의 만남이다. 주변에서 찾을 수 있는 창조인간의 유형은 반드시 문화예술 계통에만 한정되어 있지 않다. 직장에서도, 동네에서도, 학교에서도 창조인간들은 비장의 무기를 숨긴 채 살고 있다. 그들을 찾아내서 서로의 필살기를 확인시켜주고 또 발전시켜주는 과정이 필요하다.

'내쉬빌' 멤버들은 나와 한국전력에 다니는 동갑내기 친구를 제외하고는 모두가 음악 업종으로 자신의 직업을 정했다. 당연한 결과이다. 물론 내게도 음악 관련 업종으로 직업전환의 기회가 여러 번 있었다.

하지만 나는 지금까지도 직장과 문화예술분야와 지속적인 교류라는 두 가지 방식을 병행하고 있다. 현재 내가 몸담은 일에 대한 선택이 옳다 또는 그르다는 내게 커다란 의미가 없다.

"지금의 삶에 최선을 다할 것, 주어진 시간을 최대한으로 활용할 것, 결과물에 집착하지 말고 다르게 보기를 시도할 것, 내가 가진 창조에너지가 고갈되지 않도록 집중할 것, 낙천적 삶을 존중하지만 가끔은 위기의식을 가질 것."

얼핏 보면 단순명료한 삶의 방식을 고수하는 듯이 보이지만 '시간관리의 중요성'은 정보의 시대, 미디어의 시대 그리고 소비의 시대에서 유의미한 가치를 지닌다. 창조 내공은 '시간'과의 힘겨루기에서 우위를 점한 이들에게 우선권을 부여한다.

창조인간의 완성은 자신만의 창조적 에너지를 어떤 형태로 실천할 것인가에 달려 있다. 창조인간의 목요일은 자신에게 축적된 경험과 학습의 결과치를 어떤 형태로 재현할 것인가를 보여주는 날이다.

金

참고문헌(참고 문화콘텐츠)

제5요일에 만나는 문화콘텐츠

영화 〈쇼생크 탈출〉 모건 프리먼 주연, 1995년

영화 〈빠삐용〉 더스틴 호프만 주연, 1973년

영화 〈탈옥〉 실베스타 스탤런 주연, 1989년

영화 〈이스케이프 플랜〉 실베스타 스탤런, 아놀드 슈바제네거 주연, 2013년

영화 〈승리의 탈출〉 실베스타 스탤런 주연, 1982년

영화 〈알카트라즈 탈출〉 클린트 이스트우드 주연, 1979년

도서 『감시와 처벌-감옥의 역사』 미셸 푸코 저, 1975년

영화 〈설국열차〉 송강호 주연, 2012년

도서 『인생 따위 엿이나 먹어라』 마루야마 겐지 저, 바다출판사, 2013년

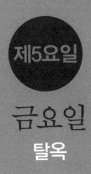

제5요일

금요일

탈옥

무슨 일에나 보상은 있는 법이다. 나의 즐거움이 드문 것이 되고 짧은 것이 되어버려도 가끔 그 즐거움을 맛볼 때는 전에 종종 맛볼 수 있었을 때보다도 더욱더 강하게 맛볼 수가 있다. 나는 그 즐거움을 누차에 걸쳐 추억함으로써, 즉 그 즐거움을 떠올리면서 행복을 누린다. 가령 그 즐거움이 드문 것이었다 할지라도 그것이 순수하고 진정한 것일 경우라면 아마 나는 화려한 시절보다도 한층 더 행복해질 것이다. _루소 (사상가)

영화 〈쇼생크 탈출〉

나는 영화 〈쇼생크 탈출〉을 1995년에 보았다. 당시는 영화에 등장하는 모건 프리먼이 누구인지, 팀 로빈스가 어떤 배우인지, 모르던 시절이었다. 영화의 원작이 공포소설의 대가라 불리는 스티븐 킹의 작품이었다는 것 또한 수년 후에나 알게 되었다. 영화의 내용은 무척이나 흥미진진했다. 가벼운 걸음으로 영화관을 빠져나오는 순간, 충무로의 저녁 공기가 시원하게 느껴지던 기억이 생생하다.

영화 〈쇼생크 탈출〉의 촬영무대는 감옥이다. 선과 악이라는 이중구도를 소재로 다루는데 능숙하다는 할리우드 영화답게 주인공은 선한 이로, 그를 둘러싼 간수와 교도소장은 악한 심성을 가진 인물로 등장한다.

은행간부 출신인 팀 로빈스(주인공)는 아내를 살해했다는 누명을 쓰고 교도소에 끌려 온다. 팀 로빈스의 회계처리 능력을 알게 된 교도소장은 그에게 자신이 모은

▲ 영화 〈쇼생크 탈출〉

불법자금의 관리를 지시한다. 교도소장과 교도원들의 폭압을 견디다 못해 탈출을 기도하는 팀 로빈스, 결과는 성공. 영화는 해피 엔딩으로 끝난다.

영화 〈쇼생크 탈출〉은 감옥을 소재로 한 고전영화 〈빠삐용〉 이래 가장 관객들의 호응도가 높았던 영화가 아닌가 싶다. 그렇다면 관객들은 어디에서 이 영화의 매력에 동화된 것일까?

감옥을 소재로 한 영화는 여러 종류가 있다. 하지만 공통되는 스토리라인을 찾으라면 그리 어렵지 않게 확인할 수 있다. 바로 탈옥을 꿈꾸는 주인공의 이야기다. 스티브 맥퀸과 더스틴 호프만이 주연했던 영화 〈빠삐용〉은 탈옥을 소재로 한 영화의 역사를 말할 때, 단골손님으로 등장하는 영화이다.

▲ 영화 〈빠삐용〉

150분이라는 긴 러닝타임을 자랑하는 영화 〈빠삐용〉은 탈옥을 소재로 한 영화들의 고전으로 알려져 있다. 영화에서는 당시 최고의 인기를 누리던 2명의 남성배우가 등장한다.

살인죄의 누명을 쓴 빠삐용 역을 열연하는 배우 스티브 맥퀸과 드가라는 위조지폐범 출신 죄수로 등장하는 더스틴 호프만, 이들은 수차례 탈옥을 시도한다. 이유는 단 한 가지, 자유를 위해서이다. '인생을 낭비하는 것은 유죄다.'라는 명대사를 남긴 영화 〈빠삐용〉은 주인공과 관객과의 감정이입에 성공한 영화콘텐츠이다.

관객들은 영화를 보면서 자신들이 마치 감옥에 갇힌 죄수인 양 몰입상태에 빠진다. 영화가 진행될수록 주인공들의 탈옥을 간절하게 염원하는 착시현상에 휩싸인다.

실존인물이었던 복서 로키 마르시아노의 인생을 영화화하여 세계적인 스타가 되었던 근육남 실베스터 스탤론도 이에 뒤질세라 감옥을 소재로 한 영화 세 편에 등장한다.

▲ 영화 〈이스케이프 플랜〉

그는 2013년 개봉영화 〈이스케이프 플랜〉에서 또 한 명의 근육남 아널드 슈워제네거와 함께 탈옥을 시도하는 검사 출신의 인물로 등장한다.

형기를 6개월 앞둔 인물로 등장하는 실베스터 스탤론의 또 다른 감옥 소재 영화 〈탈옥〉은 변함없이 교도소장과 수감자의 선과 악의 대치라는 이분법을 차용하고 있다.

실베스터 스탤론의 탈옥 3부작은 영화 〈승리의 탈출〉이다. 시대는 제2차 세계대전, 무대는 연합군 포로수용소, 독일군과 연합군 측의 축구시합을 소재로 한 영화 〈승리의 탈출〉에서 실베스터 스탤론은 팀

▲ 영화 〈탈옥〉

의 리더이자 골키퍼로 등장하고 있다. 전설
적인 브라질 축구영웅 펠레가 연합군 축구
선수이자 공격수로 활약한다. 말할 것도 없
이 주인공은 탈출에 성공한다.

　마지막으로 소개할 영화는 클린트 이스
트우드가 주연했던 〈알카트라즈 탈출〉이
다. 실화를 소재로 하여 현실감을 극대화
한 영화 〈알카트라즈 탈출〉에서 클린트 이
스트우드는 상습탈옥범으로 등장한다.

　영화의 무대인 샌프란시스코 근방의 알
카트라즈 섬은 니컬러스 케이지가 등장했
던 영화 〈더 록〉의 촬영지로 등장하기도
한다. 재즈애호가이자 마카로니 웨스턴 영
화의 단골주역 그리고 감독으로 활약하는
배우 클린트 이스트우드의 목표는 역시 탈
옥이다.

　영화의 결론은 소개된 작품들과 대동소
이하다. 주인공은 동료 죄수들과 합심하여
탈옥에 성공한다. 탈옥을 소재로 한 영화의 공통점은 다음 장에서 설명하
도록 한다.

▲ 영화 〈승리의 탈출〉

▲ 영화 〈알카트라즈 탈출〉

그들이 말하고자 하는 것

무수히 많은 탈옥의 영화는 수감자로 등장하는 이들의 성공적인 탈출을 보여주기 위해 집중한다. 중요한 것은 얼마나 스릴감이 넘치고 멋지게 탈옥에 성공하느냐는 거다. 그리고 주인공이 탈옥해야만 하는 절실함이나 이유가 분명해야 한다는 거다. 마지막으로 주인공의 주변에는 탈옥의 정당성을 미화하는 인물들이 항시 존재한다.

그렇다면 왜 관객들은 탈옥을 소재로 한 영화에 몰입하는 것일까? 정답은 모든 관객의 마음속에는 또 하나의 감옥이 존재한다는 것이다. 월급쟁이라면 자신의 일거수일투족을 재단하려 드는 직장조직이 예이다. 프리랜서라면 자신이 원한대로 돌아가지 않는 사회구조가 그것이다. 사업하는 이들이라면 하루하루가 크고 단단한 제도의 벽으로 둘러싸여 있다는 부분이다.

다들 하고 싶은 말은 많지만, 진정으로 원하는 일은 많지만, 자유를 향한 갈증이 넘치겠지만, 현실은 절대 물렁물렁하지 않다. 이 정도면 되겠지, 하는 순간 현실이라는 급경사 내리막길이 튀어나온다.

영화에서 등장하는 탈옥 성공스토리는 갑갑한 현실 속에 파묻힌 관객들의 대리만족용 도구로 차용된다. 극장에서 영화를 감상하는 100여 분 동안 관객들은 제한된 자유와 통제의 사슬에서 벗어나는 기쁨을 만끽할 수 있다는 사실을 영리한 영화제작자는 간파하고 있다.

영화 속에서의 탈옥은 대부분 멋지게 그려진다. 하지만 관객들은 극장을 나오는 순간, 다시 사회라는 감옥 속으로 편입되어야만 한다. 그렇다면 이제부터 현실 속에서의 탈옥을 고민해야 할 시점이 아닌가 싶다.

한편 영화에서는 탈옥을 결심하는 주인공 주변에 이를 말리는 절친들이 단골손님으로 등장한다. 그들이 주인공의 탈출 의지를 만류하는 이유는 의외로 간단하다. 탈옥이란 주인공이 상상하는 것만큼 쉬운 일이 아니라는 거다. 중요한 것은 주인공의 의지를 한편으로는 부러워하면서도 탈옥에 동참하지 못하는 나약한 자신을 방어하기 위해 주인공의 탈옥시도를 만류하고 보는 것이다.

탈옥이란 영화 속에서만 그려지는 가상의 현실이 아니다. 우리는 매일매일 탈옥을 꿈꾼다. 문제는 생각과 실행과의 간극이다. 머릿속에서는 탈옥의 욕망이 맴돌지만, 막상 시작하려니 막막함이 앞을 가린다. 그렇다고 아무런 준비도 없이 즉흥적으로 탈옥을 시도하는 행위는 폭탄을 잔뜩 움켜쥔 채 전장에 뛰어드는 행위와 다를 바가 없다.

이제 창조인간의 삶을 조리하기 위한 이론공부는 어느 정도 완성한 상태이다. 문제는 현실에서 벗어나기 위한, 탈옥을 위한 실천이 과제로 남아있다. 이미 그대의 마음속에는 뜨거운 창조에너지가 장전된 상태이다. 하지만 이제 절반의 시작도 하지 않은 상황이라는 것을 잊지 말자.

언제까지나 영화콘텐츠를 통해서 대리만족만을 반복할 수는 없다. 이제는 자신이 원하는 스타일의 탈옥을 준비할 순서이다.

우선 감옥의 구조에 관해서 연구해야 한다. 도대체 우리가 사는 감옥은 어떻게 만들어졌는지, 우리가 언제부터 감옥 속에서의 삶에서 만족하고 살았는지, 우리가 느끼는 사회적 단절감은 감옥 속에서의 삶이 익숙해진 것인지, 아닌지에 대해서 고민해야 할 순서이다. 그리고 우리 스스로 만들어 놓은 마음의 감옥으로부터 탈출할 필요성은 없는지에 대해서 고민해보자.

제5요일인 금요일은 창조인간의 삶을 실천하고자 하는 이들이 부딪쳐야만 하는 장벽과 투쟁하는 날이다. 창조인간의 종착지는 멋진 탈출을 감행하는 자만이 도달할 수 있는 신천지이다.

감시와 처벌

"감옥이란 범죄자들의 단순한 수용소가 아니라 사회권력의 통제를 위한 전략의 소산이며 범죄자는 경제적, 정신적으로 유용한 존재이기 때문에 그들을 존속시키는 데 필요한 기관이 되고 있다." 프랑스의 철학자 미셸 푸코는 자신의 저서인 『감시와 처벌』에서 감옥과 수감자에 대한 권력관계에 대해서 이와 같이 정의하고 있다.

이것은 첫 번째로 수감자의 감옥에서의 일상은 상세한 규칙들, 항시적 감시 시스템, 엄격한 시간표 일정과 단체 급식을 통해서 육체와 정신이 송두리째 조작되고 있다는 사실이다. 두 번째로 죄수의 신체는 과학적으로 분류되고 검사를 받는다는 것이다.

▲ 미셸 푸코 (1929~1984)

이러한 감옥 내에서의 훈육시스템은 신체적 강압을 자행했던 과거 방식과는 다른 근대적 현상이라는 점에서 푸코의 주장은 독자들에게 새로운 관점을 선사한다. 그는 다음과 같이 이러한 현상을 정리하고 있다.

"정신은 인간 속에 거주하며, 인간을 존재할 수 있게 하며, 그 자체가 몸에 대한 힘의 지배권 행사를 돕는 한 요소가 된다. 정신은 정치적 해부의 효과인 동시에 그 도구가 되기도 한다. 정신은 몸을 가두는 감옥이다."

다음은 미셸 푸코의 주장을 감옥과 구분 지어진 감옥 외 사회와 구분해볼 차례이다. 그렇다면 감옥 외 세상은 어떤 차이를 가지고 있는가? 우리는 24시간이라는 시간을 보내면서 자신의 자유의지로 결정하는 것들이 과연 어느 정도인지, 창조적 아이디어를 활용할 기회가 하루에 얼마나 주어지는지에 대해서 생각해보아야 한다.

분명한 것은 감옥 외 사회에서도 감시와 처벌의 기능이 작동하고 있다는 점이다. 편의점에서도, 아파트 단지에서도, 회사건물에서도, 대도시 도로변에서도 시민의 안전을 위한다는 명목으로 CCTV는 작동을 멈추지 않는다. 조금 돌아가 보자.

우리는 CCTV가 보호적 기능과 감시적 기능을 동시에 행하고 있다는 사실을 쉽게 인지할 수 있다. 우리의 일거수일투족을 누군가 들여다보고 있다는 사실에서 우리는 사고와 행동의 제한을 경험한다. 그리고 익숙해진다.

다음은 SNS로 통칭하는 각종 데이터의 감시체계이다. 우리가 습관적으로 주고받는 문자메시지 그리고 이 메일과 각종 인터넷 댓글들 역시 표현과 감시의 이중적 기능이 포함된 사례이다. 이것이 정보사회에서 차단사회, 감시사회로 이동하는 과정에서 발발하는 현상이다.

결국 강도의 차이가 존재할 뿐, 감옥과 우리가 사는 감옥 외 사회는 감시와 이에 대한 처벌기능이 상존하는 세상이라는 사실을 발견할 수 있다.

따라서 우리는 앞에 소개되었던 영화를 감상하면서 주인공의 처지에 공감하고 탈출을 응원하는 수동적 태도를 당연시하는 것이다.

창조인간은 탈옥을 실행하는 용기를 가진 사람들이다. 그들은 자신이 처한 현실이 감옥과 다름없음을 구체적으로 인지하고 있다. 그들은 감시와 처벌이 일반화된 현실에 쉽게 순응하지 않는다.

오히려 자신이 감시의 주체가 될지언정, 감시의 대상으로 편입된 판박이와 다를 바 없는 삶을 살기 위해서 하루하루를 연명하지 않는다. 따라서 창조인간에게 탈옥이란 지난한 현실과의 투쟁과정이며, 창조적 삶을 완성하기 위한 마지막 과정을 의미한다.

하루에 한 번씩

영화 〈쇼생크 탈출〉에서 주인공 팀 로빈스는 오랜 시간 동안 완벽한 탈옥 시나리오를 준비한다. 그는 자신보다 교도소 생활의 선임급인 모건 프리먼에게 탈옥과 관련한 의견을 구한다. 다음으로 교도소 구조에 관해서 연구한다. 그리고 간수들이 일하는 위치와 근무시간을 자세히 확인한다. 탈옥 후 이동하는 경로를 재확인하고 탈옥 이후 살아가야 할 자신의 미래에 대해서도 치밀한 계획을 세운다.

물론 주인공의 탈옥시도는 영화가 아니라면 실패로 그칠 확률이 압도적으로 높다. 탈옥을 시도하는 과정에서 교도관에게 붙잡힐 수도 있다. 무사히 탈옥했지만 경찰의 지명수배자 명단에 포함되어 며칠 내로 불심검문에 노출될 수도 있다. 두 가지 장벽을 벗어났다고 치더라도 자신의 신분을 숨긴 채 평생을 떠돌이로 살아야 할 수도 있다.

쉽지 않다. 하지만 주변 죄수들이 사는 그대로 이것도 저것도 아닌 채 형기를 마치는 날을 기다리면서 사는 삶은 더욱 쉽지 않다. 창조인간의 삶 또한 영화 속 주인공의 삶과 흡사하리라는 부분에 이의를 제기하는 이는 없을 것이다.

영화 〈빠삐용〉에서는 등장인물의 탈출과 구속이 반복적으로 이어진다.

영화에서 말하고자 하는 것은 탈출 이후 주인공의 삶이 아니다. 자신이 진정으로 원하는 것이 존재한다면 이를 위해서 무엇을 해야 하는가에 대해서 영화 〈빠삐용〉은 화두를 던지고 있다. 결과만이 전부가 아니다. 탈출을 꿈꾸는 시간들, 탈출을 준비하는 시간들, 이 과정을 통해서 창조인간의 정체성이 나타난다.

영화 〈탈옥〉에서 실베스터 스탤론은 〈쇼생크 탈출〉이나 〈빠삐용〉의 설정과는 다른 탈출과정을 보여준다. 주인공은 건실한 복역수로 남은 형기 6개월을 보내면 석방이 보장되어 있다. 물론 과거에 탈출을 시도한 경력은 남아 있지만, 이는 주인공의 관심사가 아니다.

실베스터 스탤론이 탈옥을 감행하는 결정적 동기는 교도소장과의 갈등이다. 악의적으로 주인공을 괴롭히기 위해서 그에게 육체적, 정신적 폭력을 가하는 과정에서 실베스터 스탤론은 탈옥을 결심한다. 더 남은 형기를 채우기에는 상황이 만만치 않다.

영화 〈알카트라즈 탈출〉에서 주인공 클린트 이스트우드는 탈옥전문가로 등장한다. 그는 탈옥 자체가 불가능하다는 알카드라즈 섬으로 이송되어 가면서 탈옥에 대한 계획을 치밀하게 준비한다. 클린트 이스트우드는 탈옥 예행연습까지 해 가면서 완벽한 탈옥을 꿈꾼다. 실존인물을 영화화했다는 〈알카트라즈 탈출〉에서 주인공은 교도소 건물의 재질까지 조사하는 치밀함을 보여준다.

이제 창조인간의 차례이다. 탈옥할 준비가 되어 있는가? 그렇다면 실행에 옮길 차례이다. 영화 〈탈옥〉에서처럼 자의가 아닌 타의에 의한 탈옥은 부디 시도하지 말기를 바란다. 그대는 탈옥의 결과를 받아들일 수 있는 튼튼한 심장을 가졌는지 자문해보아야 한다. 문제가 없다면 주저 없이 탈옥을 감행할 시간이다. 탈옥의 시작은 작은 것에서부터 시작해도 무방하다. 하루에 한 번씩 새로운 시도를 해보자.

늘 출근하던 길에서 5분만 벗어나 보자. 걷지 않았던 길을 선택하는 것도 익숙한 것과의 결별이라는 점에서 의미가 있다. 생각만큼 쉽지 않을 것이다. 길에서 무려 5분을 소비하다니, 마치 세상이 무너질 듯한 느낌이 들 수도 있다. 하지만 막상 시도해보면 그리 대단한 일이 아니다. 아니, 시도에 대한 만족감이 서서히 밀려들 것이다.

안 먹던 음식을 먹어 보자. 한 달 동안 그대들이 먹는 음식 이래 봐야 요리연구가가 아닌 이상 많아야 20가지 이내이다. 새로운 음식을 시도하는 것은 미각을 만족하기 위해서가 아니다. 새로운 세상을 경험해본 자만이 창조인간이 될 수 있기 때문이다. 음식 또한 문화콘텐츠로 자리 잡은 지 오래다. 평생 먹지 않았던 음식이면 더 좋다.

명상의 시간을 가져 보자. 하루에 5분이 부담스럽다면 처음에는 30초라도 좋다. 잠자기 전 30초 동안 눈을 감고 들숨과 날숨을 반복하면서 하루를, 과거를, 미래를 하나, 둘씩 떠올려 보는 거다. 마치고 나면 마음이 편해지는 것을 느낄 수 있을 것이다. 하루하루 반복하다 보면 새로운 세상이 보일 것이다. 과거를 새롭게 정리하고 현실을 새롭게 바라볼 수 있으며, 미래에 대한 창조적 아이디어가 떠오를 것이다. 이를 위해서 탈옥이 필요한 것은 물론이다.

하버드대 심신의학연구소의 허버트 벤슨 교수는 명상을 통해서 스트레스로 흥분된 유전자들을 조절할 수 있다는 것을 발견했다. 이는 마음이 몸을 진정시키고 몸 안의 조절능력을 변화시키는 것을 의미한다. 명상하고 이완반응을 불러일으키는 것은 페달에서 발을 뗄 때 상황을 진정시키고 정상으로 돌리는 것과 비슷한 효과를 일으킨다고 그는 말한다.

대화의 방식을 바꿔 보자. 늘 쓰던 단어나 표현은 잠시 땅속에 묻어 두자. 새로운 언어를 하루에 하나씩 써 보는 거다. 오늘 쓴 언어는 내려놓고, 내일은 또 다른 언어를 선택하는 거다. 이런 습관을 반복하다 보면 대화 방법에서도 커다란 변화가 올 것이다. 창조인간에게 언어의 변화는 생명줄과도 같은 것이다. 언어가 변해야 사고가 변하고, 세상이 변한다.

오랫동안 만나지 못했던 창조인간들과 연락해보자. 가급적 자신의 관심 밖에 있던 창조인간이라면 더 좋다. 용기가 필요하다. 더욱 중요한 것은 사람에 대한 진지한 관심이다. 하루에 한 명씩 만나는 것은 현실적으로 불가능하다. 전화가 불편하다면 문자메시지도 나쁘지 않다. 형식적인 인사말은 하지 말자. 가능하다면 몇 초만이라도 사고의 시간을 가지고 색다른 인사말을 전하자. 이왕이면 다홍치마라고, 같은 말이라도 창조적 표현은 상대방에게는 커다란 선물이 될 것이다.

운동하는 습관을 지니자. 운동은 흔히 정신과는 동떨어진, 미개한 영역으로 여겨져 왔다. 하지만 이는 틀린 이론이라는 것이 뇌과학을 통해서 밝혀졌다. 사람의 육체적 나이는 그 사람의 정신적 나이와 밀접한 관련이 있다. 육체적으로 정상적이지 않은 상황에서 정신적 젊음을 갈망하는 것은 어불성설이다.

저녁시간이 되면 소파에 앉아서 텔레비전에 눈을 떼지 못하고 있는가? 도저히 텔레비전을 멀리할 수 없는가? 그렇다면 타협을 시도하자. 텔레비전 시청과 동시에 스트레칭을 포함한 가벼운 운동을 하는 거다. 창조적 삶은 활동에너지와 귀차니즘을 동시에 동반한다.

하루에 하나씩 문화콘텐츠를 접하자. 퇴근길에 접한 뮤지컬 포스터라도 좋다. 자신의 블로그나 페이스북에 이미지를 올려 보는 거다. 그리고 간단한 느낌을 정리하자. 한 달이면 무려 30개의 문화콘텐츠가 쌓일 것이다. 책, 영화, 음악, 미술, 광고, 음식, 건축, 역사 등 마음만 먹으면 시간의 구애 없이 쉽게 접할 수 있는 문화콘텐츠가 곳곳에 널려 있다.

탈출의 시간이 왔다. 이제 중요한 것은 실행이다.

내 인생의 '설국열차'

영화 〈설국열차〉는 재미있다. 아쉬운 점이라면 영화 후반부에 등장하는 스토리라인이 초중반부의 몰입도와 비교해서 반전이나 메시지 전달이 약하다는 거다. 그럼에도 영화 〈설국열차〉의 배경설정, 열차 칸마다 보여주는 시각효과, 계급 간의 갈등구조는 수준급이라고 말할 수 있다.

빙하기에 접어든 지구. 각계각층의 사람들을 태운 설국열차는 철로 위에서 끊임없이 달려야만 하는 운명에 처해 있다. 열차 칸의 마지막에는 가장 계급이 낮은 이들이 어지러이 모여 살고 있다.

이들은 열차 앞부분으로의 이동이 금지되어 있다. 열차 앞칸은 호텔로 치면 디럭스 룸에 해당한다. 비행기의 비즈니스석처럼 그곳에는 소위 상류계급이라 불리는 인간들이 살고 있다.

▲ 영화 〈설국열차〉

설국열차에는 상류계급을 위해서 일하는 집단이 하류계급을 통제한다. 열차칸 이동을 금지하는 데 사용하는 수단은 무력이다. 열차 마지막 칸에 탑승한 낮은 계급의 사람들은 통치자들이 사용하는 수단과 똑같은 폭력적인 방법으로 대응한다.

목숨을 건 전투를 반복하면서 하류계급은 승리를 거듭한다. 열차 앞칸으로 조금씩 전진하는 하류계급의 전사들은 상류계급, 즉 열차 칸 앞부분에서 사는 이들의 안락한 생활을 엿보게 된다.

설국열차 칸의 배열은 계급을 상징한다. 시대에 따라서 계급의 정의는 변화를 거듭했다. 유럽에서 근대 이전의 상류계급이란 귀족을 의미했다. 일하지 않아도 돈에 구애를 받지 않고, 넓은 저택에서 살며, 하류계급의 시중을 받으며 사는 이들을 유럽역사에서는 귀족계급이라고 불렀다.

산업혁명 이후 귀족계급은 상류계급으로서의 헤게모니를 잃는다. 이후 부(또는 자본)의 과다에 따라서 상류계급이 정해지는 변화를 겪는다. 영국사회의 경우, 현재까지도 귀족계급과 그렇지 않은 계급의 구분이 명확하다. 하지만 이는 일부 국가의 문화적 특징일 뿐이다. 대부분의 자본주의 국가에서는 자본의 소유 여부에 따라서 계급의 등락이 판가름난다.

영화 〈설국열차〉에서는 가진 것이 많은 자는 자연스럽게 상위계급으로 이동하는 역사가 미래에도 반복된다는 암울한 상황을 보여주고 있다. 대다수 관객은 〈설국열차〉에서 앞칸으로 이동하기 위해 목숨을 던지는 하류계급을 응원한다. 헐벗고 가진 것 없는 그들에게도 희망이 있어야 공정한 사회이다. 그들에게는 변화가 절실한 것이다.

영화 〈설국열차〉에 등장하는 배우 송강호는 계급에 관한 열망보다 자신이 원하는 생활방식만을 고수하려는 무정부주의자 캐릭터로 등장한다. 그는 사회의 변화를 원하지만, 특정 무리에 합류하여 자신의 의지를 관철하기보다 자신만의 계획에 충실한, 개인주의적 삶을 일관성 있게 고집한다.

창조인간의 삶이란 변화와 모험의 연속이다. 변화가 없는 무미건조한 삶이란 창조인간 레시피에 적혀 있지 않은 문구이다. 탈옥의 의지를 내려놓지 않는 삶이 창조인간의 삶이다.

내 인생의 '설국열차'를 상상해보자. 열차의 끝과 끝이 이어져 있는 뫼비우스의 띠를 닮은 열차를 설계해본다면 어떨까? 가는 길과 돌아오는 길이 하나로 이어져 있다면 선택의 기회 또한 그만큼 넓어질 것이다. 선택의 가능성은 가급적이면 다양하게 열어 놓자. 창조인간의 삶을 위해 겪어야 하는 수많은 시행착오가 모이고 모여서 빛나는 탈출전략이 나오기 마련이다.

길을 나서자

탈옥을 소재로 한 영화들의 또 다른 공통점을 찾아보자. 정답은 영화의 엔딩 부분 이후에 나와 있다. 탈출에 성공한 이들의 삶에 대해서는 대부분 영화에서 자세하게 설명하지 않는다. 왜냐하면, 탈출 그 자체만으로 영화제작자 입장에서는 관객들이 원하는 영화적 재미를 충족시켰다고 믿기 때문이다. 당연한 이야기이지만, 오락영화를 보러 온 관객들은 영화를 통해서 현실의 고통을 잊고자 한다. 더군다나 모험영화라면 더욱 그러하다.

하지만 현실에서는 탈옥 이후의 삶이 더 중요하다. 창조인간에게는 미래에 펼쳐질 변화 상황에 대한 신축성 있는 대처능력이 내장되어 있어야 한다. 탈옥에 성공했다면 비로소 절반의 진도를 나간 셈이다.

이제부터는 탈옥에 대한 열망은 접어두고 탈옥 이후의 창조적 삶에 대해서 고민할 시간이다. 막상 길을 나서 보니 녹록지 않은 현실들이 앞을 가로막을 것이다. 상상했던 장밋빛 인생이 펼쳐지지도 않는다.

다시 예전의 평범한 삶으로 돌아가고 싶은 유혹이 들기도 할 것이다. 이것저것 다 접어두고 모험과는 관계없는 그저 그런 인생을 살고 싶은 유혹이 도래할 것이다.

창조인간으로 가는 길 위에서 잠시 유턴을 할 수도 있다. 하지만 그것도 잠시이다. 다시 탈옥을 꿈꾸던 시간이 그리워질 것이다. 자유의지가 배제된 삶을 살다 보면, 먹구름이 잔뜩 낀 미래만이 그대를 기다리고 있다는 사실을 인지할 것이기 때문이다.

속지 말자. 그대는 이미 창조인간의 삶을 선택했다. 그대는 이미 우리 삶의 주변에 포진한 수많은 대중문화를 통해서 창조인간의 삶이 주는 가치와 가능성에 대해서 공감하며 새로운 인생을 설계하기로 결심했다. 현재의 불편함과 불안함에 자신의 미래마저 내려놓지는 말자.

우리가 만들 수 있는 창조적 삶은 무궁무진하다. 중요한 것은 누구나 창조적인 삶을 꿈꾸지만 이를 현실에서 실행하고, 완성하기는 쉽지 않다는 것이다. 그만큼의 초월적 가치와 아름다움이 존재하는 게 창조인간의 인생이라는 점을 잊어서는 안 될 것이다. 길을 나서자.

土

참고문헌(참고 문화콘텐츠)

제6요일에 만나는 문화콘텐츠

음반 〈어떤날 1집〉 조동익 이병우, 킹 레코드, 1986년

도서 「구별짓기」 피에르 부르디외 저, 새물결, 1979년

도서 「내가 정말 알아야 할 모든 것은 유치원에서 배웠다」 로버트 풀검 저, RHK, 2009년

도서 「나는 야한 여자가 좋다」 마광수 저, 북 리뷰, 1989년

도서 「마광시즘」 마광수 저, 인물과 사상사, 2006년

도서 「죽도록 즐기기」 닐 포스트먼 저, 굿인포메이션, 2009년

음반 〈AMUSED TO DEATH〉 로저 워터스, 소니뮤직, 2009년

도서 「고독을 잃어버린 시간」 지그문트 바우만 저, 동녘, 2012년

영화 〈바람과 함께 사라지다〉 비비안 리 주연, 1940년

이병기는 진짜 이병기였을까 / 오후만 있던 토요일 / 휴식에도 계급이 존재한다 / 우리 곁에 존재하는 창조인간 / 페덱스의 교훈 / 죽도록 즐기기

제6요일

토요일
죽도록 즐기기

우리는 스스로 무언가를 창조할 수 있는 능력을 가졌다고 믿으며 살고 있지만, 정작 무엇을 창조하고 있는지는 모른다. _호세 오르테가 이 가세트 (작가)

이병기는 진짜 이병기였을까

성명 이병기. 나이 34세. 결혼여부 싱글. 이병기의 첫 번째 직업은 음악카페에서 아르바이트, 두 번째 직업은 결혼정보회사에서 김훈이라는 가명으로 일하는 소개팅 남.

주인공 이병기의 두 번째 직업은 결혼정보회사에서 대타로 여성들을 만나는 일이다. 그는 자신이 일하던 음반회사가 부도가 난 뒤, 다른 회사에 입사원서를 내보지만 번번이 탈락의 고배를 마신다. 어쩔 수 없이 저녁에는 홍대 근처의 음악카페에서 일하고, 가끔 들어오는 결혼정보회사 일로 투잡을 하고 있다.

결혼정보회사의 운영 원칙상, 이병기는 절대로 자신의 본래 신분을 밝히면 안 된다. 김훈이라는 증권회사 직원으로 위장한 이병기는 이를테면 '시간제 미팅남'으로 일당을 받고 여성회원들과 일회성 미팅을 해야 하는 처지이다.

어느 날, 김훈 아니 이병기는 자신의 이상형에 가까운 여자를 시간제 미팅 자리에서 만난다. 결혼정보회사의 비밀병기인 이병기는 절대 여성회원과 두 번 이상의 만남을 가져서는 안 된다. 하지만 이병기는 여성회원에게 열렬한 관심을 표현한 끝에 연락을 주고받는 사이로 발전한다. 그런데 여성회원은 이병기에게 이메일 한통만을 남기고 사라진다. 메일 내용을 읽는 이병기. 여성회원의 정체는 결혼정보회사에 가입했던 명문대

출신의 쌍둥이 언니의 동생이었다.

언니가 급한 일정이 생기는 바람에 어쩔 수 없이 대타로 미팅에 나오게 된 셈이었다. 여성회원의 스펙 또한 결혼정보회사에 가입한 대기업 정식직원인 언니와는 달리 왕십리의 작은 서점에서 시간제 알바를 하는, 고등학교 졸업장이 전부인 인물이었다는 사실. 주인공 이병기가 쓸쓸하게 메일을 읽는 장면을 마지막으로 단편소설은 끝난다.

내가 30대 후반 시절 창작했던 단편소설 『카페, 마일즈』의 줄거리를 풀어놓은 이유는? 이병기를 포함한 우리 모두가 흘려 보내는 '시간'을 설명하기 위해서이다.

다음은 주인공 이병기에 대한 이야기이다. 이병기는 진짜 이병기였을까? 정답은 없다. 우리는 적어도 두 가지 이상의 얼굴을 하고 살아가니까. 우리는 제2, 제3의 김훈을 사회 어디에서나 만날 수 있다.

주인공 이병기는 다시 결혼정보회사 알바를 해야 할까? 아니면 카페 아르바이트 일에 만족한 삶을 살아야 할까? 결혼정보회사 평점 45점에 불과한 이병기가 김훈의 삶에 만족한다면 진행형이 될 것이고, 아니면 본래 이병기로 돌아와 다른 일을 시도해볼 수도 있을 것이다.

이병기는 돈이 필요해서 일을 시작하지만 시간제 미팅남 생활을 하면서 자신의 이상형을 만난다. 하지만 좋아했던 여인마저도 자신과 크게 다를 바 없는 삶을 사는 처지를 알게 된다.

이병기 자신 또한 김훈이라는 가상의 인물에 도취해 있던 것은 아닌지 생각해볼 부분이다. 소설의 주인공 이병기에게도, 김훈에게도, 쌍둥이 미팅녀와 언니에게도 토요일은 공평하게 주어진다. 창조인간에게 토요일은 죽도록 즐기는 날이다.

오후만 있던 토요일

'토요일'하면 떠오르는 것은? 공공기관이 문을 닫는 날, 주5일 근무제가 허용된 직장인들에게는 늦잠 또는 낮잠이 허락되는 날, 브런치가 제공(또는 직접 만들어 먹거나)되는 날, 출퇴근시간과 관계없이 교통체증이 해소되는 날, 등산가는 날, 월요일에 비해 즐거운 날 정도를 떠올린다면 50점짜리 답안이다.

창조인간에게 있어서 가장 먼저 확보해야 하는 것은 '시간'이다. 현대인들에게 공평하게 주어진 24시간 이외의 시간을 고무줄처럼 늘릴 수 있는 마법은 아쉽게도 없다. 그렇다면 정답은 하나다. 단독주택 반지하에 사는 김군, 동네 편의점 사장님 모두에게 공평하게 주어진, 시간을 활용하는 방법이다.

지하철을 기다리는 시간, 길을 걷는 시간, 잠자리에 드는 시간, 심지어 화장실에서 볼일을 보는 시간마저도 창조인간에게는 소중한 자원이다. 따라서 창조인간에게 주어지는 토요일은 일종의 축복이자 재탄생의 원천이다.

지금까지 수없이 흘려보낸 토요일을 떠올려 보자. 특별히 한 일이 기억나지 않는다면 이제부터 갈 길이 멀다. 토요일이면 무엇인가 하는 일이 있는 이들 또한 안심하지 말자. 창조인간에게 중요한 건 지금까지 수없이 날려 보낸 토요일에 어떤 레시피를 선택했느냐, 이다.

예를 들어 회사 일에 함몰되어 창조인간으로서의 가능성을 스스로 포기한 이들에게는 그저 그런 토요일에 불과할지도 모른다. 그렇다면 직장형 인간이 아닌 창작자라고 예외일까?

"저는 화가입니다. 제가 하는 일은 그림을 그리는 일입니다. 저는 토요일에도 그림을 그립니다. 따라서 저는 일주일 내내 창조인간의 일상을 보내고 있습니다."라고 당당하게 말한다면 당신은 예술가라는 직업에 파묻힌 평범한 인간이다.

예술가에게도 충전이 필요하다. 자신이 완성하고자 하는 미술작품을 위해서는 공상의 시간이, 음악감상의 시간이, 미술사와 관련된 학습의 시간이, 체력단련을 위한 운동의 시간이 필요하다. 붓을 잡고 있는 시간 이외에 창조와 관련된 시간을 전혀 소비하지 않는다면 당신의 작품은 늘 그 자리에 머물 수도, 아니면 퇴보할 수도 있다.

미술을 포함한 문화예술 창작자들에게도 상승-하강곡선이 존재한다. 늘 봄날일 수는 없다. 봄날은 간다. 창작에도 봄날이 존재하지만, 나머지 계절은 고통과 시련의 날들이다.

다음으로 음악가들의 토요일을 상상해보자. 대중음악계에는 싱어송라이터라는, 작사 및 작곡 실력을 두루 겸비한 가수들이 존재한다. 자신이 만든 노래에 리듬과 멜로디가 가미되고, 다시 이를 노래로 완성하는 것. 그들은 관찰자이자 참여자로서 음악의 전 과정에 참여하는 존재이다.

창작의 확대재생산을 위해서 싱어송라이터에게는 하루하루가 토요일의 연속이다. 상상을 통한 영감의 결집, 글쓰기, 작품에 리듬을 입히는 행위, 마지막으로 이를 노래로 부르는 과정까지, 싱어송라이터에게는 4가지 형태의 창조작업이 필수이다.

그룹 '어떤 날'의 곡 〈오후만 있던 일요일〉을 들어보면, 철저하게 관찰자의 시선으로 주변 풍경을 바라본 일요일이 등장한다. 관찰자는 노래 후반부에서 자신이 직접 풍경으로 들어간다.(상상이 잘 되지 않는다면 인터넷을 통해 잠시라도 들어볼 것을 권한다.) 관찰자에서 참여자로 변신을 시도하는 상황이다. 예쁜 비와 포근한 밤은 관찰자의 감정이 이입된 일요일 오후의 메타포(은유)이다. 자유의지를 숨기고 있는 관찰자에서 참여자로의 변화를 통해 곡의 완성도가 높아지고 있음을 알 수 있다.

이 곡은 음악가 조동익, 이병우가 발표했던 1986년 음반에 수록된 곡이다. 그룹 들국화의 리더였던 전인권이 이 곡을 다시 자신들의 데뷔음반에 수록하기도 했다. 노래의 가사는 영화음악가이자 무대음악가로 왕성한 활동을 하는 기타리스트이자 작곡가인 이병우가 완성했다.

나는 노래 〈오후만 있던 일요일〉을 창조인간의 토요일에 적용해 보았다. 우리에게 필요한 창조적인 토요일을 노래가사처럼 총천연색으로 칠할 수도 있다. 일상의 새롭게 보기를 통해서 재편성한 토요일을 노래는 암시하고 있다.

넓게 보자면, 문화콘텐츠와 관련된 창작작업에만 창조성이 요구되는 것이 아니다. 학교에서 과제로 제출하는 보고서에도, 회사에서 일상적으로 작성하는 기안문서에도, 술자리에서 떠들썩하게 주고받는 담화 속에도 창조의 기운과 가능성이 넘실댄다. 열쇠는 창조의 기초체력을 다질 수 있는 시간과 노력이다. 창조의 일상화는 창조라는 생산과정을 몸소 경험하고 숙달한 다음의 문제이다.

휴식에도 계급이 존재한다

피에르 부르디외라는 프랑스 사회학자는 자신의 저서 『구별 짓기』를 통해서 문화에도 계급이 있음을 역설한다. 문화계급을 설명하는 대표적 사례로서, 주름이 자글자글한 노파의 손이 촬영된 사진작품을 보면서 프랑스 시민들은 계급에 따라서 다른 느낌을 표현했다고 부르디외는 말한다.

사진을 감상한 프랑스의 한 노동자는 고된 노동에 시달린 노인의 거친 손에 대해서 감정적인 표현만을 반복한다. 그는 사진작품의 미적 가치 여부는 개입시키지 않고 있다. 하지만 파리의 한 상급기술자는 사진작품을 통해서 노동과 가난이라는 주제를 끌어낸 작품의 아름다움을 언급한다. 이는 예술작품, 즉 회화나 조각 또는 문학에 관한 감상에 있어서 사회계급에 따른 접근방식의 차이가 존재하고 있음을 말하는 것이다.

그렇다면 우리가 매주 만나는 토요일에도 보이지 않는 계급이 존재하는 것은 아닐까? 그대는 토요일마다 보이는 행위가 아닌, 보는 행위만을 반복하고 있는 것은 아닌지 생각해볼 일이다. 예를 들자면 한 손에는 리모컨을 움켜쥐고 또 한 손에는 스마트폰을 쥔 상태로 정신없이 텔레비전 채널을 돌리고 있는 것은 아닌지, 무슨 일을 하면서 하루를 보냈는지조차 기억하지 못하는 토요일이 아니었는지 말이다.

흔히 주말은 앞으로 다가올 일주일을 위해서 자신을 충전하는 시간이라고 한다. 차라리 제대로(또는 원 없이) 놀든지 아니면 평일 날 에너지를 방전하느라 고갈된 체력을 보충하되, 특별한 토요일을 보내는 것을 권한다.

이왕이면 재미있는 시도를 하면서 놀아 보자. 매주 들르는 술집이나 음식점보다는 다른 장소에 있는 개성 있는 인테리어를 한 술집과 음식점을 골라 보자. 이왕이면 매번 마셨던 소주나 맥주가 아닌, 마셔 보지 않은 술을 선택해 보는 것이 중요하다. 음식 또한 예외가 아니다. 먹어 본 음식이 많으면 많을수록 창조인간의 에너지는 비축된다.

자주 만나던 친구들이 익숙하고 편한 것은 당연한 일이다. 나이를 먹을수록 익숙한 것에 몰입하기 마련이다. 하지만 토요일만큼은 익숙한 것들과 결별해보자. 회사에 출근하는 날이 아니라면, 수업이 없는 날이라면, 가게가 쉬는 날이라면 얼마든지 시도가 가능하다.

전화번호부를 뒤져서 연락이 뜸했던 지인들에게 색다른 문자를 보내 보자. 물론 마음이 움직이는 선에서 말이다. 보내기로 결정했다면, 이왕이면 들어서 기분 좋은 인사말을 건네 보자. 대화의 시작은 자기만족이 아니라 상대방을 먼저 만족하게 하는 것이다. 가는 말이 고와야 오는 말이 고울 확률이 높다. 받기 위해서가 아니라 자신의 삶에 변화를 위해서, 반복적 삶의 탈피를 위해서 시도해볼 만한 일이다.

토요일은 극장에 가기 좋은 날이다. 블록버스터 영화도 좋지만, 이왕이면 다른 스타일의 영화를 골라 보자. 인터넷 검색으로 충분히 가능하다. 관객평이나 평점도 확인해볼 수 있다.

늘 방문하던 멀티플렉스형 극장이 아닌, 아담한 소규모 극장에 가는 것도 좋지 않을까? 알려지지 않는 작가주의 영화감상도 시도해볼 만하다. 영화가 지루하면 잠시 부족한 잠을 채우는 것도 좋다. 졸리면 졸린 대로 느끼는 것이 있는 법. 똑같이 감옥에 있어도 누구는 바닥을 내려다보면서 절망과 마주치고, 누구는 철창 사이로 보이는 별을 본다고 하지 않던가.

매번 가는 슈퍼마켓이 아니라 조금 멀리 있어도 가보지 않았던 슈퍼에서 일주일치 식량을 구매해보자. 일단 진열된 물건이 다를 것이고, 분위기가 다를 것이고, 인테리어가 다를 것이다. 생각하기 나름이다. 차이점이 무엇인지, 생각하면서 물건을 고르자. 무엇이 더 좋은지 무엇이 조금 나쁜지 생각해볼 수도 있다. 혹시 모르지 않나. 자신이 슈퍼를 차린다면 어떤 인테리어로 설계를 할지, 어떤 물건을 받을지, 어떤 서비스를 제공해야 하는지, 어떤 위치에 입점해야 하는지, 어떤 스타일의 종업원과 일할지. 상상의 가능성은 늘 우리의 일상 근처에서 공기처럼 맴돌고 있다.

외출이 귀찮다면 잠을 청해보자. 수면제를 복용하지 않는 이상, 토요일이라고 해서 온종일 잠만 자는 사람은 많지 않다. 숙면을 취하고 나면 머리가 맑아질 것이다. 습관적으로 텔레비전을 켠다든가 스마트폰을 검색하지는 말자. 인터넷 또한 꼭 필요하지 않다면 접어 두자. 아예 가전제품의 전원 모두를 차단하는 것도 환영이다.

그렇다면 우리는 미디어매체가 차단된 집 안에서 무엇을 해야 할까? 시선을 돌려 천천히 벽면을 바라보자. 그동안 사놓고 읽지 않았던 읽을거리들이 보일 것이다. 그동안 방치했던 잡지나 책을 꺼내 보자. 읽다가 재미가 없거나 지루하면 다시 덮으면 된다. 세상은 넓고 읽을거리는 넘치는 세상이니까.

중요한 것은 활자와 친해지는 것이다. 간접체험의 보고가 바로 책이란 녀석이다. 장르 또한 편식하지 말자. 토요일에는 소설, 만화, 역사, 에세이, 철학, 미술 등의 책과 가까이하는 습관을 들여 보자.

독서에도 폭식은 금물이다. 권투선수가 기초체력의 단련을 위해서 매일 10킬로미터씩 조깅하듯이 지식에도 기초체력이 필요하다. 조금씩, 서서히 그렇지만 중단하지 않는 것. 독서의 내공은 시간의 흔적들이 쌓이고 쌓여서 자신의 일부로 스며든다.

조금 더 체험하고 조금 더 바라보기. 창조인간의 마무리는 작은 것에서부터 시작한다. 일단 제대로 놀 줄 알아야 한다. 그래야 충전도 가능한 법이다. 기계적 삶은 이제 그만. 어린 시절 가졌던 세상에 대한 호기심과 상상력을 조금씩 끌어올려 보자. 토요일은 창조인간으로 지냈던 일주일을 정리하는 날이다.

토요일을 아무 생각 없이 흘려보내면 창조인간의 에너지는 충전되지 않는다. 휴식에도 분명히 계급이 존재한다. 이왕이면 다르게 살아 보자. 이렇게 쌓이고 쌓인 토요일이 1년에만 50번 이상 우리를 기다리고 있다. 토요일은 그대들이 창조한 레시피에 따라서 구성되고 완성된다.

어떤 계급에 속하고 싶은가? 부르디외가 말했던 문화계급에도 다양한 차이가 있다. 우리의 생활습관이 우리의 계급을 설명해준다. 우리의 작은 습관 하나하나가 창조인간을 만드는 요소이다.

"나는 지식보다 상상력이 더 중요함을 믿는다. 신화가 역사보다 더 많은 의미를 담고 있음을 나는 믿는다. 꿈이 현실보다 더 강력하며 희망이 항상 어려움을 극복해 준다고 믿는다. 그리고 슬픔의 유일한 치료제는 웃음이며 사랑이 죽음보다 더 강하다는 걸 나는 믿는다. 이것이 내 인생의 여섯 가지 신조이다." 이것은 시인 로버트 풀검의 '인생 신조'를 류시화 시인의 잠언시집 『지금 알고 있는 걸 그때도 알았더라면』에서 재인용한 글이다.

'상상력, 신화, 꿈, 희망, 웃음, 사랑' 이 여섯 가지 인생 신조를 우리의 일상에 모두 녹여낸다면 삶은 아주 달라질 것이다. 사실 첫 번째로 언급한 '상상력' 하나만으로도 변화무쌍한 시대에 세상을 헤쳐나가는 데 큰 힘이 될 것이다. 로버트 풀검은 상상력의 위대함을 지식에 비유한다. 지식의 저장이나 비축이 배제된 상상력은 쉽게 고갈된다. 매일매일 분수처럼 상상력이 쏟아져 나올 수는 없다. 작은 지식거리가 하나, 둘씩 모여 상상인간의 혈관 속에서 자유로이 이동할 때, 창조인간이 완성되는 것이다.

남들이 볼 때 폼나는 삶을 살아 보겠다고 도를 넘지는 말자. 계급이란 그런 의미에서 존재하는 것이 아니다. 어떤 사람과 마주친 순간, 느낄 수 있는 삶에 대한 내공의 강도는 천차만별이다. 매일 똑같은 사고와 행동을 반복하는 타입의 인간형보다는 매일 새로운 모습으로 재탄생하는 창조인간이 자신의 빛나는 미래를 완성할 수 있다. 창조인간의 완성은 토요일에 달려 있다. 토요일은 우리에게 생명수와 같은, 소중한 날이라는 사실을 기억하자.

다음은 여섯 가지 신조를 말한 로버트 풀겸의 약력이다. "1937년 미국 텍사스의 웨이코라는 작은 마을에서 태어남. 남부 침례교의 엄격한 규율에 환멸을 느낀 그는 자신의 삶을 찾기 위해 카우보이, IBM 세일즈맨, 미술교사, 목사, 아마추어 로데오 선수, 화가, 조각가, 음악가, 목사, 선불교 수도사, 카운슬러, 바텐더 등의 다양한 직업에 종사함. 지금은 미국 시애틀의 선상가옥에서 가족들과 생활하고 있음."

그는 베스트셀러가 된 자신의 저서 『내가 정말 알아야 할 모든 것은 유치원에서 배웠다』를 통해서 가족, 친구 이웃 등 평범한 사람들의 평범하지 않은 이야기를 들려주고 있다. 집안의 먼지를 보면서 우주의 근원을 생각하고, 하늘을 나는 의자에 경탄하고, 괴팍한 이웃 남자를 괴롭히기 위해 온갖 상상력을 동원하고, 청각장애우 소년에게서 자연의 경이를 배우는 그의 이야기는 마음을 따뜻하게 해주며, 폭소를 터뜨리게 한다.

우리 곁에 존재하는 창조인간

그렇다면 창조라는 의미에 대해서 생각해보자. 현대인들은 단순하고 짧은 문자와 문장에 익숙하다. 달리 말하면 호흡이 길거나 반복되는 텍스트에 대한 인내력이 부족하다는 의미이다. 이러한 배경에는 미디어라는 소통수단이 지대한 영향을 미쳤다는 점을 고려해야 한다. 미디어는 산업사회에서 정보화사회로 이동하는 과정에서 교량역할을 수행했던 존재이다.

미디어매체의 발달로 인해 우리는 정보의 쓰나미에 빠져 있다. 멀리 갈 필요도 없다. 늘 쥐고 있는 스마트폰만 열어 보면 자극적인 사건과 기사들이 넘친다. 미디어형 인간은 어떤 사건·사고에도 쉽게 싫증을 내며 작은 자극에는 반응조차 하지 않는다. 살인사건이 일어난다 해도 마치 영화처럼 스토리텔링에 먼저 시선이 간다. 줄거리가 없는 사건은 뉴스에서 좀처럼 취급하지 않는다. 시청률에 전혀 도움이 안 되기 때문이다.

창조라는 의미는 쉽게 정의할 수 없는 용어이다. 네이버 국어사전을 검색해보면 창조는 3가지 의미로 좁혀진다. 첫째는 '전에 없었던 것을 처음으로 만든다.'라는 의미이다. 문명은 답습과 반복 그리고 따라 하기의 소산이다. 순수한 의미의 창조란 태초에 인간세계가 만들어지기 직전에 존재한다는 종교적인 의미로 정의할 수도 있다. 하지만 여기에서는 인간세계에서 구현할 수 있는 창조의 의미로 제한하기로 한다. 창조의 두 번째 의미는 신이 우주 만물을 처음으로 만들었다는 것이다. 천지 창조, 창세기 그리고 생명의 창조 등 과학적이고 종교적 의미의 창조개념이다.

세 번째 창조는 새로운 성과나 업적, 가치 등을 말한다. 이는 가장 미시적 의미의 창조로서, 현실에서 활용 가능한 이미지로 볼 수 있다. 이 책에서 말하는 창조의 의미와 일맥상통하는 부분이다.

다음은 영어로 검색해본 창조이다. 창조는 'creation', 'create', 'creativity', 'make' 등으로 해석할 수 있다. 창조라는 의미가 선천적으로 형성되는 것인지, 후천적 노력으로 완성되는 것인지에 대한 과학적 검증 사례는 없다. 하지만 천재라 불리던 창조인간의 삶에서 과소평가되는 부분은 그들이 보이지 않는 곳에서 분투했던 후천적 노력의 기록들이다.

따라서 역사는 지배자의 기록이 아닌, 민중의 창조활동의 소산이다. 우리는 후천적 노력에 의한 창조의 기회를 놓치지 말아야 한다. 영국 낭만주의 시인 콜리지는 상상력에 대해서 다음과 같이 말했다.

"상상력에는 1차 상상력, 2차 상상력 이렇게 두 가지가 존재한다. 우리는 모두 1차 상상력을 가지고 있다. 이는 사물이나 상황에 대하여 인지하고, 이해하며, 판단할 수 있다는 사실을 의미한다. 하지만 우리가 관찰한 모든 것들에 대하여 새로운 호흡을 불어넣으며 새로운 시각을 첨가함으로써 이를 독자들에게 완전하게 새롭고 놀라운 것, 가슴이 떨리도록 경이로운 무엇인가를 보여줄 수 있게 하는 2차 상상력은 오직 창의력을 가진

작가들만이 완성할 수 있다."

여기서 말하는 작가란 창조적인 작업에 몰두하는 다양한 부류의 창조 인간을 의미한다. 18세기 후반에 활동했던 시인 콜리지의 발언이 정보화 시대로 일컬어지는 현대에서도 적용 가능할 것인가? 그렇지 않다. 우리는 이미 무한 상상력이 요구되는 시대에 살고 있기 때문이다.

내가 사원 시절, 회사에서 맡았던 업무는 지금은 일반화된 신용카드에 교통기능을 결합하는 업무였다. 다음은 2012년도 상반기에 기사화되었던 관련 인터뷰 기사이다. 물론 내가 인터뷰 대상이었다.

"다른 카드사에서도 '되겠냐.'라고 걱정할 정도였죠."

"지금이야 지하철이나 버스 탑승 시 교통카드 기능이 탑재된 신용카드 를 이용하는 것이 당연시되고 있지만 처음 이 아이디어가 제시됐을 때 카 드업계는 다들 '미친 짓'이라고 했다. 하지만 국민카드사는 과감히 개발에 나섰다. 교통·신용카드를 하나로 통합한 '국민패스카드'가 1997년 등장 하자 곧바로 선풍적인 반응을 낳았다. 다른 카드사들은 뒤늦게 뛰어들었 다. 시장을 선점한 국민카드는 향후 10여 년간 국민패스카드의 덕을 톡톡 히 봤다. 1993년 입사 이후 지금까지 카드 신상품 개발을 맡고 있는 이봉 호 상품기획부 상품개발팀장은 패스카드 탄생의 주역이다. (중략)

20년 가까이 신용카드 상품을 개발해온 이 팀장은 '신용카드는 유행 상품'이라고 말했다. 은행 등 다른 금융상품이 정부시책 등에 상당히 제 한되는 반면 신용카드는 훨씬 유연하다는 것이다. 그는 '신용카드는 금융상품이지만 제조업의 특징을 갖고 있어 상품개발부터 마케팅까지 다른 금융상품과는 다르다.'라고 말했다." [헤럴드경제=하남현 기자] 2012년 04월 06일

1990년대 초반 서울에는 신용카드와 별개로 플라스틱 충전형 교통카드가 한 지붕 두 가족으로 존재했다. 시민들은 별개의 교통카드를 소지하는 것이 일반화되어 있었다. 또한 어떤 신용카드회사도 신용카드에 교통카드 기능을 혼합한다는 시도에 관심을 두지 않았다. 무관심의 가장 큰 이유는 고액결제용 또는 후불결제용 수단인 신용카드에 수수료 이익이 크지 않은 교통기능을 추가하는 것이 신용카드회사의 수익에 도움이 되지 않는다는 것이었다.

회사에서는 여기에서부터 역발상을 시작한다. 교통수단 그 이상의 무엇이 있지 않을까, 하는 고민에서부터 역발상이 가동된 것이다. 한 달을 꼬박 써봐야 하루 치 술값 정도에 불과한 대중교통 결제비용 이상의 무엇이 존재하지 않을까, 라는 고민의 연속이었다.

결과는 의외로 단순했다. 시민들의 편의제공에서부터 출발해보자는 새로운 아이디어가 등장했다. 이는 교통기능을 추가하여 신용카드회사가 얻는 수수료 수익과는 전혀 거리가 먼, 고객의 지갑에 반드시 있어야 하는 일반 플라스틱 교통카드를 한 장의 신용카드에서 통합하여 구현해보자는 결론을 끌어낸 것이다. 종국에는 카드업계 최초로 교통기능이 탑재된 카드상품으로 발전시키자는 의견이 도출되었다.

개발에 따른 어려움은 한둘이 아니었다. 교통카드 개발업체와 제휴하는 과정에서 산적한 업무들과 수도권 교통기관과 해결해야 하는 일들, 그

214

리고 교통카드 개발업체와의 형평성, 회사 내부에서의 반대 여론 등 고려해야 하는 문제점들이 상상을 초월했다. 하지만 우리는 해냈다. 3년 만에 특허청으로부터 '신용카드에 교통카드 기능을 융합한다.'라는 발명특허를 얻어낸 것이다. 회사는 독점적인 교통신용카드 사용권을 얻어냈으며, 이로 인해 수도권에서는 경쟁사보다 높은 신용카드 발급율을 이끌어 냈다. 동시에 수도권지역 신용카드 이용금액의 상승세가 이어졌다.

소개한 교통카드 이야기는 창조적 직업과 그렇지 않은 직업의 구분 자체가 모호해진 작금의 상황을 설명하는 사례이다. 창조의 가능성은 우리의 모든 일상 속에 숨어 있다. 근대시대처럼, 오로지 노력과 성실성만으로 원하는 결과물을 얻어내기에는 역부족이다. 바야흐로 빛의 속도로 돌아가는 세상이다. 이제는 한 가지 창조적 능력만으로 미래를 설계하기에는 충분치 않다. 이른바 통섭의 시대가 도래한 것이다. 통섭의 과정에서 창조 인간의 출현은 명약관화이다.

프랑스 철학자인 데카르트는 "나는 생각한다. 고로 존재한다."라는 명언을 통해서 세상에는 절대적이고 객관적인 진리가 존재한다고 말했다. 그리고 인간만이 그러한 이성을 지니고 있다고 주장했다. 인간과 동물의 구분점에는 이성을 포함한 합리적 사유의 능력이 인간에게 존재한다는 측면에서 동물과 근본적인 차이가 있다는 의미이다.

그렇다면 '서양철학에서 주장했던 합리주의가 인류에게 오로지 발전적 동인으로만 작용했는가?'라는 의문이 남는다. 여기에서 역사적인 접근방법을 접목해보자. 서양에서는 합리주의의 출발점을 인간과 동물의 기능적 차이 정도로 해석하지 않았다. 그들은 역사의 주역을 서양인과 서양 문화 중심으로 구분하는 오류를 범하고 있었다. 이는 서구 합리주의만이 우월적 가치를 지닌다는 문화제국주의적 관점을 보여주는 것이다. 당시 상상력이란 발명가나 특정 창조 집단에게만 수여된 신비롭고 특수한 문화적 산물이었다.

창조적 상상력의 중요성은 시간이 흐를수록 커지고 있다. 미디어 자본 계급인 스티브 잡스는 인문학의 중요성을 재차 강조한 바 있다.

인문학이란 무엇인가? 이는 문학, 철학, 역사를 통해서 우리가 익히 알고 있는 것들을 비판적 지성으로 접근하는 학문이다. 조금 더 나아가서 학문의 출발점과 종착점을 인간, 즉 휴머니즘과 관련한 모든 가치에 두고 이를 둘러싼 방해요소인 자본, 권력, 무력으로부터 보호하는데 무게를 두는 학문이다.

'익숙한 것들을 다시 바라보기', '일상에서의 탈출'이란 창조인간으로 가는 과정에서 겪어야 하는 일종의 통과의례이다. 작은 습관이 모여 큰 결과물을 낳는다. 의식주가 뿌리째 흔들릴 만큼의 근본적인 변화를 추구하기에는 녹록지 않은 세상이다. 하지만 일상의 작은 부분에서부터의 창조혁명은 누구나 쉽게 실행에 옮길 수 있다. 기억하자. 창조인간의 마지노 선은 바로 지금, 토요일 저녁이다.

페덱스의 교훈

1970년대에 있었던 사건 하나를 소개한다. 사건의 무대는 미국의 대학. 주인공은 경영학과의 남학생. 그는 비행기를 이용한 우편물 이송사업과 관련된 보고서를 학과교수에게 제출한다. 채점결과는 D 학점. 담당교수는 학생의 사업계획보고서를 생각해볼 가치도 없는 것으로 평가절하한다. 당시 비행기란 운송수단은 특정계급만 이용 가능한 호사스러운 교통수단이었다. 따라서 고액의 비용을 지급하고 일반 우편물을 항공기로 운송한다는 발상은 공상과학영화 수준의 그것이었다.

하지만 이 사업계획보고서를 작성했던 학생은 수년간 꾸준한 시장조사와 준비 끝에 회사를 창립한다. 이 회사가 현재 세계적 운송 체인망을 갖춘 기업인 페덱스(www.fedex.com)이다. 이처럼 창조는 문화예술 장르에만 적용 가능한 담론이 아니다. 또한, 창조적 결과물은 시대를 앞서 간다. 일반화의 오류에 쉽게 빠지지 않는 부류가 창조인간이다.

『나는 야한 여자가 좋다』라는 책으로 엄숙주의에 빠져 있던 한국사회를 뒤집어 놓은 마광수 교수는 시대를 앞서 간 창조인간이다. 만약 그의 저서가 최근에 발행되었다면 시장의 반응은 어떠했을까? 여성 상위시대, 성개방 풍조, 검열기능의 완화를 거친 한국 도서시장의 반응은 당시만큼 폭발적이지 않을 것이다.

마광수 교수가 누구인가? 시인 윤동주 연구에서 국내 최고라고 인정받는 인물이며, 불과 28세의 나이에 H 대학교 국어국문학과 정교수로 임명되었으며, 1977년 '현대문학'에서 시 6편이 추천되어 정식등단을 했으며, 1992년 소설 『즐거운 사라』 필화사건으로 해직의 아픔을 겪은 인물이다. 그는 자신의 저서 『마광시즘』에서 창조의 중요성을 다음과 같이 언급한다.

"상상력만 한 정력제가 이 세상 어디에 있을까? 인삼, 녹용보다, 아니 비아그라보다 더 큰 기능을 발휘하는 것이 바로 야한 상상이다. 그러므로 상상을 처벌해서는 안 된다. 음란한 상상에 자유로울수록 성범죄는 줄어든다. 이것은 1967년 이후 일체의 포르노를 개방한 북구의 여러 나라에서 실제로 나타난 현상이다. 우리도 빨리 상상을 법적 폭력으로부터 해방해야 한다."

마광수 교수가 말하는 상상력의 근원은 성적에너지에서부터 출발한다. 유교적 전통의 부정적인 요소만 진액으로 모아놓은 한국에서는 체면과 겉치레로 치장한 엄숙주의가 득세 중이다. 따라서 한국 대중문화에서 섹스와 관련된 용어나 표현은 현재까지도 엄격한 제한을 받는다.

『차탈레이 부인의 사랑』, 『로리타』 등 외국 출신 작가의 성애 관련 출판물에 대해서는 관용적인 태도를 보이면서도 장정일 작가나 마광수 작가 등 국내 창조집단에 대해서는 가차 없이 채찍을 휘두르는 한국의 문화사대주의(문학작품을 이유로 작가를 구속한 사건 또한 세계적으로 사례를 찾기가 쉽지 않다.) 현상을 보아서도 알 수 있다.

이러한 시류를 타고 지하로 숨어 들어간 성문화는 차탈레이 부인이나 로리타처럼 쉽사리 밖으로 뛰쳐나올 수가 없다. 배출구가 꽉 막힌 차단사회에서는 기형적인 성범죄와 섹스 산업이 음성적으로 활개를 친다. 인간이란 본능을 거세당하기 시작하면 오히려 변형된 형태로 자신의 욕망을 쏟아낼 수밖에 없는 존재이다. 표현의 자유를 추구하는 사람들은 상상력의 보고를 차단당하는 부작용을 낳는다. 창조적 기능이 제한된 사회에서는 객관식 형태의 선택지적 판단기능만이 득세한다. 모두가 똑같은 제복을 껴입고 똑같은 사고와 똑같은 일상을 유지하는 것은 군대조직에서나 가능한 일이다.

사람이란 속내로 들어갈수록 겉으로는 보이지 않는 차이가 나타나기 마련이다. 인간의 감정선이 하루에 수십 번 바뀐다는 사실은 누구도 부정할 수 없다. 조종하는 부류와 조종당하는 부류와의 심리적 거리감이 멀수록 창조인간으로서의 가능성은 희박해진다.

생전에 단 한 편의 작품만을 미술시장에서 판매하고 세상을 떠난 화가 빈센트 반 고흐. 미술애호가들은 상상을 초월하는 금액에 거래되는 그의 작품을 복제물과 책 그리고 미디어를 통해 감상하면서 작가의 불행했던 삶을 상상한다. 하지만 창조인간의 삶을 살았던 고흐의 인생을 단순히 불행과 병치시킬 수만은 없다.

국가별 행복지수가 천차만별이듯이, 자본의 소유 여부와 계급의 고저를 막론하고 사람들이 받아들이는 행복지수는 개인별로 커다란 차이가 있다. 반복적 삶에 익숙한 이들의 인생에서 미래의 행복을 담보하기란 쉽지 않다. 오늘과 다르지 않은 내일, 달라질 것이 없는 기계적인 일상은 창조적 사고의 동맥경화를 일으킨다.

냉전시대 러시아의 정치범 감옥에서 시도했던 고문 중 하나가 오후 시간이 되면 죄수에게 벽돌을 수백 번씩 반복적으로 나르게 하는, 그것도 같은 코스를 무한 반복하게 하는 강제노역이었다. 결국, 일부 정치인은 고문을 이기지 못해 정신병에 걸리는 사례가 빈번했다고 한다. 이렇듯이 사람의 감각기관과 정신은 늘 변화를 추구하기 마련이다.

변화를 포기한 삶이란 감옥에서 행해지는 고문과 다름없다. 그렇다면 원하는 삶을 내려놓고, 경제적인 이유로 원치 않은 삶을 살아야만 하는 이들은 어떻게 할 것인가? 라는 물음에 직면한다. 두 가지 모두 선택 가능한 삶이다. 고흐처럼 가난과 친구처럼 지내면서 자신이 원하는 삶을 살아가는 방법도, 가난의 무게를 이기지 못하고 미술활동과는 거리가 먼 직업을 택할 수도 있다. 중요한 것은 '창조의 가능성을 배제하지 말자.'라는 것이다.

문제는 창조적 삶을 지탱할 수 있는 맷집이다. 반짝하는 아이디어 몇 개만으로 길고 험난한 인생을 감당할 수는 없다. 남들처럼 평범하게 살려 해도 어렵고 무거운 일들이 산적해 있다. 하지만 인간은 의식주를 해결하고 나면 인정욕구로 위치이동을 하는 생명체이다. 차별화에 실패하는 순간, 창조기능은 동작을 멈춘다.

다음은 건축가이자 정치가였던 벤담의 팬옵티콘(Panopticon)에 대해서 이야기해보자. 그림을 보면 중앙에 죄수들을 감시할 수 있는 원형 건물이 보인다. 건물 바깥 부분에 원형으로 둘러싸인 죄수들의 숙소는 24시간 내내 가운데 감시를 받는 구조로 설계되어 있다.

프랑스의 철학자 미셸 푸코는 자신의 저서 『감시와 처벌』을 통해서 팬옵티콘 감옥을 현대정보사회와 비교하고 있다.

팬옵티콘 이론은 신체적 강압을 요구하던 과거와는 달리 현대사회에서는 시민들의 일거수일투족을 더욱 세밀하게 감시하고 조정함으로써 요람에서 무덤까지 자유의지를 억압받는 방식의 감시와 처벌체제가 강화된다는 이론이다.

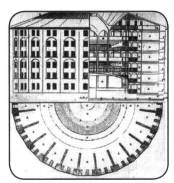

▲ 영국의 공리주의자 제레미 벤덤이 1791년에 죄수들을 효율적으로 감시하기 위해 설계했던 건축물인 팬옵티콘

현대인에게 주어진 자유는 오히려 신체적 자유를 담보한 정신적 자유의 박탈이라고 푸코는 주장한다. 아침에 일어나면 미디어매체를 통해 쏟아지는 가십성 뉴스가 하루의 시작을 알린다. 일터에서 요구하는 수많은 요구사항을 해결하고 나면 오후 시간이 찾아온다. 다시 기운을 내서 어쩔 수 없이 업무상 만나야 하는 사람들과 SNS를 통해서 소통한다. 아는 사람들은 늘어나지만 만남의 강도는 점점 얕아진다. 수많은 뉴스거리와 문자와 영상을 접하지만, 하루를 마감하고 나면 머릿속에 남는 것은 차가운 공허감뿐이다.

이렇게 자유의지가 박탈된 삶을 영위해야만 하는지, 자문해보자. 폭주 기관차처럼 정신없이 달려온 일주일을 정리하고 생각할 시간이 필요하지 않을까? 토요일 하루, 단 10분 아니 3분의 시간이라도 좋다. 심호흡을 깊게 하면서 천천히 눈을 감아 보자.

반복적으로 떠오르는 이미지들은 과감하게 제거하자. 스스로 상상할 수 있는 종착역이 어디인지, 어떤 생각을 하고 살고 있는지 정리의 시간을 가져야 한다. 정리가 안 되면 안 된 상태 그대로 눈을 떠 보자.

　다음 주에 시도하는 정리의 시간은 처음과는 사뭇 다를 것이다. 일주일 전에 눈을 감은 채 떠올렸던 잡다한 영상들은 이미 사라졌다. 비우고 시작해야 한다. 앞서 간다고 아니면 뒤처진다고 불안해하지도 말자. 사람들의 시선에 종속되지도 말자. 시작은 이제부터다. 창조인간의 토요일 밤은 다음 장에 소개되는 '죽도록 즐기기'로 마무리하도록 한다.

죽도록 즐기기

본격적인 비우기 훈련은 마지막 장에서 소개하도록 한다. 아직 토요일 밤이 남아 있다. 죽도록 즐기기에 부족하지 않은 시간이다. 그럼, 무엇을 해야 할까? 이번 장에서는 미국의 포스트모던 작가이자 인본주의자인 닐 포스트먼을 소개하고자 한다. 사회비평가이기도 한 그는 미디어의 폐해에 대한 경각심을 갖어야 한다고 주장한다.

'시청자가 TV 채널을 자유롭게 선택할 수 있기 때문에, 텔레비전에서는 시간을 분초로 나누어 팔고, 말보다는 이미지를 우선시한다. 또한 프로그램을 8분 단위로 구성해서 사건 자체를 완결시킬 수 있게 편성한다. 그렇기 때문에 다른 뉴스로 넘어갈 때, 시청자는 사건에 대해 더 깊게 생각할 여유도 필요도 없어진다.'라고 닐 포스트먼은 그의 저서 『죽도록 즐기기』를 통해서 말한다.

그는 텔레비전 방송의 무의미함과 소모적 시청을 조장하는 미디어산업의 자본화를 지적하고 있다. 그렇다면 작금의 시대에는 무엇이 텔레비전을 대체하고 있는가? 바로 스마트폰이다. 지하철을 타도, 술집에서도, 길을 걸으면서도 사람들은 약속이나 한 듯이 스마트폰에 시선을 집중한다.

지식산업의 중요성은 이미 십 여년 전부터 많은 학자가 지적했던 부분이다. 21세기 정보화의 역할을 누가 하고 있는가? 바로 종합 미디어매체로 각광받는 스마트폰이 역할의 주인공이다. 문제는 스마트폰의 노예가 되어버린 현대인의 슬픈 초상이다.

우리는 스마트폰에서 제공하는 미디어매체의 결과물을 죽도록 즐기고 있는가? 아니면 텔레비전보다 더욱 정신적인 파괴력이 강한, 언제 어디서나 즐길 수 있는 스마트폰과 행복한 미래를 설계 중인가? 아무리 생각해봐도 이건 아니다. 생태계를 파괴하는 황소개구리는 자연 속에서만 존재하지 않는다.

우리가 거실에서 수많은 시간을 투자했던 텔레비전 매체는 1960년대 컬러화를 통해서 안방극장이라는 호칭과 함께 수십 년간 호사스러운 지위를 누려 왔다.

텔레비전의 역할은 실로 다양하다. 정치가들의 이론과 주장을 관철하기 위한 홍보수단일 수도 있고, 극장에서 상영했던 영화를 케이블 채널을 통해서 저렴하게 관람할 수도 있다. 스포츠에 몰두한 이들에게는 현장감은 떨어지지만, 하루 반나절을 보내기에 그만이다.

한편 텔레비전은 소비시대를 이끌어 가는 대기업의 광고무대이기도 하다. 시청자의 선택권과는 관계없이 30분이 멀다하고 수많은 광고가 쏟아져 나온다. 현대인들은 텔레비전 영상을 통한 광고세례에 노출되어 있다. 그것도 부족하여 홈쇼핑에서는 '정말 이래도 안 살래?'에 가까운 선착순 할인판매를 무한 반복 중이다.

여건상 텔레비전 홈쇼핑을 이용할 수밖에 없는 이들은 예외로 하자. 채널을 돌리는 순간마다 광고의 유혹은 마치 사이렌(아름다운 노랫소리로 뱃사람들을 유혹하여 배를 난파시키던, 그리스 신화에 등장하는 마녀의 이름)처럼 우리를 유혹한다.

걸프전을 기억하는가? 걸프전 때 전자오락에 가까운 영상을 무차별적으로 세계 미디어에 제공했던 국가가 바로 미국이다. 미국정부는 걸프전 이후 이라크 침략전쟁을 합리화했는데 이에 동조했던 미국언론에 대해서 말할 차례이다.

당시 텔레비전 뉴스 영상에는 미군의 미사일 폭격에 다리가 잘리고, 머리에서 피를 흘리고, 내장을 쏟아내는 이라크 시민들의 영상은 눈을 씻고도 찾아볼 수 없었다. 이라크에 거주했던 시민이라면 매일같이 길에서 목격하는 사건들을 미국 방송에서는 철저히 감추고 있었다. 이유는 단 하나이다. 미국발 이라크 침략전쟁을 비난하는 세계의 여론이 두려웠기 때문이다.

미국산 비행기들이 벌떼처럼 날아가는 텔레비전 영상과 이라크 폭격 영상을 전자게임화시켜 방영하는 미국정부의 기법은 놀라울 정도였다. 작가 닐 포스트먼의 이론에 적극 공감했던 그룹 '핑크 프로이드' 리더였던 로저 워터스는 1992년 음반 〈AMUSED TO DEATH〉를 발표한다.

음반 디자인을 보면, 자신의 눈동자를 응시하고 있는 원숭이가 오른쪽에 등장한다. 원숭이는 미디어의 홍수 속에서 비판적 사고의 기능을 상실한 인간을 희화화한 것이다.

오른쪽의 텔레비전은 이라크전을 방송 중인 미국 보수 미디어매체를 풍자하고 있다. 원숭이는 텔레비전에 비친 자신의 모습은 전혀 인지하지 못한 채, 텔레비전에서 외치는 전쟁의 당위성에만 몰두하고 있다.

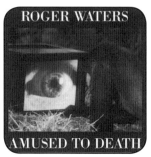

▲ 로저 워터스의 세 번째 솔로앨범
〈AMUSED TO DEATH〉

반전을 주제로 한 음반 〈AMUSED TO DEATH〉에서 로저 워터스는 평화와 자유의 가치를 노래하고 있다. 음악가 로저 워터스는 음반 디자인의 아이디어를 이라크 침략전쟁과 닐 포스트먼의 저서 『죽도록 즐기기』에서 얻었다고 언론과의 인터뷰에서 말한다.

우리가 즐기고 있는 것들에 대해서 생각해보자. 과연 죽도록 즐기기에 아깝지 않은 시간을 투자하고 있는지 고민해볼 필요가 있지 않을까? 고민에 대한 정답은 '창조와 함께 즐기기'이다. 반복되는 자극에 익숙해지지 말자. 창조적 경험을 위한 시간은 우리 앞에 충분하게 펼쳐져 있다. 우리에게 중요한 과제는 '어떤 실천을 하느냐.'이다.

'고독은 외로움 속에서 나온다. 그런데 외롭지 않으려고 하기 때문에 고독할 수 있는 기회를 놓쳐버리고는 한다. 현실이 몰고 온 무게는 혼자서 고독을 누리거나 사색하는 방법을 잃어버리게 한 주범이다. 고독과 외로움은 우리를 집중하게 하고, 신중하게 하고, 반성하게 하며, 창조할 수 있게 한다. 게다가 서로 소통하는 수많은 기회를 가져다준다. 고독하지 않으면 삶의 의미와 가치조차 느끼지 못할 수도 있다.'라고 지그문트 바우만은 말한다. 폴란드 출신의 사회학자인 그는 저서『고독을 잃어버린 시간』을 통해서 우리는 무엇인가에 끊임없이 연결된 세상에 살지만, 외로움과 고독을 놓치고 있다고 이야기한다.

자신과 연결된 수백 명의 페이스북 친구들이 있어서 삶이 충만하고 만족스러운가? 언제든지 당신과 소통할 수 있는, 고장 난 태엽처럼 '좋아요.'를 외치는 이들만으로 충분한가? 우리가 죽도록 즐길 만한 수단으로서, 창조인간으로 변신하기 위한 도구로서, 미디어매체는 최적의 수단인가? 라는 물음과 함께 창조인간의 토요일은 마무리를 향해 달려간다.

누구에게나 공평하게 주어진 토요일을 마음껏 즐겨 보자. 외투 속에 꼭꼭 감추어 둔 상상력을 총동원해보자. 색다른 휴식의 방법을 찾아보자. 제발 텔레비전 채널 돌리기에 에너지를 방출하지 말자. 토요일 24시간이라도 좋다. 자신을 조종하던 미디어매체와 조건부 이별을 고해보자. 그다음은?

미술창작에 관심이 있는 사람이라면 스케치북과 데생 연필 정도만 있으면 충분하다. 완성한 그림이 마음에 들지 않더라도 걱정할 필요가 없다. 다음 작품은 완성도가 한 단계 더 높아질 테니까.

집에 있기가 갑갑하면 가보지 않았던 길을 최소한 한 시간 정도 무작정 걸어 보자. 새로운 간판들과 가게를 구경하면서 떠오르는 이미지들을 정리해볼 수 있는 기회이다. 가급적이면 빠른 걸음이 좋다.

부디 무의미한 토요일을 보낸 뒤, 후회하는 일은 없도록 하자. 그대는 미성년자에서 성인으로 넘어가는 루비콘강을 넘었다. 성인이란 자신의 삶을 자신 스스로 설계할 수 있는 주체이자 기회의 주인공이다. 오후만 있던 토요일은 당신의 삶에 더는 존재하지 않는다. 오전부터 잠자리에 들기까지 죽도록 즐길 수 있는 토요일이 그대 앞에 놓여 있다.

영화 〈바람과 함께 사라지다〉에서 여주인공 스칼릿 오하라는 붉은 노을이 깔린 대지 위에 우뚝 서서 "After All Tomorrow Is Another Day.(내일은 내일의 태양이 떠오른다.)"라는 명대사를 남긴다.

▲ 영화 〈바람과 함께 사라지다〉

이는 어떤 삶이든 간에 포기하지 않고, 다시 시작하겠다는 인간의 강인함을 보여 주는 대목이다.

그대 스스로가 스칼릿 오하라가 될 자신이 생겼는가? 그렇다면 그대는 일요일을 맞이할 준비를 마쳤다는 의미이다. 이제 일요일이다.

제7요일

일요일
창조인간의 완성

좋은 예술이나 위대한 예술이 자신이 다루는 주제에 관해 특정한 생각을 갖도록 요청하는 것
이 곧 그 생각이 반드시 진실이며 옳고 적절하기에 그렇게 한다는 것은 아니다. 그저 주제에 대
한 생각과 반응을 불러일으키는 정도를 목표로 삼는 작품도 있고, 그런 주제를 지각하거나 받아
들이는 방식들로 어떤 것이 가능한가를 우리에게 보여주려는 작품도 있다. _메튜 키이란 (철학자)

제7요일에 만나는 문화콘텐츠

참고문헌(참고 문화콘텐츠)

도서 「대중문화란 무엇인가」 존 스토리 저, 태학사, 2003년
도서 「대중문화의 이해」 존 피스크 저, 경문사, 1989년
도서 「인생 따위 엿이나 먹어라」 마루야마 겐지 저, 바다출판사, 2013년
도서 「하버드대학의 공부벌레들」 존 제이 오스본 JR 저, 황금나침반, 2007년
영화 〈하버드대학의 공부벌레들〉 티모시 허튼 주연, 1973년
음반 〈Revolver〉 그룹 비틀스, 1979년
음반 〈Sgt. Pepper's Lonely Hearts Club Band〉 그룹 비틀스, 1975년

닭이 먼저냐 달걀이 먼저냐

초등학교 시절, 내가 원하는 미래의 직업은 '과학자'였다. 조금 더 구체적으로 말하면 만화영화에 등장하는 태권 브이류의 초합금 로봇을 척척 만들어내는 과학자가 되는 게 내 꿈이었다. 따라서 내 꿈은 과학자였다. 직업이 꿈이 되어버린 세상. 직업이 사라지면 꿈도 사라져야만 하는 무채색의 세상에 대해서 알지 못한 채 나는 늘 미래의 직업을 내 꿈과 동일시하는 착각 속에서 살았다.

중학교에 진학하자 나는 물상과목을 공부해야 했다. 물상, 이놈의 과목은 사춘기 시절 내게 느닷없이 찾아온 천덕꾸러기였다. 다른 과목에 비해서 성적이 늘 하위권에서 맴도는 골칫거리 과목이 물상이었다. 수업시간에 물상 선생님이 건네는 말소리는 공기를 통해서 전염되는 맹독성 수면가스였다. 아무리 읽어 보아도 이해가 가지 않는 암구호들로 똘똘 뭉친 과목이 물상이었다.

　내가 좋아하는 미술이나 역사과목이라면 모를까, 도대체 왜 학교에서 10개가 넘은 과목을 무조건 암기해야 하는지 이해할 수가 없었다. 그중에서도 물상은 공부에 대한 본능적 거부감을 불러일으키는 호환마마와 같은 존재였다. 이 과정에서 초등학교 시절 꿈꿔왔던 과학자라는 직업 또한 슬그머니 나의 뇌리에서 사라졌다.

이후 대학에 입학할 때까지 내가 원하는 직업은 없었다. 하루하루 이런 저런 공상으로 시간을 보내는 것이 고등학생 시절의 내 일상이었다. 생각해보면 꿈에 대한 부채감이 사라진, 어찌 보면 속 편한 세월이 아니었나 싶다. 물상에 대한 트라우마 때문일까? 요즘도 흰색 가운을 걸치고 화학약품병을 만지작거리는 이들을 볼 때면 다른 나라에서 사는 사람처럼 느껴진다.

그렇다면 직업을 제거한 내 꿈은 무엇일까? 아마도 상상에너지가 바닥나지 않는 세상에서 마음껏 살아 보는 것이 아닐까 싶다. 상상에너지가 고갈된 세상은 정신의 죽음을 의미한다. 상상에너지는 마치 인공호흡기와도 같은 존재이다. 깊은 심호흡을 반복하는 자들에게만 상상에너지는 온기 있는 손길을 내민다. 자신 스스로 세상이 만들어낸 틀 속에 안주하려는 순간, 상상에너지는 그대에게서 등을 돌릴 것이다.

내 초등학교 시절의 꿈이 과학자였던 관계로 존경하는 인물을 꼽을 때는 늘 에디슨이 첫 번째였다. 발명의 왕 에디슨, 과학자 에디슨, 천재 에디슨, 공부 잘하는 에디슨. 나는 무에서 유를 창조하는 흑마술사 같은 존재가 에디슨이라고 생각했다. 비록 에디슨을 만나본 적은 없지만 '멋진 콧수염을 늘어뜨린 채 허스키한 목소리로 올드 맨 리버(Old Man River, 미국 민요)를 흥얼거리며 연구실에서 하루를 보내는 인물이 에디슨이 아닐까?'라고 상상하고는 했다.

에디슨은 가정형편이 여의치 않아서 초등학교를 마치지 못했다고 한다. 대신 그의 어머니가 에디슨의 교육을 담당했다. 대학진학률이 80%가

훌쩍 넘는 한국의 현실에서 볼 때, 에디슨의 사례는 천지가 개벽하고도 남을 만한 사건이다. 에디슨은 어린 시절, 신문팔이와 과자팔이로 생활비를 벌면서도 발명에 대한 꿈을 내려놓지 않았다.

에디슨이 평생 신청한 발명특허만도 1,000건이 넘는다. 50년을 기준으로 했을 때 1년에 무려 20개가 넘는 발명품을 쏟아낸 셈이다. 창조인간 에디슨, 그는 다음과 같은 발언을 통해서 미국의 대학교육 시스템을 지탄했다.

"현재의 학교 교육시스템은 학생들의 두뇌를 하나의 틀에 맞추어만 가고 있다. 학교는 학생들의 독창적인 사고를 길러 내지 못한다. 학생들에게 중요한 것은 어디에서인가 무엇이 만들어지고 있는 과정을 지켜보는 일이다."

에디슨이 남긴 가장 유명한 말은 '천재란 99%가 땀이며, 나머지 1%가 영감이다.'이다. 사회에서 정해놓은 테두리 속에서 교육을 받지 못한 에디슨에게는 자신 스스로 창조한 교육방식을 고수해야만 했다. 그에게 천재성이라는 단어는 꾸준한 노력과 연습이 뒷받침되지 않는다면 하루아침에 사라져버릴 일회성 용어였다.

나는 불과 10여 년 전까지만 해도 대중문화의 대표상품인 영화의 발명가가 에디슨이라고 알고 있었다. 아니, 그렇다고 학교에서 배웠다. 패권주의 국가인 미국의 문화침투력을 고려할 때, 세계 영화시장을 움켜쥐고 있는 미국 출신의 에디슨에게 발명의 영광이 주어지는 것은 당연지사였다.

하지만 19세기의 끝자락이었던 1893년에 키네토스코프(Kinetoscope)를 발명했던 에디슨과 그의 기술자인 윌리엄 로리 딕슨은 대중영화를 염두에 두고 발명품을 만들지는 않았다. 그들은 단지 인간과 현실세계의 움직임을 정상적인 형태로 재현한 기계로서 영사기를 발명했다.

유럽의 대부분 영화사가는 현재까지도 뤼미에르 형제를 진정한 영화의 발명가라고 주장한다. 이유는 뤼미에르 형제가 스크린이라는 장치를 통해서 많은 사람이 함께 즐길 수 있는 문화수단으로 영화시스템을 완성했다는 것이다.

▲ 영화시스템의 창조자 뤼미에르 형제

여기서 창조인간의 정의를 재설명해보자. 에디슨도, 그의 기술자였던 로리 딕슨도, 뤼미에르 형제도, 창조인간의 범주에 해당한다. 영화의 창시자가 에디슨이냐, 뤼미에르 형제냐, 라는 논쟁은 닭이 먼저냐 아니면 달걀이 먼저냐를 따지는 논쟁에 불과하다. 요점은 에디슨과 로리 딕슨이 없었다면 뤼미에르 형제가 완성한 영화시스템도 대중의 곁으로 다가가는 데 있어 더딘 시간이 걸렸을 것이다. 반대로 에디슨과 로디 딕슨 이후, 뤼미에르 형제가 존재하지 않았다면 영화시스템의 구축에 더 많은 시간이 필요했을 것이다.

뤼미에르 형제의 사례와 같이 '처음'이라는 단서가 창조인간에게 필요조건은 아니다. 에디슨의 발명도, 에디슨이 발명한 결과물을 토대로 영화시스템으로 확대 재해석하는 데 성공한 뤼메에르 형제의 발명도, 창조라는 범위에 해당한다. 따라서 창조란 반드시 무에서 유를 만들어내는 온리원(Only One)의 의미로 규정하기에는 범위가 제한적이다. 창조란 우리의 일상에서 자연스럽게 확대 재생산할 수 있는 수많은 소재를 이용하여 다양한 결과물을 만들어내는 과정이다.

특히 우리의 삶을 가꾸고 윤택하게 해주는 대중문화를 통해서 자신이 인지하지 못하던 창조성을 얼마든지 끄집어낼 수 있다는 점을 기억해야 한다. 건강을 위해서 헬스클럽에 등록하고, 부족한 칼슘을 보충하기 위해서 비타민을 복용하듯이, 개개인에게 필요한 창조성은 꾸준한 학습과 경험을 통해서 새롭게 생성해야 한다.

다음 장에서는 대중문화의 의미와 종류 그리고 대중문화가 역사적으로 어떻게 인류에게 전파되었는가에 대해서 살펴보자.

대중문화의 두 얼굴

지금까지 예시로 소개한 대중문화 콘텐츠로는 미술, 음악, 영화, 문학, 인물, 역사, 문화이론 등이 있었다. 하지만 이 책에서 등장한 콘텐츠는 대중문화의 단면일 뿐이다. 대중문화에 대한 정의나 분류는 실로 다양하며 그 범위 또한 엄청나게 방대하다.

우선 대중문화의 정의부터 알아보자. 대중문화에 대한 정확한 이해가 전제되어야만 진정한 창조인간의 완성이 가능하다. 우리는 영화나 텔레비전, 대중가요처럼 미디어를 통해서 대량생산하는 문화를 대중문화라고 인식하고 있다. 그렇다면 대중들이 즐기거나 누리는 문화, 즉 대중문화의 범위에 한국인들이 즐겨하는 민속씨름이나 싸이의 말춤 그리고 소주와 맥주의 오묘한 결합물인 폭탄주를 대중문화라고 말할 수 있을까?

　문화연구학자인 존 스토리는『대중문화란 무엇인가』라는 저서에서 대중문화의 출발점을 18세기 말로 거슬러 올라간다. 그는 18세기 말부터 20세기 초 무렵에 지식인들이 민족주의, 낭만주의, 민속학, 민요 등 다양한 기치 아래 창안한 개념을 대중문화라고 정의하고 있다.

이 과정에서 서구의 대중문화는 신화화된 지방의 민속문화와 산업사회에서 생겨난 도시 노동계급의 군중문화로 이분화한다. 이는 영국에서 발발한 산업혁명을 필두로 18세기 말부터 탄생하기 시작한 도시 노동계급의 출현과 함께 유럽 귀족 중심의 문화로 정리되는 지배문화와 피지배문화가 사라져가는 과정을 함께 이해해야 한다. 전통적 지배관계의 붕괴 과정에서 유럽과 미국의 지식인들은 민중문화에 관심을 두기 시작한다.

존 스토리는 대중문화의 일부분을 차지하고 있는 민속문화의 경우, 대중들이 스스로 만들어낸 문화라기보다는 학자나 출판업자 등 지식인들이 만들어낸 용어라고 언급한다.

다음으로 민속학자 마이클 벨(Michael Bell)은 그의 저서 『미국 대중문화 약사(Concise Histories of American Popular Culture)』에서 어떤 것이 대중적이라는 의미는 절대다수의 가치관에 맞아떨어지게 만들어졌으며, 또한 특별한 지식이나 경험 없이도 많은 사람이 쉽게 이해할 수 있는 것을 말한다고 했다. 결국 대중적이라는 것은 대중에게 즉각적인 반향을 일으킬 수 있을 정도로 호소력을 갖추고 있음을 뜻한다.

한편 문화학자 존 피스크는 『대중문화의 이해』라는 저서를 통해서 대중문화란 언제나 반항 또는 반발을 통해서 형성되며, 지배세력의 몫으로 형성되는 것이 아니므로 대중의 지배적인 문화란 존재하지 않는다고 설명한다.

존 피스크가 말하는 대중문화란 지배집단의 구성원도 언제든지 대중문화에 참여할 수 있으며, 대중이란 이처럼 지배자의 통제 여하에 따라서 저항할 수 없는 무기력한 주체가 아니라는 것이다. 이러한 대중과 지배집단을 구성하는 계급과 문화적 취향이 국가마다 다양하다는 점을 존 피스크는 강조한다.

그렇다면 한국에서 정의하는 문화란 무엇일까? 국어사전에서는 문화를 사회구성원에 대하여 습득, 공유, 전달되는 행동양식이나 생활양식의 총체, 자연상태와 대립하는 것이며 그것을 극복한 언어, 풍습, 도덕, 종교, 학문, 예술 및 각종 제도라고 정의한다. 길고 복잡한 정의이다.

대중문화의 건너편에는 고급문화가 존재한다. 예를 들어서 클래식 음악과 셰익스피어의 문학은 일반적으로 고급문화로 분류할 수 있다. 이러한 이분법적인 문화의 분류는 역사적인 관점에서 다양한 해석의 가능성을 남긴다.

클래식 음악을 예로 들어 보자. 19세기만 해도 클래식 음악은 유럽에서 대중들이 부담 없이 즐길 수 있는 음악이었다. 물론 고전파 시대를 대표하는 작곡가인 모차르트나 바흐의 경우, 종교계급이나 지배층이 요구하는 음악에 집중했던 부분을 차치하고서라도 말이다.

다음으로 문학의 사례이다. 셰익스피어의 작품은 대학교의 문학수업 시간에 가르치는 대표적인 고전문학이다. 하지만 셰익스피어가 문장가로서 활동하던 당시 그의 문학은 서민들이 즐기는 문화에 불과했다. 따라서 대중문화와 고급문화의 분류는 시간적 배경에 따라서 기준을 달리한다.

한편 유럽의 문화이론 학파인 프랑크푸르트학파는 계급이 사회를 지배한다는 마르크스 이론에 뿌리를 둔 마르크스주의자들이 대거 포진하고 있었다. 그들은 대량생산으로 말미암은 산업화의 폐해가 인간성 상실과 문화의 파괴로 이어진다고 비판했다.

이러한 자본주의 비판을 기반으로 한 대중문화 이론에서는 고급과 저급이라는 위계질서하에서 어떠한 실천의 가능성도 담보하지 못한 채 오로지 대중문화가 지닌 소비와 대중 조작적 성격만을 강조했다.

우리는 대중문화에 대한 향유적 의미와 이러한 대중문화를 둘러싼 다양한 문화상품들에 대한 제작의도, 가치관, 유통 및 분배구조 및 대중문화 수용자들의 생활에 파급되는 효과 등에 대해서 두 가지 측면을 발견할 수 있다. 즉, 대중문화를 다양한 의식과 욕구를 지닌 주체들과 사회계층의 이해가 상충하는 의미로서 해석할 때만 대중문화의 진정한 사회적 의미를 해석할 수 있는 시야를 확보할 수 있다. 결국, 이러한 대중문화의 변화과정과 가치체계를 이해한 상황에서 대중문화 콘텐츠를 접해야만 다양한 창조에너지를 얻을 수 있다.

21세기의 대중문화는 계급을 초월한 가치체계로서 존재한다. 이는 기존 가치체계의 해체와 재해석이라는 포스트 모더니즘 시대 이후 새롭게 주목받는 신문화를 의미한다.

예를 들어 팝 아트의 상징적 인물인 앤디 워홀은 대중문화에서 쉽게 접할 수 있는 유명 영화배우, 코카콜라, 캠벨 수프, 정치가, 음악가들을 소재로 차용했던 창조인간이다. 그는 대중문화 코드를 작품화하여 고급예술과 대중예술의 구분 자체를 부정했다. 그에게 예술이란 비즈니스 이상도 이하도 아닌 존재에 불과했다.

물론 예술가로서 앤디 워홀의 존재는 세계 미술사에서 중요한 의미를 지닌다. 발터 벤야민이 말했던 기술복제시대의 도래로 우리는 수십억 원을 호가하는 앤디 워홀의 원작을 구매하지 못한다고 하더라도 서점이나 인터넷, 전시회 등을 통해서 그의 작품을 충분히 접할 수 있다. 이러한 측면에서 대중문화는 꾸준히 고급문화와의 벽을 허무는 중이다. 고급문화로 분류되는 미술작품, 클래식 음악, 재즈, 고전문학 등은 일반대중이 마음먹기에 따라서 얼마든지 향유할 수 있다.

아돌프 히틀러와 베니토 무솔리니가 주도한 파시즘 시대의 대중문화는 이를 조작하여 대중을 선도 또는 이용하려는 프로파간다로 쓰였다. 전시 상황에서 대중의 조건 없는 충성심을 고무하게 하기 위한 선동기구로, 대량생산 시대에 종속된 노동자 계층을 세뇌하기 위한 수단으로서, 고급문화를 향유하는 지배계급과 구별되는 차별적 의미로서, 대중문화는 그 모습을 달리해 왔다.

하지만 21세기 미디어시대에서 정부는 대중문화를 통한 국민의 정치적 선동이나 세뇌는 접근성 면에서 가능성이 과거처럼 크지 않다. 대중은 이제 쌍방향 커뮤니케이션이 가능한 인터넷과 SNS 등을 통해서 단방향 커뮤니케이션이 횡행하던 근대시대보다 정치에 대한 높은 인지력을 보이고 있기 때문이다. 따라서 현대 대중문화의 주체는 이를 조작하려는 지배계급의 영향력에서 벗어난, 대중문화를 능동적으로 소화할 수 있는 창조계급이다.

또한, 대중문화와 순수예술과의 경계를 허무는 과정도 대중문화의 주류화에 한몫하고 있다. 수용자 계층의 기호보다는 창조자의 의도에 무게를 둔 순수예술은 경제적 효용가치를 가지지 못하면 시장에서 잠식될 가능성이 크다. 이는 일반인들의 기호에 맞지 않는 문화상품의 경우, 자본주의 체제하에서 경제적 보상의 가능성이 담보되지 않는 위험을 수반한다는 의미이다. 아쉽게도 순수예술에 대한 문화적 가치를 중요시하는 이들, 즉 창조계급, 수용자계급, 유통계급 중 가장 경제적 부담 없이 이를 즐길 수 있는 계층은 일부 수용자계급에 한정되는 한계가 존재한다.

이처럼 우리는 대중문화의 빛과 그늘에 대한 사전학습으로 대중문화를 다양하게 해석하는 능력을 키울 수 있다. 창조인간의 원천에너지는 대중문화 콘텐츠 속에 숨어 있다.

마루야마 겐지의 일갈

일본문학계에는 세계적인 작가들이 다수 포진하고 있다. 국내 모 출판사에서 천문학적인 선인세를 제시하여 화제에 올랐던 작가 무라카미 하루키. 그는 일본문화에서 벗어난 무국적성을 특징으로 한 소설작품을 신인 시절부터 고수했다. 무라카미 하루키의 소설은 아시아 문화에 익숙하지 않은 유럽 및 미국 등지에서도 커다란 인기를 얻고 있다.

그의 작품 속에는 재즈와 록, 클래식이라는 음악콘텐츠와 함께 다양한 서양문화가 등장한다. 또한 실생활에서 부담 없이 접근이 가능한 문화콘텐츠, 즉 맥주, 마라톤, 야구, 애완동물, 여행 등의 소재들이 의식의 흐름을 지원하는 도구로 사용된다.

인간의 자의식이라는 무거운 주제를 독자와 소통이 가능한 소설적 모티브로 풀어가는 스토리텔링 능력 또한 무라카미 하루키의 빛나는 재능이다. 그는 문장과 문장을 자연스럽게 이어가는 재능이 탁월하다. 한국과 일본 독서시장에서 하루키의 폭발적인 인기는 20년이 지난 현재까지도 변함없이 이어져 오고 있다.

일본의 1세대 유학파인 나쓰메 소세키는 섬세한 인물묘사를 위주로 일

본인의 일상을 소설화한 작품들을
발표한다. 그의 후반기 작품에서는
산업화 과정에서 방황하는 일본 지
식인들의 외로움과 고뇌를 주로 다
루고 있다.

▲ 혼의 작가, 마루야마 겐지

영문학자이자 비평가이며 소설
가로 활동했던 창조인간 나쓰메 소
세키. 그의 작품이 현재까지도 독자들에게 뜨거운 사랑을 받는 가장 큰 이
유는 무엇일까? 이는 1800년대 후반에 쓰인 소설이라고는 보기 힘들 정도
로 등장인물의 심리묘사 능력이 탁월하기 때문이다. 그가 창조한 등장인물
들이 껴안고 있는 자아상실의 문제는 21세기에서도 변함없이 다루어지는
소설의 소재이다.

그 외에도 전위적인 소설 『모래의 여인』으로 천재성을 인정받은 작가
아베 고보, 무라카미 하루키와 함께 일본 대중문학을 이끌어 갔던 작가
무라카미 류, 성에 대한 담론을 소설로 형상화시킨 작가 하나무라 만게츠,
『로마인 이야기』 시리즈로 소설적 스토리텔링 방식을 역사서에 도입한
작가 시오노 나나미, 일본 최고의 문학상인 아쿠타가와상의 주인공 아쿠
타가와 류노스케, 일본 모더니즘 작가이자 노벨문학상 수상자인 작품 『설
국』의 주인공 카와바타 야스나리, 다작작가이자 현실의 아이러니를 소설
로 승화한 작가 오에 겐자부로, 작품 『인간실격』을 통해서 권위와 체제 저
항적 인물을 소설로 완성한 작가 디자이 오사무, 최신작 『나미야 잡화점

의 기적』을 통해서 추리소설 작가에서 순수문학작가로의 변신에 성공한 작가이자 한국에서 영화화되어 화제가 되었던 『용의자 X의 헌신』의 작가 히가시노 게이고, 무라카미 하루키와 함께 국내에 일본 대중문학 돌풍을 일으킨 작가 오쿠다 히데오, 낭만문학의 선도자 요시다 슈이치 등 수많은 일본문학작가들이 창조인간의 반열에 포진해 있다.

이제 작가 마루야마 겐지를 소개할 순서이다. 독서광들의 특징 중 하나는 관심 있는 특정작가의 작품을 모조리 섭렵하는 행위이다. 나 또한 위에 소개한 작가 중 무라카미 하루키와 하나무라 만게츠, 나쓰메 소세키 그리고 마루야마 겐지의 한국어판 서적들을 빠짐없이 읽었다.

마루야마 겐지의 경우, 무라카미 하루키와 나쓰메 소세키에 비해 지명도가 그리 높지는 않다. 소설적 재미를 중심으로 스토리텔링을 거미줄처럼 짜는 방식의 소설과는 거리가 먼 작가가 마루야마 겐지이다.

그의 소설은 마치 한 폭의 일본 진경산수화를 보는 듯한 느낌을 준다. 마루야마 겐지는 서사 위주의 소설이 아닌, 이미지를 텍스트로 변형시키는 수법을 차용하기 때문에 빠른 속도로 진도를 나가기가 어렵다. 하지만 그의 소설작품의 문체는 미학적 측면에서 높은 평가를 받는다.

마루야마 겐지는 일본문학계와의 교류를 과감히 단절하고 산속에서 아내와 함께 소설작품의 인세만으로 생활하는 구도자적 작가의 삶을 살고 있다. 그의 작품에는 자연의 풍광과 인간세계와 분리된 초월적 상상이 묘사되어 있다. 패스트푸드 식품에 중독된 현대인에게 친숙한, 일회성 유희에 대한 유혹에서 멀찌감치 벗어난 작품을 추구한다.

다음으로 마루야마 겐지의 에세이 작품을 살펴보자. 그는 에세이집 『소설가의 각오』를 통해서 글을 쓰는 이의 마음가짐과 태도에 대한 신선한 해석을 하고 있다. 1993년에 완성한 『소설가의 각오』의 속편격인 『인생 따위 엿이나 먹어라』라는 도발적 제목의 에세이를 발표한다. 다음은 작품의 한 구절이다.

"부모의 무책임하고 과도한 애정 때문에 성장이 멈추어 버린 정신을 자신의 자각과 의지로 새롭게 단련하여 부모 없는 인생에 대비하지 않으면 안 된다. 그렇게 하지 않으면 추악하고 비참한 생애를 보내게 될 뿐이다."

마루야마 겐지는 성인이 되어서도 이른바 '어른 애'로 부모 주위에서 기생하는 젊은이들에게 어퍼컷을 날린다. 자신의 인생을 부모와 가족에게 위탁한 상태로 자신이 진정으로 원하는 것이 무엇인지도 모른 채 나이만 들어가는 일본의 신세대들에 대한 지적인 셈이다.

"살수록 인생이란 재미없고, 기대한 만큼은 아니었다고 실망하면서 행복이 멀어짐을 절감한다. 무엇이 옳은지 판단하기 어려워지고 강한 자를 우러르며 우습기 짝이 없는 영웅을 은근히 기다리면서 출퇴근 전철 안에서 죽은 사람 같은 얼굴을 하고 있다. 인생의 절정기는 학교 축제 때뿐이었음을 절감하게 되는 이유는 자유를 스스로 내던졌기 때문이다."

그는 직장인만이 유일하게 안정적인 직업이라고 생각하는 학생세대에게 비판의 칼날을 내민다. 안정된 생활만을 위해서 아무런 고민의 과정 없이 직장에 취업하려는 이들을 마루야마 겐지는 별 볼 일 없는 인생을 선택한 자들이라고 비난한다. 안정된 삶이란 곧 변화를 포기한 삶이자 사회에 자신의 일정 부분을 저당 잡힌 노예의 삶이라고 작가는 주장한다.

직장인들은 자신의 모든 것을 쏟아 부은 뒤 회사를 퇴직할 때가 이르러서야 더는 아무것도 다시 시작할 능력이 없는 존재가 자신임을 깨닫는다고 작가는 말한다. 따라서 육체적 기능과 정신적 기능이 최저치에 이른 50대의 나이에 직장을 그만둬야 하는 이들의 인생을 마루야마 겐지는 사회구조에 철저하게 조작된 인생이라고 비판한다.

그는 진정으로 자신이 원하는 자유가 무엇인지, 자신이 원하는 일이 무엇인지에 대한 깊이 있는 고찰을 요구한다. 이는 창조인간으로 가는 길목에서 수없이 만날 수 있는 질문이다.

'남들이 만들어 놓은 울타리 속에서 주인의식을 박탈당한 채 안주할 것인가? 끝없이 펼쳐지는 변화와 모험의 길로 자신의 발걸음을 옮길 것인가?'

창조인간이 가야 하는 길은 주변 사람들이 정성 들여 가꿔 놓은 8차선 포장도로가 아니다. 걷다 보면 발바닥에 심한 통증이 오고, 미로 속에서 수없이 길을 잃고 헤맬 것이다. 그뿐만이 아니다. 안정된 삶을 선택한 자들의 비웃음과 손가락질이 쏟아지는 비포장도로가 창조인간의 시야에 끝없이 펼쳐질 것이다.

그렇다고 중도에 포기할 것인가? 안정된 삶이란 결국 신기루일 뿐이다. 현재의 안정된 삶이 자신의 미래를 영원히 보장하지 않는다. 종국에는 이것도 저것도 아닌 채 나이가 들어 중도에 하차해야 하는 자포자기적 삶이 마치 저승사자처럼 안정적 삶을 추구했던 자신을 기다리고 있을 뿐이다.

창조인간의 삶에 정답은 존재하지 않는다. 하지만 어떤 삶이 창조인간의 삶인지, 우리는 알고 있다. 남들이 쳐 놓은 울타리 속에 무임승차하려는 비굴한 사고는 떨쳐 버리자. 하루하루 의식불명인 상태로 밥 세끼만을 해결하기 위해서 자유의지를 망각하는 삶은 생각하지도 말자.

'시간과의 싸움에서 승리하기 위해 우리를 둘러싼 이런저런 소모적인 습관과는 과감히 이별하자. 선택과 집중의 가치를 잊지 말자. 언제 어디서든지 누구에게나 자신이 진정으로 원하는 것이 무엇인지를 자신 있게 말할 수 있는 용기와 담력을 키우자. 창조인간의 삶에서 겪어야 하는 고통에 의연하게 맞서자. 늘 자신이 원하는 창조인간의 모습을 상상하자. 대중문화 속에 감추어진 다양한 의미와 해석을 자신의 삶에 체화하자.'

개인의 자유를 억압하는 잔인한 사회에서, 아무런 각오도 없이 학생 시절의 연장선에 있는 기분으로 '누군가 어떻게 해주겠지.'하는 나약한 생각으로 무모하고 어리석은 행동을 저지른다면 그 순간 우리의 인생은 무너져 버린다.

마루야마 겐지는 우리가 생애를 다 바쳐도 될 만큼의 목표가 존재한다면 이를 차분히 기다리라고 주장한다. 또한, 말없이 시시각각 목표를 관찰하는 꾸준함을 가지고 있다면 반드시 결과를 이룰 수 있다고 일갈한다. 단 자신이 목표로 하는 대상이 발전과 진보를 멈추지 않고 추구할 만한 심오한 것이어야만 한다고 작가는 말한다.

그는 나이 칠십을 넘긴 시점에서 무정부주의자적인 시각이 드러난 책 『인생 따위 엿이나 먹어라』를 출간한다. 육체적 노쇠기에 접어든 상황에서 창조인간적 삶을 오히려 강화시키는 작가의 빛나는 용기에 뜨거운 박수를 보낸다.

일요일은 노는 날이 아니다

질문 하나. '평생을 놀고먹기만 할 것인가?' 아니면 '평생을 일과 함께할 것인가?'라는 선택지를 받았다면 그대는 어떤 답을 선택하고 싶은가? 당장은 첫 번째 질문에 더 큰 유혹을 느낄 것이다. 누구에게나 일을 한다는 현실은 괴롭고 고단한 순간의 연속이기 때문이다. 좋은 일보다는 힘든 일이 나이를 먹을수록 많아지는 것은 인지상정이다. 참고로 여기서 '논다.'라는 의미는 자신의 정신줄을 방치상태로 내버려둔다는 것이다.

한국인의 평균 근로시간은 세계 상위권에서 맴돌고 있다. 그렇다면 한국인은 그 많은 시간을 오직 일하는 데에만 투자하고 있는 것일까? 한국인의 직장생활에 대해서 살펴보자. 새벽까지 이어지는 회사에서의 술자리, 설사처럼 쏟아지는 상사의 잔소리, 아니면 분위기상 특별히 하는 일은 없더라도 늦은 시간까지 회사에서 체류, 이것으로도 부족해 주말에도 회사에 출근한다.

한심한 일이다. 놀고먹는 인생과는 거리가 먼, 일 중독자의 삶 그 자체이다. 문제는 일하지 않는 자도, 일 중독에서 헤어나지 못하는 자도, 창조인간의 가능성을 포기한 인생을 선택했다는 것이다. 이쯤에서 솔직해지자. 제발 그대는 평생을 일과 함께했다고 변명하지 말았으면 한다. 원하지 않는 술자리와 눈치보기식 야근 그리고 평계용 시간 외 근무는 정신과 육체를 방전상태에 다다르게 하기 마련이다.

자신이 진정으로 원하는 일이라면 어떤 사람의 눈치도 볼 필요가 없다. 직장인이든, 프리랜서든 간에 24시간을 모두 투자해도 아깝지 않을 만한 에너지가 자신의 심장에 내장되어 있어야만 한다. 그렇다면 자신의 에너지를 쏟을 만한 가치가 있는 일이란 무엇일까? 답은 하나이다. 창조적인 일거리가 바로 그것이다. 창조행위는 반드시 자신의 재능과 연관된 일을 결합해야만 한다.

이제는 한 가지 직업만으로 평생을 버티는 시대는 종말을 고했다. 먹고 살기만을 위해서 우리가 이토록 많은 세월을 원하지도 않는 일에 몸과 마음을 바쳐야만 하는가? 그대는 일하는 대가와 자신이 원하는 삶의 간극에 대해서 정말이지 심각하게 고민해본 적이 몇 번이나 있었는가? 그렇다고 지금 자신이 몸담은 직업을 즉흥적인 감정만으로 중단할 수는 없다. 모든 일에는 전략이 필요하다.

월급 타면서 살기에도 만만치 않은 세상이다. 자영업 또한 만만치 않다. 이미 한국의 자영업자 비율은 2013년 기준으로 OECD 국가 중에서 멕시코 다음으로 높은 순위를 기록 중이다. 한국은 일본보다 무려 2배 이상의 자영업자 비율을 기록하고 있으며, 북유럽 국가보다는 거의 3.5배에 달하는 자영업자들이 포진해 있다. 이쯤 되면 한국에서 자영업을 시작해서 수년 내에 망하지 않는 것이 신기할 정도이다.

창조인간은 미래에 대한 일종의 강박증에 빠진 존재이다. 두드리면 열릴 것이라는 명언은 두드리는 자에게만 해당한다. 두드릴 대상에 대한 치밀한 사전준비와, 두드리는 타이밍에 대한 고민과, 두드리는 순간에 필요한 담력과, 두드리고 난 후 자신이 감당해야 하는 미래까지 무려 4단계 과정이 창조인간에게 필요하다.

따라서 월요일부터 금요일까지가 하느님이 만들어 놓은 일하는 시간이라는 개념은 창조인간에게 아무런 의미가 없다. 창조인간에게 가장 소중한 시간은 주말이다. 일요일 24시간은 창조인간에게 가장 의미 있는 요일에 해당한다. 한 달이면 대략 100시간, 일 년이면 1,200시간 그리고 십 년이면 12,000시간에 해당하는 어마어마한 시간이 일요일에 주어진다.

무의식 중에 습관으로 자리 잡은 시간 죽이기 버릇 따위는 폐기하자. 당장은 불편함과 허전함이라는 금단증상이 나타날 것이다. 쫄지 말자. 나쁜 습관이 불러온 작은 유혹에 불과하다.

불필요한 시간을 하나씩 노트에 적어 보자. '습관처럼 새벽까지 술 마시기, 소파에 앉기만 하면 텔레비전 리모컨을 신줏단지 모시듯 쥐고 있는 자신의 모습, 몇 시간을 자도 부족하기만 한 낮잠, 별로 친하지도 않은 지인들과 만나서 노닥거리기, 쇼핑중독, 운동부족인 자신의 신체에 대해서는 무관심하면서 아프기만 하면 침대에서 일어날 줄 모르는 노쇠한 육체, 생각하는 습관과는 오래전에 이별해버린 단순무식한 뇌 구조, 책읽기라면 겁부터 내는 습관, 귀차니즘' 모두가 분리수거 해야 할 불필요한 습관들이다.

일요일은 노는 날이 아니다. 창조인간에게 나태란 없다. 미디어에서 선동문구처럼 외쳐대는 힐링이라는 말은 세상에 존재하지도 않는 신기루일 뿐이다. 10년 넘게 이어져 오는 취업난에 끝이 보이지 않는 경기불황. 개인차원에서의 힐링은 이미 그로기 상태로 접어들었다.

창조인간의 삶을 포기한 이들만이 무한 힐링을 갈구한다. 창조적 삶 자체가 인생의 소중한 활력소라는 점을 기억하자. 일요일은 일주일간의 전장에서 돌아온 창조인간에게 축복과도 같은 날이다. 목적 없이 바쁘게만 끌려다니며 살았던 주일을 반성하면서 일주일간 준비했던 창조적 삶을 마무리하는 날이 일요일이다.

일요일은 절대로, 노는 날이 아니다.

결과물에 대해

미국 최고의 대학을 꼽으라면? 대부분이 하버드대학을 떠올릴 것이다. 저서 『정의란 무엇인가』를 출판하여 한국에서 천문학적인 인세를 챙겼던 마이클 센델 교수는 하버드대학에서 강의 중이다. 영화 〈굿 윌 헌팅〉의 주인공이자 각본을 맡았던 맷 데이먼은 본격적으로 영화배우로 활동하기 위해 하버드대학을 중퇴했다.

석지영 씨는 한국인 최초로 하버드 법학전문대학원의 종신교수로 임명되어 미국대학 진학을 꿈꾸는 이들에게 롤모델이 되고 있다. 자서전 『7막 7장』의 저자이자 제18대 국회의원 홍정욱 씨는 하버드대학에서 동아시아학을 전공했던 인물이다.

　내가 하버드대학에 대해서 무한 매력을 느끼게 된 결정적인 계기는 영화 〈하버드대학의 공부벌레들(원작 The Paper Chase)〉를 통해서였다. 나는 네 가지 버전의 '하버드대학의 공부벌레들'의 콘텐츠를 소장하고 있다. 먼저 텔레비전 드라마로 편성되어 한국에서 〈학창시절〉이라는 제목으로 등장했던 미국판 DVD 시리즈가 그것이다. 둘째로 한국에서 소설로 출판했던 『하버드대학의 공부벌레들』, 셋째로 영어판 소설이 있고, 마지막으로

배우 티모시 허튼과 린제이 와그너가 주연했던
극장용 영화 〈하버드대학의 공부벌레들〉 DVD
가 있다. 이 중에서 가장 감명을 받았던 콘텐츠
는 마지막에 소개한 영화이다.

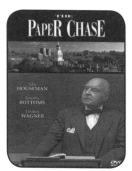

▲ 영화 〈하버드대학의
공부벌레들〉

　영화의 스토리는 다음과 같다. 미네소타 출
신의 주인공 하트는 하버드 법대 로스쿨에 입
학한다. 영화에 등장하는 주요인물은 계약법을
담당하는 킹스필드 교수와 하트를 중심으로 스
터디 그룹을 결정하는 학과동료들이다.

　소크라테스식 문답법, 즉 끊임없이 이어지는 질문과 대답 속에서 해결
점을 찾아가는 변증법 강의를 즐기는 킹스필드 교수는 학생들이 로스쿨
에서 가장 두려워하는 존재이다. 킹스필드 교수의 질문의 범주에서 벗어
난 답변을 하는 학생은 교수의 무차별적인 공세를 각오해야만 한다.

　영화의 핵심은 하트라는 인물이다.
미국사회에서 말하는 소위 로열패밀
리와는 거리가 먼, 시골(미네소타) 출
신의 학생 하트가 쟁쟁한 가문 출신
적자들의 집합소인 하버드 로스쿨에
서 능력 있고 인간적인 학생으로 거듭
나는 과정이 관람의 포인트이다.

▲ 영화 〈하버드대학의 공부벌레들〉의
촬영무대인 로스쿨 강의장 장면

　하트는 자존심으로 똘똘 뭉친 친구들 사이에서 협업과 우정의 중요성

을 몸소 실천한다. 그는 학업에 대한 열정 또한 여타 친구들 못지않게 강하지만 그것을 지식 계급화하여 동료를 무시하는 행위를 하지 않는다. 이를테면 하트는 바람직한 인간성과 지적능력을 두루 갖춘 신화적 인물이다. 그는 이 영화에서 대학이라는 경쟁무대에서 슈퍼맨으로 강림하는 존재로 이미지화되고 있다.

영화에서 가장 인상적인 부분은 기말고사를 치르기 위해 동료와 함께 학교 근처의 호텔에 숙박하는 장면이다. 그들은 3일간 호텔방에 틀어박혀 기본적인 숙식만 유지하면서 공부에 전념한다. 호텔방 벽면 전체를 기말고사와

▲ 호텔방에서 기말고사 준비에
올인하는 하트와 그의 친구

관련한 메모지로 도배하는 장면은 마치 몰입의 고통과 즐거움이 마구 뒤섞인 듯한 희열을 관객에게 선사한다. 나는 H대 대학원 특강에서 학생들에게 다음과 같은 발언을 한 적이 있다.

"여러분은 인생의 가장 행복한 시간을 이 강의실에서 보내고 있습니다. 대학원이라는 곳은 대학과는 달리 여러분의 자발적 의지에 의해서 선택된 장소입니다. 이를테면 수동적 학습에서 능동적 학습으로 전환하는 중요한 시기라는 의미입니다. 지금 이곳에는 사회에서 일하면서 공부를 하고자 하는 분들과 순수하게 학생신분으로 학업을 하는 분들이 모여 있습니다.

여러분이 졸업식을 하는 날, 대학원 시절을 떠올려 볼 것입니다. 그날이 오면 여러분 마음속에 가장 남을 만한 사건은 무엇일까요? 그것은 다

름 아닌 공부를 위해서 모든 에너지를 쏟았던 시간이 아닐까 싶습니다. 여러분 스스로 강의실에 있는 동안은 인생의 가장 소중하고 가치 있는 삶을 스스로 선택했다는 것에 자부심을 품어도 충분하지 않을까 생각합니다. 공부할 수 있다는 것, 그 커다란 축복의 장에 모여 있는 여러분의 아름다운 미래를 위해서 최선을 다했으면 합니다."

나는 대학원 그리고 박사과정 시절, 한 과목의 수업을 듣기 위해서 방학 동안 미리 5권 이상의 관련 서적을 예습하고는 했다. 강의과정을 시작하면 추가로 학습하는 교재와 관련 논문을 모두 합쳐 10개 이상의 자료를 학습했다. 이런 심화과정을 통해서 교수가 원하는 학업과정을 추월할 수 있도록 노력했다. 강의시간에 교수님이 원하는 과제를 주면 늘 제일 먼저 과제를 준비했음은 물론이다. 당시 내 목표는 당돌하게도 강의하는 교수님만큼의 사전지식을 쌓고 수업에 임하자는 것이었다.

나의 대학 시절 전공은 경영학이었다. 본래는 철학과를 지원하고자 했지만, 이런저런 사정으로 남들이 선호하는 전공을 아무런 의식도 없이 선택했다. 당연한 이야기지만 내가 보낸 학부과정은 건조하기 이를 데 없었다. 인문학과는 반대편에 서 있는, 미국식 소비자본주의를 받아들일 체질이 아니었던 것이다.

하지만 내가 직장생활을 하면서 자유롭게 선택한 대학원 과정은 이야기가 달랐다. 대학원의 전공은 문화예술경영이라는, 당시 한국에서는 생소한 융합학문이었다. 그것도 두 번째 기수의 입학생 자격으로 대학원 진학에 안착한다. 경영학과 인문학의 결합과정은 예상만큼 쉽지 않았다. 어떤 강의는 경영학 따로, 인문학 따로 강의하는 절름발이식 수업으로 진행되기도 했다. 하지만 경영학을 포함하여 미술, 음악, 역사, 철학, 문학, 사회학 등을 동시에 준비해야 하는 폭넓은 학업과정을 통해서 다양한 학문 분야로 시야를 넓힐 수 있었다는 것이 대학원 시절, 내가 얻은 가장 커다란 선물이었다.

　대학원 졸업 이후 1년여간 영국 대학원의 듀얼 디그리 과정을 한국에서 마친다. 이후 6개월간 직장생활과 함께 학업이 가능한 일반대학원 박사과정을 알아보는 데 집중했다. 박사과정의 전공으로 비교문화와 유럽사 그리고 문화콘텐츠라는 세 가지 학문을 놓고 고민에 빠져야만 했다. 대학원 시절 학습한 내용을 확대재생산 할 수 있는 학문이 무엇인가에 대해서 6개월이라는 시간을 보냈던 것이다. 최종 선택은 평일과 주말 동시에 수업이 가능한 문화정보콘텐츠 학과였다.

　경영대학원에 속해 있던 문화예술경영 과정과 달리 인문계열의 산하 과정으로 진행하던 문화정보콘텐츠 박사과정은 인문학에 대한 심도 있는 학습을 가능하게 해주었다. 당연히 문사철을 포함한 다양한 학업에 대한 준비가 선행되어야만 했다.

　건축, 디자인, 그리스로마신화, 문화이론, 영상콘텐츠, 역사학, 영화분석, 사회학, 전통문화, 문화콘텐츠 트렌드, 북미문화 등 다양한 학문을 박사과정에서 경험할 수 있었다. 나는 2011년 겨울 당시 직장생활과 학업과정을 병행해야 하는 40대 중반의 박사과정 신입생이었다. 일과 학업, 두 가지 과정을 모두 챙겨야만 하는 관계로 나는 시간적, 체력적 부담을 각오해야 했다. 모든 우선순위를 직장, 그다음으로 학업에 두었다.

이제 창조인간 레시피의 마지막 단계를 설명할 차례이다. 마지막 단계는 결과물의 중요성이다. 창조라는 단어만큼 추상적이고 모호한 용어도 없을 것이다. 하지만 그것이 바로 창조의 정체이다. 구체적이고 명확한 대상을 위해서 노력하는 과정에서는 비교적 명쾌한 결과물을 얻을 수 있다. 하지만 형체 자체가 모호한, 인문학적인 향기를 풍기는 창조행위는 결과지상주의에 익숙한 현대인들의 기호에 쉽게 만족을 주지 못한다.

개인마다 처한 상황에 따라서 창조적 결과물에 대한 과제는 각양각색이다. 공부하는 이들에게는 논문과 자신의 책을 출판하는 과정 자체가 창조행위이다. 직장인에게는 회사에서 요구하는 다양한 주제의 프로젝트를 완성하는 과정이 창조행위에 해당한다. 또한, 프리랜서에게는 자신이 만들어내는 다양한 상품들이 창조적 결과물에 속한다.

자신이 몸담은 일에서 벗어나 새로운 형태의 창조물을 준비하는 과정 또한 중요한 의미가 있다. 이를테면 건설현장에서 일하는 사람이 건축역사에 대해서 학습하고 이를 바탕으로 건축사 전문 블로그를 운영하는 행위를 예로 들 수 있다. 공무원 일을 하면서 평소 관심이 있었던 프랑스 요리와 관련된 책을 준비하여 이를 출판하는 과정 역시 자신의 두 번째 미래를 준비하기 위한 창조과정에 해당한다.

현재 자신이 운영하는 맥줏집을 북카페로 전환하기 위해서 카페 분위기에 어울리는 서적들을 준비하며, 카페에서 제공할 커피의 맛을 향상하기 위해서 바리스타 전문가 과정을 학습하는 과정 또한 창조행위에 포함된다.

다니던 직장을 그만두고 시간적으로 자유로운 일을 하면서 남은 시간을 활용하여 국내외에서 열리는 광고대상에 지원할 수도 있다. 단, 직장 시절만큼의 금전적인 혜택은 포기해야 할 것이다. 직장을 은퇴한 뒤, 자신이 좋아하던 미술창작을 하기 위해서 은퇴하기 전부터 미리 미술공부와 함께 미래의 전시회에 소개할 자신의 작품들을 준비하는 과정 또한 창조행위이다.

이처럼 자신이 하는 일과 관련된 창조적 결과물을 양산하는 과정을 일차원적 창조행위라고 한다면, 자기 일과는 무관하지만 진정으로 원했던 일을 하기 위해서 짧게는 수년간, 길게는 10년에 가까운 시간을 투자하여 미래를 준비하는 과정을 고차원적 창조행위라고 말할 수 있다.

이왕이면 자신이 몸담은 일과 관련된 업종에서 창조적인 결과물을 만들어내는 것이 위험부담 요소는 적다고 말할 수 있다. 하지만 현재 자신이 하는 일에 대해서 만족하는 이들은 예상외로 많지 않다. 그렇다고 당장 하던 일을 모두 접은 상태에서 자신이 막연하게 원했던 일을 시작하는 것 또한 쉽지 않은 선택이다.

중요한 것은 치밀한 사전준비와 사회적 조류 그리고 자신이 가진 능력의 한계치가 어디까지인지 수시로 확인하는 과정이 창조인간에게 필요하다. 결과물은 중요하다. 결과물을 창조하는 과정만큼이나 중요한 부분이 자신이 현재 서 있는 위치에 대해서 객관적인 판단을 하는 것임을 잊지 말자.

신촌행 마지막 버스

1980~1990년대 서울의 대학가라고 하면 신촌지역을 빼놓을 수 없었다. 신촌역에서부터 이대역까지 이어진 거대한 상권은 그야말로 철옹성이나 다름없었다. 거기에 연세대, 이대, 서강대라는 수험생의 가족들이 오매불망 원하는 명문대들이 득실거리는 지역이었으니 신촌 대학가 상권의 신화는 영원할 것이라고 모두가 인정하던 시절이었다.

2014년 여름. 신촌거리는 공사 마무리 작업이 한창이다. 말도 많고 탈도 많았던, 연세대에서 신촌역까지 이어지는 거리를 리모델링하는 작업을 마친 것이다. 이유는 1990년대 이후, 신촌 상권이 내리막길을 걸었

▲ 신촌거리에 걸린 현수막들

기 때문이다. 대학은 그대로인데 약속이나 한 듯이 신촌의 주변상권이 동시다발적으로 무너졌다는 사실에 지금까지도 놀라움을 금치 못하는 이들이 적지 않다.

나는 그 이유를 세 가지 측면에서 생각해보았다. 첫 번째가 홍대상권

의 부상이다. 여기에는 건축적인 측면을 빼놓을 수 없다. 건축이란 주변 환경과 유동인구, 디자인, 실용성, 교통요건이라는 다양한 요소를 복합적으로 고려해야 하는 일종의 종합예술이다. 1990년대 홍대지역은 신촌지역과 비교하면 일반주택 비율이 높은 지역이었다. 하지만 2000년대로 접어들면서 홍대지역의 주택가는 하나, 둘씩 외장을 새롭게 하여 카페나 음식점 등으로 변신한다.

여기에서 건축물의 디자인적인 비교우위가 나타난다. 1970년대부터 상가건물이 들어선 신촌의 건축물은 이미 노화상태였다. 경기가 좋은 시절에도 신촌의 상권은 건축물의 아름다움보다는 단순히 상품판매만을 위한 상점들이 밀집한 지역이었다. 이대의 옷가게 거리는 비슷한 모양의 상점들이 무질서하게 밀집한 상태였다. 연세대 (구)독수리다방 뒷길의 먹자거리는 체인점 위주의 술집들이 모여 있는 번잡스런 유흥지역에 지나지 않았다.

하지만 홍대는 신촌지역과 가맹점의 형성 과정 자체가 달랐다. 외국에서 유학을 마치고 온 학생들이 새 건축물과 실내 인테리어를 직접 디자인한 새로운 형태의 카페를 탄생시켰다. 개성 넘치는 상점들이 모인 거리는 소비자들에게 시각적 즐거움뿐만 아니라, 매출 측면에서도 비교우위를 점할 수밖에 없다. 지금도 홍대 대로변을 제외하고는 체인점이 홍대 골목 상권에 쉽사리 침투하지 못하고 있는 형편이다.

두 번째로 지역의 정체성이다. 신촌지역의 경우, 대학가라는 점 이외에는 설명할 만한 다른 특장점이 존재하지 않았다. 이대역에 늘어선 저가

의류점 역시 동대문 의류시장 상권이 대학가로 옮겨 온 것에 지나지 않았다. 서울 강북지역에서 용산구 이촌동 다음으로 높은 임대료를 내야 하는 지역이 종로구와 마포구이다. 그중에서도 높은 임대료를 자랑하는 신촌에서 판매하는 비싼 의류가격이 상권유지의 걸림돌이 되었음은 물론이다. 연세대 인근 지역 또한 먹자거리라고 일컫는, 이른바 술집촌을 제외하고는 지역을 설명할 만한 별다른 특징이 없었다.

하지만 홍대지역의 경우, 1990년대 후반부터 일기 시작한 인디밴드들의 공연장과 전통적으로 미술대학이라는 색채가 분명한 홍익대학교 그리고 미술학원이 위치한 관계로 신진 미술가들의 작업실과 화실 등이 퍼즐처럼 밀집해 있었다.

게다가 마포지역을 중심으로 포진한 각종 출판사가 홍대지역에 자리를 잡고 있었다. 이를 계기로 홍대지역에 하나, 둘씩 출판사에서 직영하거나 개인이 운영하는 북카페가 입점하기 시작한다. 여기에서 홍대지역을 창조지구라고 부르는 이유가 성립한다. 출판, 미술, 음악이라는 세 가지 콘텐츠가 삼각형 모양으로 결합한, 트라이앵글형 창조지구가 홍대에서 탄생한 것이다. 우리는 홍대라는 문화적 특성이 신촌거리와 비교할 때, 명확한 차이를 지니고 있음을 확인할 수 있다.

세 번째로 지역적 특수성이다. 2000년 지하철 6호선의 개통과 함께 홍익대학교까지 도보로 5분여 만에 갈 수 있는 상수역이 개통되었다. 이는 지하철 2호선 라인인 합정역과 홍대입구역과 함께 관계망을 이루는 홍대지구가 완성되었음을 의미한다. 이후 마포구 동교동 지역에 개설된 공항

철도역은 홍대가 본격적인 강북의 대표상권으로 자리 잡았음을 의미한다.

문제는 몇 년 전부터 번창을 거듭하던 홍대지구에도 그림자가 드리워지기 시작했다는 점이다. 상수역에서부터 홍대공항철도역에 이르는 광활한 상권 내에 입주한 이들은 강남역 인근 수준의 살인적인 권리금과 치솟는 월세를 감당해야만 한다. 따라서 하루가 멀다고 폐업하는 가맹점들이 홍대지역에서 속출하고 있다.

박근혜 정부에서는 상수역 인근의 당인리 발전소 지역을 강북을 대표하는 종합문화지구로 개발할 것을 천명했다. 그렇지만 창조지구라는 홍대의 정체성이 유흥업종이 몰려 있는 평범한 소비지구로 변해가고 있음은 분명한 사실이다. 상가지역의 특수성이 사라지면 소비자는 다시 새로운 문화지구를 향해 시선을 돌리기 마련이다.

따라서 제2의 홍대지구가 서울 어느 곳인가에 만들어질 것은 시간문제이다. 이러한 현상은 지역의 문제일 뿐만 아니라 사람과 문화의 문제이기도 하다. 신촌과 홍대지역의 사례에서 보았듯이 창조인간에게도 기대수명이 존재한다. 영원불멸한 창조인간이란 존재할 수 없다. 늘 자신을 업그레이드한다고 해도 세월의 물결을 정면에서 거스르기는 쉽지 않다. 그렇다고 창조인간의 삶을 포기할 것인가?

화가 피카소는 작가생활을 하면서 자신의 화풍을 바꾸는 여덟 차례의 시도를 감행한다. 천재화가이자 영리한 비즈니스맨이었던 피카소는 한 가지 화풍만으로 변해가는 당시 미술사조를 따라잡기에는 자신이 부족한 존재였다는 것을 누구보다 빨리 인지했다.

리버풀 지역의 성공신화로 알려진 그룹 '비틀스'는 로큰롤 일색의 1960년도 초반의 음악문화를 송두리째 바꿔 놓은 그룹이다. 그들 또한 1960년도 중반까지 자신들이 연주하던 음악스타일을 과감하게 탈피한다. 그룹 멤버인 조지 해리슨은 인도의 전통음악을 비틀스 후기 음반 〈Revolver〉을 통해서 대중들에게 소개한다.

▲ 그룹 '비틀스'의 음반 〈Revolver〉

그리고 사이키델릭이란 장르를 소개한 음반 〈Sgt. Pepper's Lonely Hearts Club Band〉는 록음악의 역사를 바꾼 시대의 명반으로 팝음악사에 회자되고 있다.

▲ 그룹 '비틀스'의 음반 〈Sgt. Pepper's Lonely Hearts Club Band〉

창조인간 조용필은 1972년 음반 〈돌아와요 부산항에〉를 발표한 후 주변 가수들의 시기와 모함으로 음악생활을 접는다. 하지만 그는 5년이 지난 후 음악계에 다시 등장한다.

'조용필과 위대한 탄생'이라는 그룹을 결성하여 가요와 록의 접목을 시도한 것이었다. 당시 위대한 탄생의 멤버들은 한국에서 정상을 달리는 록음악가들이었다. 그들은 가왕 조용필의 잠재력을 믿었기에 별다른 고민 없이 그룹에 합류했던 것이다.

조용필은 무려 40년에 걸쳐 정상급 음악가로 활동 중이다. 그가 처음 불렀던 신파조의 가요만으로 현재까지 왕성한 음악활동을 지속할 수는 없었을 것이다. 그는 10년 주기로 자신의 음악스타일을 과감하게 바꾸는 변신을 반복했다. 시대에 부흥하는 록 발라드, 디스코, 트로트, 크로스오버 등 시대를 주도했던 음악 장르의 결합이 조용필 신화의 원동력이었다.

창조인간의 삶에도 오르막길과 내리막길이 기다리고 있다. 반 박자 빠른 변신은 시대에 탑승할 수 있지만, 한 박자 빠른 변신은 화가 고흐처럼 사후에나 인정받을 확률이 높다. 중요한 것은 타이밍이다. 신촌행 마지막 버스는 우리를 기다려 주지 않는다.

제9요일행 특급열차

창조여행으로 완성하는 그대만의 빛나는 요일

이렇게 해서 일주일간의 창조여행이 끝났다. 시작은 미미했지만, 끝은 성대하리라는 종교적 진리를 받아들여야 할 시간이다. 무엇을 보았는가? 문화 속에 숨겨진 다양한 의미와 창조의 결정체인 문화콘텐츠를 삶 일부분으로 받아들일 것인지 여부는 그대의 머리와 심장에 달려 있다.

대중문화에 대한 미학적 해석에는 본론에서 밝힌 바와 같이 정답이 없다. 문화처럼, 창조도 구체화나 일반화의 명제를 따를 수 없는 변화무쌍한 생명체이기 때문이다. 따라서 그대는 그대만의 문화를 체화한 창조일기를 완성해야 한다. 그 문화가 자신을 대변하는 방패막이가 될 것이며, 그대를 상징하는 표식이 될 것이다.

그대가 진정으로 원했던 창조인간이 그대의 자아 속에 안착했으리라 믿는다. 이제는 변신에 성공한 그대를 색안경을 쓰고 바라보는 타인들의 시각과 조화를 이뤄야 하는 시간이다. 두려워하지 말자. 부담스러워 하지도 말자. 어차피 삶이란 자신이 원하는 모습과 사회에서 강요하는 자신의 모습과 줄다리기의 연속이니까.

창조인간으로 포지셔닝한 자신과 사회와의 화해시키기 작업을 마쳤으면 실행의 단계가 남아 있다. 이미 그대는 창조인간의 범주에 속해 있다. 이제 정신의 변화를 행동으로 적용하는 마지막 작업이 그대를 기다리고 있음을 잊지 말자. 어렵게 완성한 창조인간의 틀을 정신적 유희로서만 즐기기에는 해야 할 일들이 너무나도 많다.

우선 '시간'이 필요하다. 그대는 다양한 문화콘텐츠를 통해서 창조인간으로서 능력배양의 과정을 병행해야 한다. 수많은 대중문화 속에 숨겨진 의미들과 그것들을 체화하는 과정은 평생을 지속해도 끝이 없는 게임이다. 일주일간의 창조여행에서 확인했듯이, 문화예술의 장르는 커다란 틀에서 보면 하나의 축으로 이어진다. 기존에 있는 콘텐츠를 변형하든, 자신의 의식 속에 있는 창조물이든 간에 문화콘텐츠에서 의미하는 창조성은 '다르게 바라보기'라는 모집합에 속해 있다.

이제 직장형 인간에서 탈피한 그대의 모습을 발견했다. 그렇다면 그대는 창조인간으로 가는 기회를 발견할 것이다. 기회란 새로운 직업일 수도 있고, 학업의 기회일 수도, 이직의 기회일 수도, 그것도 아니라면 제2의 인생일 수도 있다.

작가 공지영은 이런 말을 남겼다. '용기란 두려움이 없는 것이 아니라, 두렵지만 그보다 더 소중한 것이 있음을 아는 것이다.'라고. 창조란 모험일 수도 있고, 용기를 동반한 미지의 세계를 향한 기나 긴 여행일 수도 있다.

'용기'를 내어 보자. 오래전 잊힌 자신의 꿈을 하나, 둘씩 먼지 덮인 서랍장 속에서 꺼내 보자. 그중 가장 원했던 꿈을 심장 속에 저장해 놓자. 후회가 따를 것이다. 시행착오 또한 겪을 것이다. 그런데 결코 잊어서는 안되는 것이 있다. 그대가 진정으로 원했던 것은 지금 속해 있는 사회 속에 있지 않다는 사실이다.

우리에게 절실히 필요한 것은 달력에는 없는 '제9요일'이다. 창조인간의 요일은 이미 우리가 아는 요일이 아니라, 새롭게 창조되는 미래의 시간이다. 지금까지 '제9요일'에 연착륙하기 위해 일주일간의 시간여행을 했다.

제1요일인 월요일은 변화를 시작하는 날로 비우는 시간이다. 자신을 옥죄는 이런저런 일상들과 자신을 구속하는 유해물질에서 벗어나는 요일로서 창조인간의 출발점이다.

제2요일인 화요일은 월요일보다 빠르고 활기찬 달리기를 하는 날로 본격적으로 문화콘텐츠와 사귀는 시간이자, 창조형 인간이 되기 위해 기초체력을 다지는 시간이다. 이를 위해 필요한 콘텐츠와 대중문화를 바라보는 시각에 대해 말하고 있다.

제3요일인 수요일은 왕따 선언의 날로 '러너스 하이(Runner's High)'라고 말하는, 헤로인이나 모르핀을 투입했을 때와 흡사한 창조적 도취감을 체험하는 시간이다. 문화예술의 정의와 함께 다양한 문화콘텐츠를 일상에서 접하는 방법, 아웃사이더의 삶을 실천하는 방법에 대해 설명하고 있다.

제4요일인 목요일은 자신에게 축적된 창조에너지를 실천하는 시간이다. 문화란 아는 만큼 보이는 것이 아니라, 움직이는 만큼 보인다는 사실을 말하고 있다. 문화콘텐츠의 진정한 의미를 꿰뚫을 수 있는 통찰력을 기르는 날이다.

제5요일인 금요일은 세상 밖으로 떠나는 즐거운 탈옥의 날로 종착점을 향해 마지막 스피드를 내야 하는 시간이다. 창조인간의 삶을 실천하는 이들이 부딪혀야만 하는 장벽과의 투쟁과정을 표현한 날이자, 일상의 혁명을 일으키는 날이다.

제6요일인 토요일은 창조인간의 미래를 설계하는 날로 자신을 발견하는 시간이다. 자신을 발견하려면 일단은 죽도록 즐길 수 있어야 한다. 즐길 줄 아는 자만이 보이지 않는 자신의 모습과 만날 수 있다.

제7요일은 자신의 현재 위치를 찾는 날로 완성된 창조인간의 이야기를 사례별로 살펴보는 시간이다. 창조인간 역시 우리와 다를 바 없이 좌절과 번뇌의 삶을 살았다는 사실을 확인할 수 있다.

이렇게 일주일간의 시간여행으로 잃어버린 창조능력이 회복되면, 그대가 간절히 원하는 제8요일과 제9요일이 우리를 맞이할 것이다. '제8요일'은 여행 동안 억제한 모든 것을 내려놓고 새롭게 바꾸는 날이다. 창조인간에게는 시작만큼이나 중요한 과업이 마무리 능력이다.

여기서 한 발짝 나가면 '제9요일'과 만나게 된다. 상상만 해도 가슴이 뛰는, 우리가 창조하고 싶은 미래가 있는 날이다. 삶을 유지하는 데 필요한 돈, 외모, 성적, 기술보다 삶의 가치에 해당하는 문화콘텐츠를 통해서 완성하는 요일이다. 즉, 우리 자신 스스로 창조해내야 하는 미래의 날이다. 돈과 명예, 물질이라는 악마의 속삭임 속에서 자유로운 영혼으로 거듭나기 위해 '제9요일행 특급열차'에 탑승해보자.

우리는 시간의 노예가 아닌 시간의 창조자다. 창조인간 레시피를 완성하는 바로 이 순간, 제9요일이 우리를 따뜻하게 맞이할 것이다. 주사위는 던져졌다. 제9요일은 우리의 빛나는 미래다.

어제와 다른 오늘, 오늘과 다른 내일이 우리 앞에 펼쳐져 있다. 서울에는 하나의 도시만이 존재하지 않듯이, 우리의 마음속에도 여러 가지 색깔의 도화지가 놓여 있다. 이제 그 도화지에 칠해질 물감과 붓을 쥐고 있는 그대에게 창조의 혼과 기운을 불어넣을 차례이다. 이미 새로운 세상으로 가는 문은 그대 앞에 활짝 열려 있다.

리기산의 전설
체제순응형 인간과 창조인간

스위스 루체른을 방문하면 피어발트슈테터 호수 근처에 있는 1,800미터 높이의 커다란 산을 관람할 수 있다. 리기산이라고 불리는 이곳은 약 100여 년 전부터 내려오는 전설이 있다. 지금은 관광객을 끌어모으는 루체른을 상징하는 여행명소가 되었지만, 리기산에 얽힌 가슴 아픈 이야기를 아는 사람들은 많지 않다.

20세기 초반 무렵, 베른 출신의 리기라는 스위스 청년은 혼자 루체른을 여행하던 중 호수 근처에 있는 산을 발견한다. 당시 인적이 드문 장소였던 산 근처에서 리기 청년은 언어가 통하지 않는 중국인 중년 남성을 만난다. 그 중국인은 루체른에 살던 부호와 부인을 포함한 5명의 일가족을 무참히 토막살해한 뒤, 재물을 챙겨서 스위스를 떠나려 하던 사람이었다.

불안에 떨고 있던 중국인은 미소를 지으며 말을 건네던 리기를 향해 흉기로 공격을 감행했다. 리기는 맨주먹으로 중국인과 사투를 벌인 끝에 승리하지만, 심한 중상을 입고 만다. 다행히도 리기는 중국인을 생포해서 루체른에 있는 경찰서에 넘긴 뒤 병원으로 이송된다. 며칠간의 혼수상태에서 깨어난 리기는 그를 지켜보던 의사와 경찰을 향해서 이렇게 말했다

271

고 한다. "나는 중국인과 싸우고 싶지 않았습니다."라고. 일주일 후, 리기는 루체른 병원에서 유명을 달리한다. 루체른 시민들은 17세 청년 리기의 영웅담을 기려 리기산이라는 명칭을 지었다고 한다.

이 내용은 내가 조금 전 지어낸 이야기이다. 리기산의 전설에 속은 독자분들에게는 미안한 일이지만, 글을 쓰는 동안 실감 나는 스토리텔링을 위해서 엽기 살인사건, 스위스 루체른, 중국인 살인범, 리기라는 17세 청년, 마지막으로 리기산의 전설이라는 소재를 만들었다. 그럴싸한 이야기를 완성하기 위해서 농도는 약하지만, 창조에너지가 동원되었음은 물론이다.

창조지구, 창조경제, 창조과학. '21세기형 인간이라면 적어도 창조와 관련된 스펙을 쌓아야만 한다.'라고 미디어매체에서는 하루가 멀다 하고 외치고 있다. 하지만 이 나라에서 창조와 관련된 스펙을 얻기 위한 자격증이나 시험제도는 알다시피 없다. 당연한 말이다. 창조형 인간의 척도를 마치 한 우등급 매기듯이 계량화하는 시스템은 지구 상에 존재할 수 없기 때문이다.

'창조'를 연상시키는 과정이 대학교 또는 대학원에 개설되어 있기는 하지만 문화예술과 관련된 실용학나 이론학과가 대부분이다. 오히려 문화예술계에서는 학교에서 창작자의 능력을 제한한다는 주장도 분분하다. 하지만 어쩔 수 없다. 우리는 스펙에 죽고 스펙에 사는 '스펙형 인간'들이기 때문이다. 분하고 짜증 나지만, 인정하고 시작하자. 그렇다면 취업을 위해서, 새로운 직업을 얻기 위해서, 그것도 아니면 한국인의 일상처럼 되어 버린 무한 스펙쌓기에 있어서 창조는 필요악인가? 정답은 그럴 수도, 아닐 수도 있다. 하나의 정답에 익숙한 이들에게는 조금 부담스럽지만 두 개 또는 그 이상의 정답도 지구 상에는 엄연히 존재한다.

학교, 군대, 직장(또는 사회)으로 이어지는 성장의 곡선 속에서 객관식, 주입식 교육제도로 기초체력을 다져 온 한국인들에게 뚱딴지같이 창조라니, 천지가 개벽할 일이다. 일단 어린이집은 제외하고, 유치원부터 시작해서 고등학교를 졸업할 때까지 약 15년이라는 장구한 세월 동안 이데올로기 전파의 전초기지인 학교라는 곳에서 '창조적 인간'의 필요성을 제대로 교육한 적이 있었던가? 당연히 없다.

사회에 진출하기 위해서는 양지를 바라보며 늘 음지에서 묵묵히 일하는 순응형 인간들이 짜고 치는 고스톱판을 펼치기 때문이다. 그들이 나이를 먹고, 꼰대소리를 들어가면서 제2, 제3의 순응형 인간들을 양산한다. 이른바, 순응형 인간들이 응집해 있는 한국에서 이제야 창조형 인간의 필요성이 대두하고 있다.

한 명의 걸출한 인물을 육성하기보다는 다수의 체제순응형 인간을 양산해 내는 곳이 학교이다. 아마도 학교라는 곳은 국민교육의 역사적 사명을 가지고 튀는 학생은 망치로 시원하게 내리치고, 말 잘 듣는 범생이들에게는 매타작의 공포에서 해방되는 기쁨을 선사했던 곳이니까.

이처럼 체제순응형 인류는 역사를 불문하고 일정 수준의 비율을 유지해 왔다. 그렇게 사는 것도 나쁘지 않은 인생일지도 모른다. 하지만 세상이 변하는 속도는 생각보다 급진적이고 변화무쌍하다. 남들이 이야기하는 방향으로만 휩쓸려 가기에는 절대 만만치 않은 세상이다. 그렇다고 학교 타령만 하기에는 이미 학교라는 제도권에서 결별한 채로 돈벌이에 지친 하루하루를 보내는 이들에게 미안한 일이다.

그렇다면 해결책은 두 가지 정도로 귀결된다. 돈 벌면서 틈틈이 학교에 다니든가, 돈 벌면서 학교라는 제도권이 아닌 방식으로 자신을 스스로 재교육하는 것이다. 그것도 창조형 인간 버전으로 말이다.

창조형 인간이 되는 길. 얼핏 보아서는 만만치 않다. 널리고 널린 자격증 시험처럼 벼락치기로 며칠 밤을 지새운다고 해서 해결되지 않는다. 하지만 세상에 시도하지 못할 일은 없다. 저비용 고효율의 법칙은 창조형 인간의 완성에도 적용할 수 있다.

21세기를 시작하는 화두가 지식의 시대였다면 창조라는 용어는 더욱 광범위하게 문화예술, 과학, 기술, 교육, 엔터테인먼트 분야에 적용할 수 있다. 또한, 학문의 발전과정에서 학제 간 융합의 개념이 창조계급과 함께 본격적으로 체계화되고 있는 현실을 고려할 때, 이를 지원할 수 있는 창조형 인간의 양성은 필수적이다.

다시 반복하지만, 저비용 고효율의 창조형 인간을 만들기 위해서는 요리법이 있어야 한다. 책에서 제시한 '레시피(Receipe)'는 조리(요리)법이라는 의미와 함께 특정 결과를 가져오는 방안이나 비결을 의미한다.

배우 모건 프리먼이 등장했던 영화 〈쇼생크 탈출〉에서는 희망, 소중한 것, 좋은 것에 대한 다음과 같은 대사가 등장한다. "희망은 좋은 것이죠. 가장 소중한 거죠. 좋은 것은 절대 사라지지 않아요."라고. 부언이 필요하지 않을까? '사라지지 않는 좋은 것은 창조행위를 통해서 완성된다.'라고. 어떤 일이든 즐겁고 재미있어야 생명력을 잃지 않는다. '공부가 재미있어야 한다.' 맞는 말이다. 중요한 것은 자신에게 어울리는, 정말이지 재미있는 공부가 무엇인지 발견해야 한다. 모든 공부가 재미있다는 말은 새빨간 거짓말이다. 지겹고 재미없는 공부가 대부분을 차지한다. 핵심은 재미있는 공부와 학습의 재발견이다.

창조형 인간 또한 즐거움과 재미라는 화두에서 벗어날 수 없다. 21세기는 한순간 반짝하다가 사라지는 일회성 인간이 아닌, 오래도록 자신만의 향기와 빛을 발하는 창조형 인간이 요구되는 시대이다.

이왕이면 재미있고 살맛 나게 살아 보자. 그놈의 돈과 물질과 찌든 일상에 휘둘린다는 이유로 사방에 널려 있는 시간 속에서 감정이 차단된 노예처럼 살지는 말자. 최소한 이것만은 포기하지 말도록 하자. 창조하는 삶은 나를 지켜주는 마지막 보루이다. 이왕이면 창조라는 인생의 판을 크게 키워 보자.

"나는 두려웠다."

30년 방황 끝에 발견한 나를 찾는 여행

'창조', 듣기만 해도 가슴 한구석이 턱턱 막히는, 가볍지 않은 담론이다. '9 to 5'에서 '8 to 12'으로 변질되어 버린 현대인의 일상에서 의식주 다음으로 필요한 것은 무엇일까?

자아실현, 사랑, 행복, 관계, 건강, 명예라는 단어가 떠오를지도 모른다. 하지만 앞서 나열한 가치 용어 중 영원불변한 것은 없다. 당연한 이야기지만 내리막길이 존재하지 않는 오르막길은 인생에서 허용되지 않는다. 그렇다면 유한가치로 설명할 수 없는 무한가치적 목표들을 그대는 얼마나 마음 깊이 받아들이고 있는가?

연일 계속되는 야근에, 상사의 이유 없는 꾸지람에(물론 상사들은 항상 그럴싸한 핑계를 대지만), 이유도 모른 채 부어라 마셔라 하는 회식에, 휴대폰만 열면 우박처럼 쏟아지는 가십성 사건들에, 하루에 수도 없이 마주쳐야 하는 의미 없는 광고들에 그대는 이미 12회 라운드를 뛸 수 없는 저질 체력의 무명복서가 되어 버렸다.

그대는 어느 날, 무채색의 직장형 인간으로 변해버린 자신을 발견할 것이다. 하지만 그대는 변한 것이 아니다. 변한 것은 늘 세상이고, 자신은 커다란 세상 속에서 힘겹게 두 다리를 버티고 서 있을 뿐이다. 그렇다고 마냥 그로기 상태에 놓인 자아를 마냥 방치할 수만은 없는 일이다. 4전 5기까지는 아니더라도 링 위에서 다시 일어날 수 있는 기초체력 정도는 가지고 있어야 복잡하고 피곤한 세상을 살아갈 수 있지 않을까.

30대 중반이 되었을 무렵의 일이다. 회사에서 점심 때 나누었던 대화, 아니 대화라기보다는 내가 일방적으로 들어야 했던 말들을 정리해 보았다. 내용은 재테크, 출세한 사람 또는 유명인사에 대한 비방성 발언, 신문 사회면에 나오는 흥미 위주의 사건들이 내가 들어줘야 했던 대화의 전부였다. 끄덕끄덕. 내가 할 수 있는 최대한의 예우는 '끄덕끄덕'이 전부였다.

이유는 한가지였다. '나는 그렇게 생각하지 않는다.'라는 폭탄성 발언을 감추기 위해서였다. 사회에서 그 정도 발언이면, 더욱이 뻔한 이야기만을 앵무새처럼 늘어놓는 당사자가 성질 더러운 상사라면 의절도 가능한 발언이라는 것.

결국, 나는 일주일간의 식사시간에 펼쳐진 무미건조한 이야기에 대한 '끄덕끄덕'을 반복했다. 퇴근길에 작은 공포감이 밀려왔다. 나 역시 그들과 다르지 않은 평면적인 시각으로 세상을 보고 있지 않은가.

두려웠다. 튀는 놈은 망치로 시원하게 두드려 주는 게 사회가 아닌가. 그렇다고 굽은 못처럼 꾸부정하게 살기에는 남은 내 인생이 너무나 측은했다. 나란 사람은 도대체 무엇인가. 우울했다. 다시 일어나고 싶었지만 잡아야 할 나뭇가지가 무엇인지, 쉽게 잡히지 않았다. 우선 다른 사람들을 만나기로 했다. 금융업에 종사하는 나와는 다른 일을 하는 사람들. 당시 내게는 다른 시각으로 세상을 바라보는 누군가가 절실했다.

하지만 그들을 만나면서 채워지지 않는 무엇이 있었다. 그들과 나는 이미 소속된 번지수가 틀렸기 때문이었다. 그들과의 술자리가 유쾌하고 즐거워도 해가 뜨면 나는 늑대인간에서 회사형 인간으로 회귀해야 하는 일과가 남아 있었다. 다음 단계를 고민해야 했다. 이번에는 내가 변화를 추구해야 할 차례였다.

'나에게도 잘하는 부분이 있지 않을까?'에서부터 고민을 시작했다. 우선 시간이 필요했다. 내 장점에 대해서, 내 주특기에 대해 말해줄 지인들이 필요했다. 그리고 정리의 시간 또한 있어야 했다. 보이는 것과 받아들일 수 있는 부분에 대한 자기비판의 시간이 필요했다.

한 달여의 방황 끝에 나는 찾아냈다. 시작은 작은 것에서부터였다. 콜럼버스의 달걀처럼 발견에 대한 끈기와 인내와 애정이 필요했다. 내가 찾아낸, 나의 정체성은 바로 '문화콘텐츠'였다. 초등학교 시절부터 30년 가까이 내가 늘 아끼고 사랑하고 관심 있어 하는 분야에서 나를 찾는 여행을 시작했다.

대학 시절, 학점 챙기기에 급급했던 경영학과의 이력을 뒤로 하고(물론 그 덕분에 취직해서 월급 받고 의식주를 해결하고 있으니 감사할 일이다.) 문화예술과 관련된 대학원에 진학하는 데 성공했다.

대학원은 회사에서 만날 수 없는 미술가, 음악관계자, 패션모델, 의류사업가, 애니메이션 작업가, 게임업체 관계자, 영화감독 등을 알게 해주었다. 문화예술 분야의 전문가인 그들은 형언할 수 없을 정도로 다양한 스펙트럼을 내게 선사했다. 수업을 마친 후 함께하는 술자리는 문화예술 보충수업으로서 부족함이 없었다.

그 후 음반수집가에서 한 단계 더 나아가 음악전문지의 문을 두드렸다. 직장인에서 학생으로 다시 자유기고가로서 내 삶의 첫발을 내디딘 것이었다. 음반비평과 관련된 글을 다행히도 실어 주겠다는 편집부장을 만날 수 있었다. 회사 사보에도 글을 원하는 연락이 이어졌다.

다음 단계로 소설창작을 위해 학원에 등록했다. 오로지 글쓰기만을 위해 모든 것을 바치겠다는 치기 어린 청춘들과 신춘문예 만년 낙방생까지 하나같이 소중하고 값진 인생을 사는 사람들이었다. 주말이면 새벽에 글을 쓰고 떨어진 체력을 보충하기 위해 마라톤을 병행했다. 남는 시간에는 읽은 만큼 좋은 글이 나온다는 믿음으로 신간과 고전과 명저들을 찾아 헌책방을 돌아다녔다.

지난한 노력들은 회사에서 일하는 기획서나 보고서에서도 경쟁력을 발휘했다고 믿는다. 오후 늦게까지 문구 한두 줄을 완성하기 위해 머리를 싸매야 했던 일과들에 변화가 왔다. 남들보다 수월하게 보고서가 만들어지고, 아이디어가 나올 수 있었다. 결국, 문화콘텐츠에서 삶의 에너지를 얻게 된 것이었다. 어쩌면, 회사 일에 치이면서까지 내가 추구했던 삶들이 다시 회사로 회귀하는 커다란 사이클이 완성된 것을 알게 되었다. 결국 문화콘텐츠 친화형 삶에서 나오는 에너지는 창조형 인간이 되는 밑거름이 된다는 사실을 깨달았다.

무려 30여 년이 넘는 긴 세월이 걸린 것이었다. 지금 그 이야기를 마무리하고 있는 중이다. 물론 시작은 만만치 않았다. 창조라는 거창한 어구에 눌려 부담감부터 엄습해 왔으니까 말이다. 하지만 대중문화는 늘 우리 곁에서 숨 쉬고 있는 생활밀착형 어구라는 사실을 알게 되었다. 이미 포스트모더니즘의 시대를 거쳐 자신이 원하기만 하면 쉽고 저렴하게 복제된 문화를 우리 것으로 만들 수 있는 세상이지 않은가.

모든 일의 시작에는 워밍업이 필요하다. 링에 오르는 복서들에게 가장 먼저 필요한 훈련은 기초체력 쌓기와 복식호흡이다. 이 책은 일주일이라는 시간 속에서 단계적으로 완성해 가는 과정으로 구성되었다. 생애주기에 따른 분류를 축소하여 일주일간의 시계열 분류를 통해 창조인간으로 변신할 수 있는 과정을 정리한 것이다. 일주일이란 시간의 흐름은 우리네 인생과 공통점이 있다. 태어나서 성장하고 사춘기를 겪고, 학생신분에서 벗어나고, 사회에 편입되고, 은퇴하고, 늙어 간다.

창조인간의 삶은 눈을 감는 그날까지 지속되어야 한다. 학업이라는 과제 또한 졸업과는 상관없이 평생을 계속해야 하는 지난한 과정이라는데 이견이 없다. 늘 배우는 자세로, 자본과 정치와 사회라는 울타리 속에서 자신만의 통찰력을 발휘할 수 있는 인간만이 진정한 창조인간이지 않을까.

Creation goes on! 그대 앞에 행운만이 함께 하기를 바란다.

문화중독자 이봉호

280

이젠 그녀도

문화에 중독되었습니다.